目录

基因战争

一切家庭冲突的根源

[美] 罗宾·贝克　伊丽莎白·奥拉姆◎著
方怡雯◎译

BABY
WARS

廣東旅游出版社
GUANGDONG TRAVEL & TOURISM PRESS
悦读书·悦旅行·悦享人生
中国·广州

图书在版编目（CIP）数据

基因战争：一切家庭冲突的根源 / (美)贝克，(美)奥拉姆著；方怡雯译. —广州: 广东旅游出版社，2015.5（2020.11重印）

ISBN 978-7-5570-0110-0

Ⅰ.①基… Ⅱ.①贝… ②奥… ③方… Ⅲ.①性学—研究 ②家庭道德—研究 Ⅳ.①C913.14②B823.1

中国版本图书馆CIP数据核字（2015）第081673号

广东省版权局著作权合同登记号：图字 19-2014-055 号

BABY WARS: THE DYNAMICS OF FAMILY CONFLICT

基因战争：一切家庭冲突的根源

JIYIN ZHANZHENG：YIQIE JIATING CHONGTU DE GENYUAN

广东旅游出版社出版发行

（广州市荔湾区沙面北街 71 号 邮编：510130）

印刷：北京晨旭印刷厂

（地址：北京市密云县西田各庄镇西田各庄村）

联系电话：020-87347732 邮编：510130

787 毫米 ×1092 毫米　16 开　18 印张　266 千字

2015 年 5 月第 1 版第 1 次印刷

2020 年 11 月第 3 次印刷

定价：58.00 元

前言

亲子关系与家庭生活影响着每一个人。大多数人都曾经历亲子关系的两面：先是为人子女，然后在二三十年后为人父母。很多人对家庭生活充满怀念，但也有许多人宁愿遗忘。为人子女与为人父母都不是件容易的事，即使在最和谐的家庭中，日常生活的压力与紧张氛围还是会时常出现。事实上，对有些人来说，家庭生活原本就是一场持续不断的战争。而在所有的家庭里，婴儿都意味着战争，只是程度不同而已。

当发生家庭冲突时，许多人会倾向于责怪自己（或者配偶、父母或祖父母），怀疑自己或他人没有尽职尽责。本书将带你了解，在亲子关系和家庭生活里，内在冲突是一种正常、不可避免且重要的特征：如果没有冲突，大多数人将无法从此经验中得到更多利益。这种矛盾是本书所欲阐述的主旨之一。

这本书的写作方式和我前一本讨论人类性行为的著作《精子战争》（*Sperm Wars*）一样，每个主题都将以一段案例分析般的小说式场景揭开序幕。本书中的场景描绘了人类在童年时期或成长经验中的某个阶段，并凸显此阶段的一些议题，接着就是关于场景中主角们行为的解释。有些主题是很常见的，比方说受孕计划、害喜、分娩之苦及无眠的夜晚，有些则是对非法行为的探讨，例如乱伦、虐待儿童等。

本书同《精子战争》一样，以演化生物学的观点作为讨论的理论和哲学视角。此观点将是所有讨论的基础，因为我们将从演化起源的角度解释人类的种种行为，亲子关系和家庭生活只是其中的两个主题而已。其他学科，诸如生物学、医学、心理学、社会学和人类学等，都是以人类特有的构造、化学物质及行为模式为前提，继而追溯其因果关系。相反，演化生物学所关心的却是产生这些构造、化学物质和行为模式的基因程序设计是如何形成的。

演化生物学的技巧非常简单。不管讨论的对象是人类行为的哪一个方面，演化生物学家首先都会着眼于此行为对于繁衍产量（也称为繁衍成果）的影响。我们认为，某种行为之所以会普遍存在，必定是因为该行为能够提高繁衍成果。这听起来似乎相当直截了当，但正如我们将在书中所看到的，可能提高繁衍成果的行为方式并不总是明白可见。演化生物学家面临的挑战就是如何解释它。他们的做法是，将某项解释置于人类祖先的环境脉络（也是演化出现代人类情境的时空脉络）里加以判定，然后再从其他物种的脉络里寻求佐证。如果同样的行为在相当广泛的人类文化和其他物种中都普遍存在，而且在所有情境下该行为提高繁衍成果的方式都一样，那么演化生物学家便能够确认此项解释是合理的。他们通常也就能据此假定，与这项行为有关的化学、神经及细胞基础已经由演化过程而被设计到人类的基因构造之中。

从媒体与大众对《精子战争》的反应可以明显看出，对于许多人而言，该书主要揭露了即使像性行为这样复杂的人类行为，也有可能是被自然选择预设好的。我们预期本书的读者也会有类似的反应。虽然这点相当重要，但如果让本书读者对于为人父母的行为思考到此为止的话，是非常可惜的。演化生物学家对这一行为的分析之所以令人着迷，主要是因为这种分析可以让我们以全新的视角，看待存在于每个人经验当中的这些行为和情境。为何女性会为害喜现象所苦？为何婴儿的哭声如此凄厉？为何兄弟姐妹的意见总是相左？为何青少年有反抗及流浪的欲望？这些问题的答案本身就非常有趣，它们同时也是人类亲职行为演化过程的全体图像的一部分。

如同大家所意料的，支撑演化生物学家这种研究取向的思想基础，是达尔文物竞天择的演化论。我们在这里所说的演化，和长久以来无数讨论生命意义的哲学论文所聚焦的主题完全无关，本书所关心的自然选择并不涉及这类哲学性辩论。事实上，这里所谓的演化甚至不是生物学的：它仅仅是一种数学，也就是说，它是不开放论证的。

演化生物学的原则如下。如果某些行为事例与基因因素有关，并且具有某种相关基因形式的个人，比具有其他基因形式的个人拥有更高的平均繁衍成果，那么基于数学的确定性，人口最终将由前者主宰。我们当中大多数的人，都是那些在当时繁衍成果最为辉煌的祖先的后代；只有少数是那些较不成功者的后代；而且可以肯定的是，没有任何人是那些根本没有繁衍者的后代。亲职行为在人类繁衍成果中扮演如此重要的角色，因此，我们这代人当中的绝大多数，都是以往那些最优质父母的后裔。

这个原则不容否认，且应当广为大众接受。然而事实并非如此，其主要原因似乎是感性的而非理性的。尽管有越来越多人开始认识到，他们的身体构造和健康状况是其自身基因的产物，然而大多数人还是很难接受其行为与基因有任何关系。他们毫不怀疑自己眼睛的颜色、头发的颜色和肤色是由父母的基因所决定的，也相信许多疾病（比方说，乳腺癌、纤维囊肿）遗传自父母。既然如此，为什么我们当中绝大多数人依然拒绝相信，我们的行为也有可能，是由从先祖那儿遗传来的基因所决定的呢？

越来越多的研究显示，行为受到基因的影响甚至控制。举例来说，男性的性偏好、杂交的性向，以及性格中的暴力倾向等，受到体内制造的睾丸素数量或其他男性激素作用的影响。这部分与睾丸的大小有关，而睾丸的大小由基因控制。再举一个例子，那就是双性恋。这很显然是基因上的遗传，只有偏见会否认这样的观念。很多心理症状现在也被认为与基因遗传有关，例如精神分裂症。酒精中毒也是一个例子：有数以万计的美国人，尤其是美洲印第安人或日本人的后裔，以及某些欧洲人后裔，遗传了无力对付酒精的基因。当今的遗传学家甚至认为，暴力及反社会行为也与基因有关。

不能接受行为具有基因基础的原因之一，是人们不愿承认我们的行为由某种化学物质而非理性所驱使。我们倾向于认为大脑是主控者，仅仅因为感觉起来是如此。但研究逐渐揭露事实并非如此。试问那些被忧郁症困扰的患者，他们能对自己的想法和行为施以多少心智上的控制；再问问那些季节性忧郁症（一种因暴露在阳光下的时间过少所引发的忧郁症）患者，答案呼之欲出，对此完全无能为力。这两类患者的真正病因，是脑中所含的某些化学物质过低（例如血清素），他们的感受会随着化学物质和脑部被影响的区域而有不同。或者问问某位女性，她能对月经周期中各个阶段的情绪反应做出多少控制呢。答案是类似的。她在情绪上与行为上的所有变化，都受到化学物质和激素作用的影响，而这些物质的产生是由基因控制的。

即使那些能够接受其身体构造、化学物质及行为与基因有关的人，往往还是很难接受他们没有能力控制自身基因的观点。任何暗示他们仅是其基因机器下的一个底盘的假设，都会让他们感觉很不舒服。就算他们不介意做个底盘，也起码希望自己同时是个驾驶员。当然，从某些方面来说，人类是其基因的承载工具：人们带着基因移动，并在人生旅途中的不同旅站让它们的复制品（存在于精子或卵子当中）下车。但是，基因的驾驶员是其自身——是基因让一个人从受精卵长大成人，是基因决定一个人的性别。如果是男性的话，基因会决定他应当长成什么样子，应当如何被组合起来，脑子应当如何构造，激素应当有怎样的质量……而且，通常还会决定他应有什么样的行为表现。甚至，连承载基因到处跑的底盘也是由基因构成的。不管喜不喜欢这样的论调，我们都无法回避这样的结论：行为是基因协调的结果。

当然，这并不表示环境与经验对人类行为不具影响力。大脑就是由基因配线并灌入程式以记忆过去的经验，在置身于新的状况时，能够运用这些经验做出适当的行为反应。如果这项反应不太合适，默认的程序会告诉大脑吸取教训以避免重蹈覆辙。基因甚至早在生命初期就已在大脑中设好程序，让大脑能根据其早期经验调整好它的“线路”。

大多数时候，人类的身体都会自行运作组织，不需麻烦到大脑，方便大脑专心做好它最擅长的工作——监控和记忆那些可以被看到、闻到之类的东西。大脑同时也被设计成可以记忆我们身处何处、将东西放置于何处、我们与谁在一起，以及如何从某个地方移动到另一个地方等信息。它会尽力确认我们不会被老虎吃掉，或跑到公交车下面，这些是大脑的专长。身体事务给大脑的干扰越少，它的表现就越好。不过，偶尔还是会有身体必须跟大脑合作的时候。

以人类身体需要补充食物为例。事实上，身体一旦产生饿的感觉，通常在检查过现有的化学物质，以及缺少什么蛋白质、维生素或其他的东西之后，才会有特别想吃某种东西的饥饿感。此时身体会产生一个想法送到意识之中：“也许来根香蕉不错”“不要苹果——是香蕉”。最佳的状况就是，此时大脑会开始回忆（或者是理解），哪些距离自己最近的地方可能会找到香蕉，然后把时间、地点等信息传给身体。当然，大脑认为整个想吃香蕉的过程是它自己的主意，事实则不然。想吃香蕉是因为身体已经产生了上百万次对化学物质的检查，而这些检查是由基因预设的——基因设定化学物质的量到多少时，该通知大脑驱使身体去寻找香蕉。唯一让整个程序有点不同的是机会主义作祟的时候。如果眼睛看到附近有一根香蕉，大脑会告诉身体，身体在快速检验之后会说：“是的，化学物质已经快到安全库存量了，吃吧。”或“不，已经够了，先等等吧，不过如果看到苹果的话……”

性、亲职行为，以及行为的其他所有方面的运作方式都和饥饿如出一辙。基因会提供指示，身体会带着它们，一旦需要，就会请大脑记忆或计算，如何将适当的反应表现得最好。至于我们的基因，则一直受制于自然选择曾经对待我们祖先的方式，不管我们扮演的是父母、情人、学者、勇士、竞争者或生命中的其他任何角色。本书探讨的大多数行为，包括潜意识驱使而成的行为，都受基因和体内化学物质而非大脑的控制。本书不关心人们如何在意识层面上，合理化他们所作所为的原因。演化生物学关心的是人类实际做了什么，而不是他们想什么、说什么或感觉什么。在本书中，我们特别关心的是人类行为影响其繁衍成果的方式。

人类在潜意识里就被预设好该如何为人父母，而且，如同先前提到的，他们被预设好要成为优良且成功的父母。为什么呢？因为几千年来，那些不成功的父母，或是从不曾为人父母的祖先，仅留下极少（甚至没有）后代可继承他们的性格。而我们这些成功父母的产物，则全都带着那些催促着自己该生下一代的基因。这些基因在我们还很年轻的时候，就已经为我们如何胜任父母的角色做好了准备，引领我们在中年时期克服为人父母的种种困难，并在年老的时候反省自身成败。当然，这本书的读者有许多不会或还没有为人父母，也许其中很多人会坚决地说，为人父母不是他们毕生所求；同时，也有些人其实非常想为人父母，却始终无法受孕。所有这些人可能都会觉得，他们的例子足以作为反例，因此无法推论人类确实是天生被预设要为人父母的。但是如同我们将会看到的，这些避免或无法为人父母者在这个故事中所占的分量，与那些拥有两位数子女的"大地之母"和"大地之父"是不分轩轾的。

人类在为人父母这件事上，拥有相当多样的程序设计和基因策略。这种多样性不仅奇妙，也是自然选择据以持续运作在现代人类身上的原料。某些基因预设程序运作得比其他程序更好，所以有些人可以成为比其他人更成功的父母。

对于演化生物学家而言，为人父母是一种竞赛——一种基因之间的竞赛。当然，我们无法用肉眼看到基因在比赛，但我们可以看到人类之间、个体之间的竞赛！其实两者是相同的。在每个世代里，基因都以各种不同的方式组合套装，每个组合又成为一个独立的个人。每个基因都期望能和其他基因组合，以便制造出一个繁衍能力好到足以让该组合中的每个基因都能取得优势地位的后代，从而达到其繁殖的目的，实现世世代代繁衍不息的野心。从这个观点来看，每个套装组合，也就是每个个体，都是基因的实验。在每一个世代里，都有些实验相当成功，有些成就平平，有些则彻底失败。

在进一步讨论之前，我们需要先讨论差异性的问题。如果自然选择已经严格地在每个世代中筛选出最成功的行为，为什么人类的行为不采用同样的方式（甚至日臻完美）？事实上，有许多原因可以解释为什么演化并非如此。我们首先要做的，是区分出这个过程中两个完全不同的方面。其一涉及演化的机制：在某些情况下，自然选择会预先安排不同的人具有不同的行为，但这些行为都具有同样良好的繁衍成果。其二涉及演化过程的一项特征：自然选择发现要塑造出一种完美的反应是非常困难的，结果就是人类的行为各不相同，而且有些人会比其他人成功。

接下来，让我们考虑以下事实：第一，自然选择设计让人类的行为有所差异，以取得同样良好的繁衍成果。举例来说，在《精子战争》中我们曾经详尽讨论为何有些人是异性恋，有些人是同性恋，而有些人则是双性恋；为什么有些人会为金钱出卖身体，而有些人会成为强奸犯——这些全都是达到繁衍目的的不同方式，并各有着其独特的优缺点。某种行为能否成功，经常取决于有多少比例的人追求这种方式，而演化就是决定这项比例的因素。更有甚者，演化不但决定了每个不同行为方式的比例，而且会让每个策略都能达到同样的繁衍平均值。的确，人类由成千上万个个体所组成，当每个人都在潜意识中追求繁衍上的成功时，就可能会有某些人的策略与常见的不同。因此，演化往往导致个体之间的基因差异性，而非共同性。

第二，人类之所以能借由不同的行为表现达到相同的成果，是因为自然选择使人类可以运用情境策略改变其行为，以适应周遭环境。我们在基因上被设计成能检验自身所处的情况，并据以做出适当的反应。这意味着不同个体之所以会有不同的表现，是因为他们的环境不同，但所有的表现都是在此情境下的最佳反应。当然，旁观者也许很容易误以为情境策略根本与基因无关，人类的行为表现完全是由他们所处的环境决定的。但事实是，那些先行侦查情况然后据以反应的指令，就同其他所有策略一样，都受到严格的设定，并且是基因上的设定。

现在让我们继续讨论第二个层面——自然选择发现要设计一种完美的反应相当困难。这有几个原因：第一，自然选择无法快速地除去比对手稍稍逊色的基因。较不成功的基因终究会在世代交替的过程中逐渐消失，可能需要好几百年才能完全消失。与此同时，人类还是会持续地从他们较不成功的祖先那里继承这些基因，也因此表现得比同一代的其他人不理想。

第二，新的基因由突变而来，而突变的概率是很低的。但是既然我们身上有这么多基因，总有人会带着一个或多个从父母或祖父母那里得来的突变基因。大多数突变的基因也许只会对我们的行为表现造成些许影响，偶尔会有某个突变基因，为我们以及我们的后代制造严重的问题。有时候突变也可能带来进展，为我们和子孙带来超越同代人的优势。此时，自然选择便会在未来增加此种有利基因的占有率。但除非某个基因一开始便经由突变产生，否则自然选择是无法产生拥有完美策略的后代的。与此同时，既然自然选择只能在现有基因之中求取最佳表现，即使是最成功的人在策略上也不是完美的。

我们曾经说过，人的行为并非完全由环境所决定，但是环境的确扮演了重要的角色。而我们之所以无法一直采用完美行为的另一个原因，正是环境的不同，包括地理环境和历史环境的不同。在某时某地获得极大成就的基因与行为表现，在另一个时空却可能完全行不通。五十万年前，人类还赤裸着身体，过着猎食、采食的生活。现如今我们具有的许多基因，正是世世代代从先祖特殊的环境中脱颖而出的。在那之后，许多人类社群经历了数万年的穿衣文化，以及一万至一万五千年的畜牧和农耕生活；最近，也有许多社群经历了为期数百年的工业化过程。当然，有些基因可以历经上述各种情况的考验而始终耀眼成功，那也将是我们今日大多数人所拥有的基因。而某些基因虽然在原始或农业时代臻于巅峰，接着却只能挣扎求生甚至消失无形。我们之中仍保有这些基因的人会发现，想在现代环境中与其他人竞争其实并不容易。

有可能在我们所拥有的基因当中，只有一小部分（其中或许有某些是近期的突变结果）有助于我们适应现代的工业环境，而这样的基因很可能十分零星而且不一致。举例来说，某个人可能会同时拥有一个能强化其肺部功能以适应空气污染的基因，以及一个对人造化学产品极其敏感的基因；另一个人可能具有一个让她可以抵抗现代性传染疾病的基因，以及一个会令她对药物产生依赖心理的基因，从而妨碍她的繁衍。让大多数人都能全部拥有最适合现代生活环境的基因，还要好长一段时间。然而到那时，环境很可能再次转变。演化也许一直在追求完美，但很少有时间能够达到这种境界。

我们无法全体达到完美的最后一个原因是，演化不只为人类服务，它同时也为我们的竞争对手服务。我们逐渐发现一个惊人的事实，每件事的成功，从简单的生存到错综复杂的择偶，都仰赖于我们的基因对疾病的抵抗能力；仰赖于我们的基因兵团在人类的儿童期和青少年期，与成千上万突然侵袭我们的有机体的战斗成果。这些有机体包括病毒、细菌、绦虫及其他寄生虫等，它们都想利用我们的身体达到生存、成长及繁衍的目的。有些疾病症状明显，例如麻疹；有些则不那么明显，症状小到我们从来不曾注意。但它们都有可能让我们丧失活力而横生意外，而且影响生育能力与外表吸引人的程度。因此拥有抵抗疾病基因的人，会比其他人达成更高的繁衍成就。

同样，可以以计谋胜过人类基因与生理机能的有机体是最成功的。当自然选择偏好那些可以抵抗疾病的基因时，它同时也偏好那些人类抵御不了的有机体。宿主期待以计谋取得演化上的胜利，让寄生虫灭绝；寄生虫则期待有朝一日让宿主灭绝。不过大多数时候，双方都被封锁在演化的竞赛之中，两边都试图发展出完美的基因以终结对方的抵御，与此同时，双方也都在相互钳制的不稳定平衡中共存着。结果是，双方终其一生和终其世代都无法臻于完美。

有时会出现这样的想法：现代人似乎已站在演化之外，自然选择已经无法在他们身上发挥作用。然而这是一种迷思。事实上，自然选择对当今人类的影响程度，和它长久以来对人类祖先的影响毫无二致——改变的只是这种力量的本质。自然选择在基因借由不同个体演化与普遍化做出贡献之前，不会停止它对任何物种的努力。现代人类的状况距离这个境界还很远。我们这些活在当下的人，都将对大部分仍得仰赖于我们携带的个别基因的后代产生贡献。现如今，我们当中越多的人遗传到上一代的成功基因，我们之中最成功的基因便越能主宰我们的后代。同理亦适用于亲职行为及其他任何事务。这是不容置喙的，亦不容感情的介入——这只是基础数学的残酷真相罢了。

BABY
WARS

01

暗潮汹涌

场景1 肥皂剧

男人站起来发表演说的时候，眼里充满了泪水。环顾前来参加儿子庆生会的每张面孔，他知道此刻这种骄傲的感觉——如鲠在喉——随时有可能被自己破坏。于是他停顿了一下，拿起一杯饮料。吞咽的动作帮助他清了清喉咙，然而即使如此，当他勉强挤出几个字时，声音仍然有些颤抖。

男人感谢宾客们前来与他们夫妻俩一同庆祝这个特别的盛会。面对着妻子，男人微笑着告诉在场的人，她是很棒的伴侣和母亲。此外，她一直很美丽，但没有任何时候比她怀着孩子的时候更美丽。他更忘不了第一次将儿子抱在怀里的感觉，多么奇妙。

他告诉那些听得如痴如醉的宾客，他的儿子一直是一个“模范宝宝”——他总是那么开朗、有责任感，而且是妹妹的好玩伴、好朋友和好帮手。讲到这里，他看了看坐在儿子身旁的女儿，他们看起来多么像分不开的好朋友。

在充满感情的最后时刻，男人不忘再一次称赞儿子良善的性格及帅气的外表，然后谦逊地声称他不知道上辈子积了什么德，可以拥有这两个小可爱。他邀请在场的每位宾客一同干杯，祝福他的宝贝儿子永远健康。

在场的人无不为此番演说动容而热泪满盈，此时男人的儿子也站起来回应父亲。比起父亲那番感性的致词，他显得较为理性、坚定。同样，他也以由衷感谢宾客前来为他庆生作为开场白。当他在讲话的时候，在场许多年轻女性的眼神不经意间透露出她们内心的幻想：期待能和他，或像他一样优秀的男人共谱爱曲。演说最后，他转身向父母举杯，感谢父亲一直是他的良师益友，而母亲则总是如此沉着、包容。他欠父母的实在太多了，尤其是他们永不止息的爱。就像呼应着父亲的话一般，他说不知道自己上辈子做了什么好事，可以拥有这么一对好父母，而且他知道，终其一生他都会向父母看齐。

就在节目接近尾声的时候，前门被砰的一声关上。坐在电视机前的两位观众——女人和她正值青春期的女儿——交换了一个眼神和笑容，拭去眼中的泪水。此时传来男人的吼叫："大厅地板上到处都是泥巴！"客厅的门被突然打开，一个高大且怒气冲冲的男人站在门口，不断吼叫："地板上都是泥巴！""你们在干吗？只知道坐在那儿。大厅地板上都是泥巴！"突然，他意识到电视上正播放着连续剧的片尾主题曲。就在他命令她们关掉"那个垃圾"的同时，他自己已经动手关了它。他对着两个女人，教训她们懒散成性而且一事无成，只知道坐在电视机前面。他指了指那脏污的地板，怒喝着他们的儿子也好不到哪里去，若他再不开始找工作，将一事无成，最后只会落得在街上闲晃惹麻烦的下场。而且很明显的，他的这种个性全都遗传自他老妈。

女人受到刚刚那出感人连续剧的催眠，跳起来吼了回去。她数落男人是个坏胚子，说他才是全家最懒惰的，而她完全清楚儿子是从哪里继承的这种懒散的个性。他们的女儿大声地叫他们不要再吵了，一边喊着"她受够了"，一边跑出屋子。女人指责男人的坏脾气破坏了一切，一边说她真希望从来没有遇见他，一边碎碎念他今晚为何没有像平常一样醉死在外面算了。男人一边嘟囔着，一边旋风般往外走。

男人打开前门的同时，儿子从他身旁擦身而过，不发一语地进入屋里。他刻意忽略他父亲的毒誓：如果再看到儿子把泥巴带进屋里，就把他宰了。当母亲叫儿子瞧瞧自己干的好事，并大声要求他把地板清干净时，儿子却一边应诺着，一边跺脚走上楼，留下比他出去时更多的泥巴。

女人跌坐到沙发上，当听到儿子在楼上吵闹的声音时，她把头往后一甩，大叫着，痛彻心扉地大叫着："你们通通给我闭嘴，都给我走开！让我一个人静一静！"

传统的浪漫观点中，所谓的为人父母是指男性与女性在长期一夫一妻关

系的状况下，一起努力完成共同的目标——建立一个家庭，并且养家糊口。在女人怀孕期间，男人会关怀和注意女人日渐隆起的肚子，平静地等待那个他们满心期盼的新生命的降临。父母会爱护和养育每一个小孩，让他们能健康快乐地成长，父母也会尽其所能地鼓励每个小孩发挥各自全部的潜能。反过来，孩子之间也会相互帮助，并且以不断的感恩与敬重来回报父母过去和现在为他们所做的一切。

当然，这样浪漫的时刻与情境总是有的。在肥皂剧中出现的完美家庭模范，有时也会短暂地出现在真实世界里。然而，所有为人父母者都知道，在真实世界里，日复一日的亲子关系与家庭生活往往是十分困难的。伴随怀孕、生产而来的痛苦和不适、育儿的困难，小孩之间的争吵及青春期的麻烦事，是每个为人父母者都曾经历过的。如果是单亲家庭，生活就显得更艰辛了。有些家庭最后父母离异，成为有继父继母关系的家庭；而少数父母甚至具有潜伏性的毁灭行为，如乱伦、忽视、凌虐甚至谋杀。

大多数时候，养育小孩并不会产生非常极端的情绪，最多只是焦虑苦恼。然而，任何情况都有可能一触即发。家庭生活宛如活在剃刀边缘，只有父母控制得恰当，爆发点才有可能转化为仅仅是冲突或忧虑而已。

为何亲子关系往往伴随着危险？为何自古至今，如此基本的人类繁衍模式竟然有许多潜在的危机？人类和他们的灵长类祖先至今已经繁衍了几百个世纪，这应该让我们有理由说从此能一帆风顺了吧？事实绝非如此——本书的目的就是运用演化生物学家的哲学与科学观点，来解释为何事实并非如此。

简单地说，父母与小孩能相互合作就能双方获益，若同时各自都能为提高自我福祉考量的话，双方会获得更多利益。因此，几乎在亲子关系的每一层面都会产生生物上的利益冲突，也正是这种冲突酿成了所有父母都会经历的难关。结论就是：婴儿代表战争——父母亲之间的战争、亲子之间的战争，以及手足之间的战争。

BABY WARS

02

准备就绪

场景2 受孕计划

炎热的夏季刚过，空气里已经有些许秋天的凉意了。这对伴侣从酒吧出来时，他们选择不搭出租车，穿过公园小路走回家，这个主意让他们在酒后感觉舒服多了。散步能让他们说服自己有持续健身的感觉，虽然比不上在健身房跑步、塑身的那种认真。事实上，女人特别被叮嘱不能做太剧烈的运动，而这样散步刚好比较像是边吹口哨、边爬楼梯那种防止肌肉松弛的运动。总之，今晚一路从酒吧走回家的感觉还真是不错。

大约走了几百米之后，他们就离开街道，转身经过栅门，想穿越公园。在白天，这个公园就像水泥沙漠中的一片绿洲。今晚，不仅微弱的灯光由翠绿转为浓暗，就连凉爽的空气也形成了薄雾，氤氲盘旋于脚边。

穿过公园回家最近的小路会经过一个儿童游乐场。这个游乐场被篱笆围了起来，以防孩子们发生意外。他们把吊门拖开，闯了进去。女人忍不住荡了几下秋千。当两人来到旋转木马前，她央求男人推一下，让她玩一会儿。随着清凉的微风吹来，女人感到兴奋，但是男人却开始觉得无聊而停止动作，此时她央求他再转几圈。这一次，男人在木马转动的同时跳了上去，一手抓着中间的铁杆，一手抱着女人的腰，跟她一起转呀转。

也许是这样亲密的接触造成的，当旋转木马逐渐变慢时，两人涌现了同一个念头。伴随着童年的记忆，他们互望着，“这个地点真是太妙了”，两人几乎同时脱口而出，“如果能在这里做爱，那该有多好！就像童话一样”。

不过，怎么做呢？如果旋转木马可以同时转动着，他们马上就同意这么做，因为过去的经验告诉他们，如果要完美的话，木马就必须同时旋转着。女人试着跪起来，头朝下屁股朝上。不过男人一开始转动木马，她就往一侧跌落。唯一的办法只有她躺着，手臂高举过头，抓着杆子。女人觉得这种姿势应该选好，只要男人动作快一点就没问题了。接着，她站起身，完成了不脱鞋就褪去内裤的高难度动作。

男人则有点迟疑，不知道自己能不能做到。6个月前，只要他裸着身体又很兴奋的话，他可以在任何时间、任何地点勃起，而且能持续半个小时，但最近几次的性爱却让他信心动摇。不过，就在女人将内裤塞进包包的同时，她也表达了对男人能力的强烈信任。

他想试试看穿着衣服能不能做，结果行不通。然后，他一边紧张地环视黑漆漆的公园四周，一边脱掉了长裤和内裤。当他身着长衬衫，站到女人面前时，她忍不住笑了出来。也许是因为男人紧张及稍有凉意的空气，又或许是今晚酒精作祟，他的阴茎并没有勃起，反而像躲在鸟巢里的一颗紫色小蛋，温暖而安全地缩在他的体毛里。女人一边说着“你需要一点点的帮助”，一边把男人拉向自己。她两脚跨坐在木马边缘，把男人的阴茎放到嘴里。一开始，她等了一会儿，不过最后她湿热的温唇勾起了男人的反应。她终于看到了应有的强烈勃起。她见时机成熟，便立刻就位，拉起了外套和裙子，抬起双腿把头靠在马头铁杆上。虽然这姿势不是他们所想的完美情境，但却是女人可以掌控又舒服可行的姿势。

男人开始推动旋转木马，兴奋异常，同时享受了跑步时阴茎拍打到肚子上的感觉。他找准时机，跳上座板，当木马旋转得越来越快时，他趴到女人身上。即使有点儿困难——她还没有很湿润，男人仍然想办法要将阴茎插入。插入困难，射精更不容易。事实上，在他第一次射精之前，木马早已经停止旋转了。但几周后他们讲述给朋友们听的时候都宣称，当时木马其实还在转动着。

虽然这样的姿势不太舒服，男人还是直到确信最后一滴精液射出之后，才抽出阴茎。女人此时兴起一个念头：如果她立刻走回家，可能会流失一些得来不易的精子。当她将这个想法告诉男人时，男人灵光一现：利用离心力不失为一个好方法。他建议，如果女人将头朝向旋转木马的外围，而他尽可能地高速转动木马，离心力也许会把精子送进她身体里更深的地方。

他们说到做到。眼前的一幕让在公园里游荡、找地点亲亲抱抱的两个青少年男女呆住了，他们快速经过，保持距离，以免破坏了这场奇异仪式。他们看见有一个女人躺在木马上，双腿举起，脚朝向中央的旋转轴心，手抓着马头铁杆。一个男人则半裸着，双腿隐蔽在雾中，一圈又一圈奋力奔跑推着木马，他的长衬衫不停地拍打他的阴茎及屁股。

在这对伴侣决定生小孩之前，他们已经在一起8年了。两个人回忆起过去避孕的日子，每次做爱时都提心吊胆，怕女人忘了吃避孕药，或者怕保险套不管用。现在，6个月过去了，他们性交的次数达到前所未有的高峰，也不再采取避孕措施，但她还是没有怀孕。当他们开始决定要生小孩的时候，没有防护措施的性交刺激和对怀孕的期望燃起了他们的性冲动，让已经变得委顿且例行的性交恢复生气——他们可以连续几个星期每天做爱，对男人而言，尤其宛如置身天堂。以往他想要射精的次数远远超过女人想要的性交次数，因此每隔几天他就必须自慰。现在，他得到了让女人受孕的全权委托，再也不需要自慰了。此外，在女人体内射精反而是他们性交最首要的目的。男人甚至不需顾虑她有没有高潮，或何时达到高潮。对他们而言，至少在初期，性交就是女人躺着，双腿张开，然后他在她体内射精。

不过，事情在女人开始受孕计划后的第一次、第二次，甚至第三次月经来了又走之后，发生了变化。两人开始看书，询问有生育经验的朋友，也开始感到忧虑。他们不禁怀疑起男人的生育能力。不过，从男人高超的性能力和数量可观、看似健康的精液来看，他的生育能力应该是毋庸置疑的。所以他们推断，问题也许出在女人身上。他们开始怀疑，等到她已经30岁才决定生小孩可能是一个错误，也许她已经不能制造卵子了。

他们试着使用从药房买回来的排卵预测棒，它不仅昂贵，而且测出的女人月经周期内的排卵日落点都不尽相同。最后，她在众多的怀孕书籍中发现一个看似有用的图表，于是开始每天早上一起床就自测体温。即使她做出的体温变化表与书上的看起来不吻合，但她还是不间断地量着体温。这样做既不用花钱，也让两人感觉到些许安慰，起码自己做了积极性的努力，总好过毫无作为。

根据一些朋友的建议，他们从每天性交改为两天性交一次，接着三天一次。一开始男人自动恢复在性交之间自慰的习惯，不过他强迫自己戒掉这个习惯，以免降低精子的质量。禁欲确实难熬，有时不免屈服于冲动，但他已经非常尽力去克制自己。在看过一篇报纸的报道以后，他开始不洗热水澡，也穿起了宽松的内裤。

女人和她的配偶不同，她很少自慰，不过也担心偶一为之会成为问题。她想，也许在性交中达到高潮很重要。女人通常只有三分之一的概率在自慰中获得高潮，当受孕成为首要目标后，在密集的性交期间她已经很少自慰了。为了尽快受孕，女人完全放弃了自慰，两人也会为了让女人在性交中获得高潮而做特别的努力。但是，越是如此尽心尽力，她就越难有所反应。他们只好不情愿地让一切顺其自然，不再以她的高潮为重心。不过，她还是会在性交之后把脚靠墙立起，静止不动地躺着，好让精液在她的阴道中多留一会儿。无论如何，这些努力都白费了，女人的第四次月经还是如期而至。

女人了解到，趴卧着会比仰躺着更容易让精子进入子宫，自此以后，也就是当计划进行到第八个月的时候，每次性交男人都会从后方插入。她有时候在床上趴着，分开双腿；有时跪卧着，翘起臀部。完事后，她也总是继续俯身半小时。

整整一个月，男人试着在达到高潮时集中注意力，尽可能地将精液射入她体内更深处。几乎就在同时，男人发现自己开始对她感到“性趣”索然。大概有三次，当女人感到蠢蠢“欲”动，觉得时机正对的时候，男人却完全没有反应。无论她如何帮忙，就是无法令他勃起。更多的时候，他们发现得借由新奇的事物才能激发性冲动。一个周末，他们安排整天裸着身体待在家中不外出，以便随时他有感觉的时候，都可以性交。这招也的确奏效了。看着女人清理厨房水槽，全身只戴着一双橡皮手套时，男人勃起了。她打开腿，稍稍半蹲着，当她向前倾靠于水槽上时，男人从后面进入了，尽管有点困难。看色情录像带的时候，他们也性交了。当两人庆祝无避孕措施性交第八个月的纪念日时，希望又被另一次月经的来临毁灭了。

他们能想到的都试了——改变性交频率、衣着和姿势。失望之余，他们开始觉得是地点不对。虽然他们都是理性的人，但仍归咎于是这间房子导致受孕计划失败。他们设想着，如果到更“自然”的地点去做爱，受孕的事也许就会水到渠成。

在计划实行第九个月初期，他们裸着身子，偷偷摸摸地溜到花园里，垫着毯子，在星空下做爱。在男人插入的同时，女人对着天上最亮的星星许了个愿。两晚之后，他们在暴风雨来临时发疯似地跑出去，冒着雨在草地上办事。女人深信当闪电划过夜空的那一刻，男人正要射出，而当轰隆隆的雷声回响于地平线时，男人正好结束。他们越来越大胆，甚至大白天就到院子里的草皮中间做爱。

两人都感觉到那种可能被窥见的刺激感，因而开始考虑在花园里的各个地点做爱。一方面，找寻性冲动的出发点已经不存在了；另一方面，因为迷信越大胆的地点越可以把女人“震”到怀孕。

上周末，他们开车到乡下一片他们以前去过的森林，设定一个新的情境：假装男人是一个命运坎坷且独居的青少年。他们手提着装有衣物的袋子，裸身穿越森林，只要有人接近，他们就赶紧躲到树后面。他们的目的地是几里外的河边，而且途中不能被人看见，或者至少不能被人逮到。他们成功了，不过却被一只远离主人视线、兴奋又好奇的小狗发现，并且它不断地舔着他们的腹股沟。经过了裸身和任务达成的刺激，最后他们跑到河边，躺在高草丛中，有了几个月以来最满意的一次性交。

此时此刻，他们刚刚在充满孩童欢愉气氛的游乐场里做完爱。当他们整理好衣衫走回家时，两个人都想着，如果这个月还不成功，那他们大概永远不可能有小孩了。

这一章让我们比较清晰地了解到，成为父母亲的第一步——受孕。对许多伴侣而言，这一步很简单，一下就跨越了，因此他们不怎么注意这个阶段。对于其他的人，就像场景2中的这对伴侣，受孕需要积极性的计划，同时伴随着许多问题与担忧。在接下来的三个场景中，我们将继续追踪这对伴侣未来两年的时光。

谈到受孕，好像是一件普通平常的事，但对本场景中的这对伴侣来说，并非如此。让人不禁认为，自然选择是一股没效率且又带有恶意的力量。怎么会这样呢？经过了几百万年的演化，自然选择让每个世代有那么多的受精卵，然而他们要生小孩却为何如此困难？有很多可能的答案，但是几乎所有的答案都指向一个基本的事实——受孕是一场战争，不是一对伴侣跟其他（有传染性的）有机体之间的战争，就是配偶彼此之间的战役——即使本场景中的男人和女人有相互合作。

平均来说，1对有生育能力的伴侣若不采取避孕措施，4～5个月就能够怀孕。每3对伴侣中就有1对能在第一个月内受孕，但是过了第一个月后，受孕概率将急速下降为20对中只有1对会成功。10对具生育能力的伴侣中，会有1对要1年以上才能受孕，20对中会有1对需要2年以上的时间。如果我们将不孕与低生育力的伴侣也加进统计里，不避孕的情况下，1年之后仅有60%～75%会成功。这样的数值其实隐藏了多种不同的因素，而这些因素会产生完整的常态变量。有些伴侣在已经不避孕好多年之后才突然怀孕，但有些却在第一个月一试就成。

性和生殖是大多数人的人生中很重要的部分，因此我们大多对这个主题有着一致的看法。本场景中的这对伴侣在这方面并不是很顺利，对受孕一事他们变得既困惑又不理性。然而，我们不应该过于苛责他们，因为即便是生物医学研究人员，对于受孕过程中的很多部分也仍然不确知。

*

场景2中的那对伴侣变得越来越热衷于各种方法。他们开始思考：这么久以后才想生小孩是不是一个错误？什么时候是她的生理周期中最可能受精的时刻？他们应该多么频繁地性交？他们要采取何种姿势？怎样才可以让精液在阴道中射得更远？在性交后如何让精液停留在阴道中更久？男人是否要避免自慰？女人应该避免自慰吗？女人在性交中得到高潮有多重要呢？男人是否要避免冲热水澡及穿紧身内裤呢？

事实是，如果他们两人都具有生育能力，以上这些都不重要。他们真正需要做的是，无论何时、何处，想怎么性交就怎么性交。如此，当男人身体的状况以及时机对了，女人就能够受孕。事实上，自然选择在受孕这件事情上是很有效率的。人们之所以会一再失败是因为不懂得顺从自然，总是用理性的脑子告诉自己，现在就是受孕的绝佳时机。这么做反而不符合长期繁衍利益。一个人的身体会自行判断，不论其意识想怎么样，都是由其身体来掌控的。若身体已经认定怀孕不符合长期繁衍利益，人的理性思考想要强迫自己受孕是不可能的。

在受孕失败这个主题上，会产生困惑的两个因素是：第一，繁衍只是所有性交功能之一而已。这也就是为什么人终其一生，虽然经历过3000多次性交，但是平均只生产出2~7个后代。性交的其他功能将于本章中详述。第二，就伴侣长期繁衍产量而言，大部分时候，较重要的其实是避免怀孕，而非繁衍后代。人的脑子与身体虽然不甚明了，但都知道这个原则，这也就是为什么这对伴侣采取了8年的避孕措施。但是当脑子决定要怀孕时，并不代表身体就能够自动地响应。

基于以上两个因素，自然选择实际上所做的奇妙工作就在于，协调人类和其他物种在性交与繁衍中的不同需求。如同场景2中的伴侣那样，当性交变成一种只为了受孕的意识行为时，往往也使结果非常没有效率。他们的身体可能恰恰玩起另一种游戏，而且，通常是身体占了上风。接下来呢？难道他们的身体真的不顾意识的渴望，而自行发展出另一套计划吗？果真如此，这套拒绝走明白清楚的路径的计划，又将如何提升一个人的繁衍产量呢？

稍后，我们将更简单地解释这些一般性的疑问。在讨论场景2时，我们将专注于那对伴侣所热衷的实际问题。

这么久以后才想要生小孩是不是一个错误呢？本场景中的伴侣开始受孕计划时已经30岁，当然有理由这么想——也许比以前更难受孕。乍看之下，这样的想法似乎加深了他们的忧虑。因为25岁以下的女性，没有实行避孕措施的话，大约有90%在6个月内会怀孕；35岁以上，概率降到20%以下。有两个原因导致这样的变化，且与年龄有关，但二者应当可使这对30岁伴侣感到安心。

与大多数人一样，他们一定听过男性18岁时处于生育期的高峰，之后就逐年下降的说法。虽然一个18岁男性的勃起时间确实比年龄较大的人维持得久，但却不代表他的精子具有更好的繁衍能力。事实上，男性从20岁到30岁都处于生产精子的高峰期。我们稍后将更详细地讨论有关男性年龄与繁衍能力的问题。在这个场景里，男人的年龄并不是一个问题，我们将重点放在女性的年龄上。

女性制造卵子的数量一生都在改变。大部分女性的理解是：如果没有月经，就几乎不能制造卵子，也就不可能受孕。但是大多数女性不知道的是，即使她们有月经，也不一定能够排卵。没有排卵的周期被称为不排卵周期，也就是不能受孕的周期。此时无论性交多么频繁，女性都不可能受孕。有一些不排卵期是很自然的。每个正常、健康且有生育能力的女性都有过这种周期。当怀孕有损于她的长期繁衍成果时，这种周期将是女性避免受孕的最重要方法之一。换句话说，如果没有不排卵期，一个女人怀孕的次数会远远超过对她有益的次数。

不排卵期因女性年龄的不同而出现不同的频率。在青春期，也就是女性开始有月经之后，有90%以上的周期都是不能受孕的；即使年近20岁，仍有60%的周期不会受孕；在25岁至35岁，不孕周期最少，但即便如此，5次周期里仍有1次是不孕的；超过35岁之后，受孕周期比例开始减少；到了50岁，大多数的周期又都是不孕的——当然，此时大部分的女性也不想再怀孕了；最后一次周期，通常发生在48岁至51岁，也就是在更年期。因此，本场景中的女人根本不需要担心到了30岁才决定生小孩是一种延迟。无论如何，受孕率的数据已经很清楚地告诉我们答案，而受孕周期的比例并不是唯一造成不孕的因素，女性生育能力以外的因素，也会影响受孕的机会。让我们继续探讨本场景中那对伴侣的担忧。

超过35岁的伴侣不如年轻伴侣那么快受孕的主要原因是，他们在女性生理周期中比较容易受孕的日子里，并没有经常性交。而这是因为比起年轻的伴侣，他们的性交次数较少——但这个原因并不适用于本场景中的那对伴侣，有一段时间他们为了受孕计划是每日性交的。当然，即使不常性交，错过女性最佳受孕日子的问题仍是可以避免的，只要伴侣能够很精确地知道女性每个周期中的最佳时机。如何得知最佳时机？——这个问题一直困扰着这对伴侣。和现代工业化社会里那些受过教育的伴侣所知道的一样，他们也明白每个周期中只有固定几天女性可以受孕，但是究竟是哪几天呢？为什么要知道那几天何时到来是如此困难呢？

不同于非排卵期，排卵期大约是在月经周期中间的某天，当天女性的卵巢会排出一个卵子。卵子从卵巢释放出来之后，就在骨盆腔内短暂地自由游动，然后被吸入较近的输卵管的下缘开口，以每小时 1 毫米的速度往子宫前进，开始 8 个小时的旅程。途中如果遇到精子，卵子有可能与精子结合而受精，时机及地点是两者能否结合的关键。输卵管中只有一处可能受精，即输卵管外侧 1/3 处。在最上端，未受精的卵子只能存活 13 ～ 36 小时。

有很多人认为，如果在排卵后数日内性交，女性会较容易受孕。这并不正确。因为卵子仅能短时间存活，加上输卵管内只有一处能使精子、卵子结合，所以若伴侣在排卵前性交则较有可能受孕。如此一来，精子才能够准备好，等着卵子来到受精区。如果女性在排卵前两天性交时没有采取避孕措施，会比较容易受孕——她将有1/3的概率在此周期中怀孕——这已经是最理想的状况了。而在这之前或之后的性交，就越来越不可能成功。排卵前6天性交，能受孕的概率几乎是0，前5天的概率只有1/10。这是因为精子在女性体内最多能存活5天，而在排卵日当天性交，也只有1/10的成功概率，之后概率降到0，因为卵子不太可能还存活着。因此，本场景中的伴侣需要知道何时是排卵日前两天，但他们有什么方法可以预先知道吗？

不幸的是，这个问题的答案是否定的，充其量也只是“也许”知道。在现代医学研究和科技发展之前，这个答案绝对是否定的。有些雌性的灵长类，比如黑猩猩，借由发红的阴道及发硬的屁股来表示它们已经进入月经周期中的受孕期。人类女性却并非如此，事实上，她们会刻意隐藏最佳的受孕期。而且，并非只有人类才会这么做。许多其他的雌性灵长类，比方说美洲小猴和长臂巨猿，也会这么做。这种隐瞒受孕期的表现（或称“性欲伪装”）已经有效地为自然选择所建立，使得女人的配偶与女人本身都无法辨识，何时性交才最有利于受孕。

在生物医学研究证实性欲伪装的有效性之前，人类祖先对于繁衍下一代的事，只有晦涩的想象而已。的确，很多人认为性交与怀孕之间完全没有关联，主要是因为这么多次的性交也没有怀孕（平均来说，每500次授精只有一次受孕），因此说两者之间有关联似乎显得荒谬。直到20世纪20年代，人们才开始相信受孕与怀孕的一些看法。澳洲原住民、巴西人及许多非洲人认为，婴儿是经由环境进入母亲体内，例如当她游泳的时候。部分非洲人则认为，婴儿完全是女性体内的经血累积所形成的。其他的诸多社群则了解到，男性在这个过程中有所参与，但仅仅是认为，男人扮演进入女人体内使其受孕的角色，别无其他用处。

相反，也有一些文化认为怀孕这件事只与男性有关。他们认为婴儿产生自男性，甚至由男性“孕育”，也许是孕育在他的脑袋里，然后传递到阴茎，再经由精液“播种”到女人身体中。亚里士多德就是这种播种假设的主要拥护者。大约300年前，当精子首次被拿到显微镜底下观察的时候，科学家们真的以为他们可以在人类精子中看到小人，在驴子的精子中看到小驴子，等等。这些东西因此被命名为精子，也就是“种子动物”的意思。

第一个假设怀孕也与女性有关的欧洲人是希波克拉底（Hippocrates，古希腊医生，又称“医药之父”）。他假设经血一旦停止从阴道流出，会累积在母亲体内形成婴儿的血肉，而精液则形成脑袋和骨骼。因此，人们以为经期结束时是最佳的繁衍时机。直到19世纪末，从海马与海胆中，精子首次被观察到可使卵子受精，女性所扮演的角色——制造卵子，才为人所知。尽管如此，却一直到20世纪20年代，医学研究才证实了最佳的受孕期是在月经周期之间，而非经期结束的时候。

人类的身体如此善于隐瞒他们的受孕期，以致最后经由生物医学的研究才得以揭开，女性周期中何时可受孕的谜团。人类无法借由互看对方一眼而得知受孕的最佳时机，因为女性的化学物质及行为都会隐瞒它。女性有时想要性，有时不想，就像在周期之间心情有好有坏一样。毫无疑问的，在月经周期中的受孕期期间，女性的确会有强烈的性冲动，也会寻求或渴望性交。但是这些现象都被很好地隐藏在性冲动的圈套之中，使得女性与她周遭的男性无法分辨哪一些是适孕的象征，而哪些又不是。所以，本场景中的这对伴侣只要有性冲动就性交的做法是正确的，但这样做的意义却跟他们希望的不一定相符。

女性的性冲动并不是受孕期的准确象征，不过生物医学的研究发现了其他三种好方法，能够对受孕期加以准确地预测——假如没有更好的方法的话。它们并不完美，其中，排卵预测工具和基础体温测量法需要运用现代科技，我们在下文将探讨这两种方法。先来看看第一种方法，它只需要女性的手指就可以了。

在受孕期，女性会发现阴唇越来越湿。如果将手指伸进阴道取出一些黏液，就会发现黏液非常具有延展性。在非受孕期，阴道内黏液则没什么弹性且比较浓稠。这些黏液是什么，又从何而来？为什么它的浓度会在月经周期内的受孕期期间发生变化？

这种“会说话”的黏液源于子宫颈，精子从阴道到子宫必须通过此狭窄通道。当女性平躺时，子宫有点像倒放在阴道上的花瓶，而子宫颈就像花瓶的瓶颈，它从阴道顶部向下穿出，约有2.5厘米的部分露于阴道之中。黏液是从子宫颈壁分泌出来，充塞着子宫颈。这些黏液像冰河一样缓慢地沿着子宫颈流动，而后这条黏液冰河的前端一点一点地渗出子宫颈，流入阴道中。子宫颈黏液的主要功能是将病毒和细菌阻挡在子宫之外，因此大多数时候，子宫颈黏液都是浓厚而难以穿透的。结果当然是连精子也难穿透——就像在蜂蜜中游泳一样困难。所以，在可受孕的期间内，子宫颈必须让黏液更容易被穿破，否则精子就不易通过阴道游向子宫。不过，即使在受孕期，女性还是不能完全失去这层防止细菌感染的保护。

因此，子宫颈会分泌较稀的黏液来解决这个两难的问题，让精子容易游过，同时也能加快此“冰河”流动的速度。在自然选择的判定下，这种加速机制几近完美。快速游动的精子仍能往前行进，并穿过布满黏液的子宫颈——犹如鲑鱼逆流而上，而移动速度较慢的细菌和病毒则会被冲走。子宫颈黏液的流动性和浓度的变化，也许可以让女性与其配偶意识到她正值受孕期。

有一种说法是，受孕期期间，子宫颈与阴道的分泌物比较好闻。不过实验证明，如果让实验者在周期中各个不同时期把卫生棉条放在阴道中一个晚上，研究人员在看不到棉条的情况下，用闻的方式，就会发现所谓这种“好闻的味道”并不如宣称那般存在。只能说，在月经来临期间的分泌物味道确实比平常难闻一些。

所以，为什么场景2中的伴侣不接受这样的建议——只需要紧迫盯“液”就可以知道最佳的受孕时机呢？有一些人考虑过这么做，而且值得一试。不幸的是，这种方法并不比其他方法可靠、简单。这是因为黏液在受孕期高峰之前或之后几天，也有可能变得具延展性。受孕期的高峰有时候的确与黏液的高峰期一致，但这并不代表两者总是相符的。此外，这种方法有实行上的困难：等待某个高峰的意思也就是说，直到消失和退去的征兆变得明显时，才看得出所谓的高峰——不过，一切也就太迟了。

*

场景2中这对伴侣用科技化的方法取代观察子宫颈黏液的变化。起先他们尝试使用排卵预测棒，之后每天早晨采用测量体温法。两种方式都有一点帮助，却不保证一定有用。这两种方法都在尝试找出受孕期的高峰，因此它们也有同样的问题，当他们发现受孕期高峰的征兆出现时，已为时太晚。

原则上，排卵预测棒应该可以避免这个问题，而最新型的排卵预测棒已经像验孕棒一样容易使用了。女性只需将测试样品放入尿液中，然后静待几分钟。假如排卵日将近，就会显示出蓝线。它利用激素浓度来检测排卵日（激素浓度会在排卵日前两天达到高峰），制造商把测试的敏感度提高，使得只要激素浓度高于设定值时，预测棒就会显示阳性反应（呈现蓝色）。这个方法对多数女性是有用的。

可惜的是，每个人体内的激素实际含量不尽相同。有些人永远不会呈现阳性反应，因为即使在高峰期，其激素的含量仍低于预测棒所设定的敏感度数值。有些人正好相反，其最基本的激素含量都高于敏感度数值，因此总是呈现阳性。这两种类型的女性仍然拥有正常的受孕周期，只是无法用排卵预测棒测出受孕期。很显然，这样的女性是少数，不过场景2的女人却恰恰属于这一种。

同样，测量体温对她的受孕计划也没有什么帮助。一般书上的图表显示的是体温测量曲线，它会在月经期间逐渐降低，接着维持在低点大约两星期，而后在缓慢升高之前会有一天呈现出一个最低点（最低体温），最后渐趋平稳而呈现出一个“高原”区。如果没有怀孕，体温会在下一次月经来临的时候再度开始下降；如果已经怀孕了，体温就会维持在高点。这就是典型的月经周期“双相”曲线。非排卵期的体温曲线则始终维持在低点。

对于想生小孩的伴侣而言，月经周期“双相”曲线上会显示两个重要特征：如果在经血流出的第一天向前倒推14天，就会发现排卵日；体温最低的那一天，也就是曲线上的最低点，通常就是排卵日的前两天。因此，想受孕的伴侣应该找寻曲线图上最低点的那一天。在当天性交，受孕成功的概率将会大大提高。

不幸的是，这套方法也有不足之处。有时候感冒之类的感染也会让体温升高，更糟糕的状况是，在排卵前的两个星期体温不一定一直持续在低点。体温上上下下有很多种原因，举例来说，如果女性比平常晚些测量体温、动来动去，或是先吃过早餐再量体温，测量出来的数值都会略高。如果前一晚喝了许多酒，第二天早上体温也一定会较高。就算体温在排卵后很少到达“高原”且逐渐趋于平稳，但是排卵前体温不可避免的上下波动已使得最低点很难被看出，常常要等到“高原”形成后几天才会发现。但这时已经太迟了，卵子已经排出，也有可能已经死了。

当然，记体温这件事也不是完全没用。第一，在记录了许多周期之后，就可以有经验地判断女性的排卵日落点在周期中的哪一阶段；第二，这个方法对于不愿怀孕又不想使用避孕措施的人的确有用——一旦体温曲线中的“高原”阶段出现，伴侣就有10天左右（即该周期的剩余天数）不需采用避孕措施，也就是所谓的“安全期”。

然而，这种为求受孕而决定何时是最佳性交时机的体温测量法，几乎没有用。这也是要综合受孕期来临的所有征兆的原因？当然啦，如果月经周期是28天，而下一次月经来潮的前14天可推算为排卵日，但这就等同于月经来的第14天就是下一次的排卵日吗？果真如此，那么受孕期的高峰就是月经来潮的第12天，而本场景中的伴侣只要等女人月经来后第12天进行性交就可以了。

然而，事实并非如此简单。由于女性身体有性欲伪装，自然选择所做的跟这种简单的算术无关。只有少数女性会在周期的第14天排卵。从排卵到下次月经来临的的确确相隔14天，但从月经开始到排卵却不一定是14天，而且不同的女性或同一女性的不同月经周期，都会有4天到5天，甚至40天到50天不等的惊人差异，这也就是女性的月经周期并不稳定的原因。如此看来，在第12天性交并不比在其他时间性交更容易受孕成功。

有些女性坚称她们知道自己何时排卵，因为她们会在大约月经周期中期时，感到下腹部疼痛——也就是所谓的“痛经”（mittelschmertz，字面解释是“中期疼痛”）。这种疼痛有可能是排卵期间从卵巢流出的液体，或血液刺激骨盆腔内膜所致。不过，至今仍无法得知这种疼痛是否与排卵期一致，也不能确定女性是否能分辨出这种疼痛与其他的腹部疼痛有所不同。即使可以证实，这对于怀孕也没有多大帮助。因为现在我们已经明白，一旦女性已经排卵了，则此时受孕的概率已微乎其微，即便当下立刻性交也一样。

因此，由于人类的性欲伪装，场景2的伴侣无法得知何时为女人的最佳受孕时间。但是这很重要吗？如果他们每天都性交，总会遇到受孕期高峰的那一天吧？他们试了，却没有成功，于是他们开始尝试每隔一天或二天才性交。哪一种策略会奏效呢？他们应该多久进行一次性交才好呢？事实上，每天努力对于受孕并没有实质的益处。男性不会射出更多的精子，精子错过卵子的机会也并不比每隔一天或两天性交少。实际上，每天进行性行为存有潜在的缺点，为何如此呢？

当男性于女性体内射精后，少数的精子会在1小时内直达两条输卵管。精子的“先锋部队”中有些会一直游到受精区，有些则在进入输卵管之后停留在较低处的休息区。不过，大多数精子都没有尝试立即抵达输卵管。取而代之的情况是，它们会行进较短的路程到休息地点——躲在子宫颈壁的众多“洞穴”（指腺窝，为子宫颈管内凹陷的组织）中。这些腺窝让子宫颈壁看起来像胡椒瓶的顶端，非常适合精子小憩。在接下来的5天，精子一个接着一个离开洞穴，穿越子宫游到下一个休息区——两条输卵管之一，完成它们的旅程。先前到达的先锋部队会让出这些休息区，然后顺着输卵管向里游，途中经过受精区，进入骨盆腔，最后在腔内死去。射入女性体内的1.5亿个精子中，只有1个能幸运地在通过受精区时遇到卵子。

从每次性交后约1小时直至之后5天内，聪明的精子依序稳健地通过受精区。重点是，只要伴侣持续两三天性交，在那些日子里不断有精子通过受精区，那么应该不会错过卵子才对。

所以，比起两三天性交一次而言，每天性交既不会增加受孕的机会，也不会增加精子通过输卵管的数量。这是因为，男性的身体在性交时有着极复杂的计算方式：男性射出的精子数量，会随着与前一次射精的间隔时间长短而有所不同。间隔的时间越短，射出的精子数越少。换句话说，男性的身体会自动调整射出的精子总数，所以无论是一天射精两次或是一周射精两次，通过输卵管的精子总数都是一样的。

过于频繁地性交，甚至有可能使精子通过输卵管的数目减少，而非增加，因为精子之间开始相互挡路。当前一次射入的精子还停留在子宫颈黏液中，就会挡住通道，使通道变窄，后来的精子想要通过就变得越加困难。每隔一天性交也许是最理想的状况，不过只要两次性交相隔不超过三四天，而后来的精子存活且状况良好的话，就不太可能会错过遇到卵子的机会。场景2的伴侣就是这样做的，却没有成功。到底是什么地方出错了呢?

场景2伴侣的忧虑集中在到底男人的精子有没有直达卵子，他们改变姿势希望结果能有所不同。此外，他试着将精液射得越深越好，而女人则在性交后让精子尽可能没有流失。他们如果知道在男人射精后，精子在女人体内所发生的种种情况，就会了解这样的努力并不会有多大帮助。

很多人想象阴道、子宫颈和子宫是一条直通相连的管子，所以如果男性射得越远越准，就能直达卵子。但事实并非如此，当女性平躺时，子宫位于阴道上方，而子宫颈向下戳入阴道顶端内约2.5厘米。不仅如此，通往子宫颈的通道充满了黏液。为了让精子能准确有力地传送到子宫，子宫颈在性交时会变大，向下伸展至阴道底部，这样阴茎顶端就能够碰到子宫颈的前端，而非子宫口。不论男性滴精或射精，最后都会在阴道底部形成一个精液池，精子会借由子宫颈与子宫本身的作用进入，而不是因为男性的任何动作。随着子宫颈在精液池中摇摆，子宫颈黏液会与精液混合，精子就会游进去。

因为错误的想象，那对伴侣才会觉得女人性交时和性交后的姿势，对精子进入会有一些作用。其实不管采用哪种姿势，当男性的阴茎抽离出去，精液池仍留在阴道顶端。一部分的原因是精液池凝固了，它几乎在形成的同时立刻变得有点像果冻；另一部分的原因是阴道在阴茎缩小退出后闭合，让精液池留在原地。只有女上男下的性交体位，较有可能让精液池中的精子在安全地抵达子宫颈前流失。即使如此，这也只发生在男性射精后，还微微勃起时就迅速抽离的情况下。

性交姿势对精液池的保留时间影响较小，也很少影响精子游离精液池的能力，这是因为子宫颈有着精巧的设计。若采用男上女下的性交姿势，精液池会停留在阴道底部，而子宫颈会伸入其中。用后方进入的姿势，则子宫颈不是在精液池下方（像水槽里的栓塞一样），就是会黏上去翻回来（像蜿蜒的溪流般“走”下楼）。在女上男下的姿势中，阴道是近乎垂直的，子宫颈会伸入阴道的前壁，弯曲地悬垂而下探入精液池。此外，无论女性在男性射精后如何改变姿势，重力都会让凝固的精液池重新卡位；同时也会让子宫颈持续伸入池中，让黏液与精子混合。

一开始，场景中的男女似乎做对了，用背后进入的方式，让女人俯卧着。这样似乎会让精液池及子宫颈开口的接触机会大增，事实上并非如此。在性交的兴奋退去后，子宫颈要突出近2.5厘米以深入阴道。即使使用俯卧姿势也很少会让精液池这么深入，大多数女性所做的努力都比不上子宫颈自己的变化。一旦男性抽离阴茎，女性就没有什么使得上力的地方了。

子宫颈的这种设计和作用并非意外。一般说来，事实是女性不想也不需要把男性射入的精子全部接收。大多数在池中的精子都是老化或多余的，女性的子宫颈仅从中捞出最好的精子，直到已经收集了一定数量的好精子，它就不会将精液池多保留一刻了。精液是为了保护精子不被女性阴道的酸性分泌物破坏，而不是为了女性的利益。事实上，精液不但带来疾病，而且如果真的接触到子宫还是危险的。实验室的试验显示，若精液滴到子宫肌上会使子宫剧烈收缩，产生痉挛和抽筋的现象。如果场景中的这两位知道的话，就不会那么努力地防止精液在性交后流失了。

女性性交后一到两个小时流出体外的东西被称为“回流”，也就是本场景中这对伴侣在旋转木马上担心流出的东西，它是性交后正常且重要的现象。“回流”仅仅是一些不必要的物质，包含着无害的子宫颈黏液、可能有害的精液，以及精液池中因太老或不完美而渗入子宫颈黏液的精子。女性身体知道最好不要将全部精子都留在体内，所以会驱逐它们。男性射精后几分钟，子宫颈就会浸入精液池且捞吸起所需的，然后摒弃其余的。女性所能做的就是放手让子宫颈自己决定。子宫颈已经被预设好完全掌控整个形势，而不受女性在性交后所做或所发生的任何事影响——即便她被一只老虎追逐。在任何一个受孕计划中，子宫颈和子宫颈黏液都是女性的最佳盟友。

*

场景中的女人也许没有察觉这两者之间的关联——当子宫颈黏液变多时，她会有想要自慰的冲动。自慰是一种“子宫颈管家”模式。子宫颈黏液中常常堆满了各种残余物质：月经的残留物、前一次射精所遗留的老旧精子、从子宫内剥落的细胞，以及危险且具侵略性的病毒与细菌等，都会累积在较老旧的黏液里，随之排到阴道。大多数时间里，像冰河般缓慢流动的黏液足以让子宫颈保持清洁、健康，但是有时候需要更多的动力。这就有点像鼻内的分泌物可以保持鼻子的健康，但是偶尔当作用需要加速时，就会流鼻水、打个大喷嚏或者擤鼻子一样。

即便子宫颈黏液已经从子宫颈渗入阴道，它的任务仍未完成。它往下流时，会在阴道壁上形成薄膜。当女性在性交中感觉兴奋时，她的阴道壁就会湿润。这种分泌物本身并不滑，不过当它与前述薄膜混合时就变得相当光滑，成为女性在性交时的主要润滑剂。大多数时候，稳定流出的黏液是足够的，但只要薄膜变得太稀薄，子宫颈黏液就会立即流入来补充。

自慰的高潮可以解决一个双重问题。在没有精子的状况下，高潮让旧黏液流出子宫颈，让阴道换层薄衣，为下一次性交的润滑做准备。没有精子射入的高潮会让子宫颈黏液呈微酸性，以对抗更多具传染性有机体的入侵。这些效果对于正在执行受孕计划的女性是有益的，因此当女性有自慰的冲动时，不需要压抑。女性此时确信，她的身体在持续地监视子宫颈和阴道的状态。当她需要高潮帮忙的时候，就会急切地想要自慰。当然，她不一定要自己来，只要伴侣在性交前而不是之后让她得到高潮，效果也一样。

夜间高潮也对子宫颈有益，比方说睡觉时得到的高潮。它不一定和春梦有关联。在一些女性的经验中，会有睡眠高潮的发生，虽然自己不一定记得。在20岁左右，大约有20%的女性有睡眠高潮的经验；到了40岁，约有40%的人会这样。不过，大约有80%的女性常常想自慰。这些不需要男性参与的自慰显然是为了子宫颈的自然作用。

场景中的女人不只忧虑自慰得到的高潮，也忧虑她没有从性交中获得高潮。其实她不需要担心，几十年来的研究证实，在性交中的高潮与受孕并不直接相关。的确，与伴侣同时得到高潮或是在“回流”之前的高潮，会增加留在子宫颈中精子的数量。不过数量上的差别对于受孕的成功概率并无影响，我们将稍后于本章中讨论其原因。

关于男人的自慰习惯又如何呢？他也会担心屈从于自慰的行为会减低他们生育的机会，觉得最好不要。但是这重要吗？答案是否定的。当男人自慰的时候，从输精管中排出的是最老化的精子。结果当他下一次与女性性交时，射出的精子数量的确较少，但却是较为年轻且有活力的精子。正因为如此，反而有较高比例的精子数量能游出精液池，进入子宫颈黏液。就像女人和子宫颈黏液的关系一样，男人的身体会留意并储存健康的精子。当他想排出一些的时候，就会有自慰的渴望。如同女人一样，男人可能会在晚上睡觉时流出一些精子（又称“梦遗”）。总之，这种排出是一种让伴侣受孕的正面手段。

此外，场景中的男人担心洗热水澡及穿紧身内裤会妨碍他的生育能力。当然，他也不需要做此臆测。精子喜好被储存于较低温的环境是事实，这就是为什么主要的储存管子，即附睾丸位于睾丸的表面，正位于精囊的皮肤表层的下方，也就是为什么睪丸是吊在外面而不是被安全地藏在人体里面。当男性裸体时，精子的温度会比身体其他部位低约6摄氏度，穿着衣服时只差3摄氏度。穿紧身裤及洗热水澡，一般而言会让精子暴露在较高的体温下，会让男性制造较少的精子，同时精子也会较为老化。然而，这些数字仅是统计上的差异，并不具特殊意义。与男性自慰和女性子宫颈选择的影响相比，它不大可能是影响受孕机会的原因。

虽然本场景中的伴侣并没有意识到，但原则上季节因素也可能对受孕成功与否产生影响。人们比较少认为人类是季节性的生育者，不过女性在一年中的某几个月份的确比其他月份有更多的机会排卵受孕。这种现象可由某几月的出生率看出来。举例来说，居住在较北方的人，生产的主要高峰期在2月或3月，次要高峰期在9月。推算回去，排卵及受孕的高峰期就是5月、6月和12月。本场景的时间是夏末，而他们已经努力了将近9个月，也就是说受孕计划经历了两个高峰期。

我们现在知道了，这对伴侣在受孕计划中的忧虑都是不必要的。很清楚的是，有别的事影响着他们的受孕计划，但也许都不是主观可以理解的原因。不论如何，在公园、森林及旋转木马的丰功伟业之后，他们都还蛮乐观的。

场景3 战役时刻

旋转木马上的脱轨演出后大约两个星期，这对夫妇办了一场晚宴，把女人以前的大学同学和他们的配偶一起请来聚聚。10年前，也就是大学毕业前一年，这4个女人的感情很不错。其中3位都住在城里，彼此离对方很近，不过另一位就搬得比较远。所以，当那位远离家乡的同学一年两次来度假时，她的配偶和两个小孩都会轮流到其他3个人家里做客，聚餐聊聊。除了今天招待大家的这一对，其余的都已经生小孩了。

对于这对夫妇来说，聚会开始后的第一个小时的确有点难熬，因为话题绕着其他人的小孩发生的种种事情打转，孩子的行为、有什么坏习惯，以及小孩的排泄物等。他们带着略为沾沾自喜的语气，浪漫地表示有多怀念以前还没有当父母亲的日子，想去哪儿就去哪儿，想做什么就做什么。他们为了体贴这一对没有小孩的朋友，也会故意讲一下没有小孩的轻松，因为他们都知道朋友为了怀孕已经努力了好几个月。女人对于怀孕信心满满，又很兴奋于不避孕的感觉，她开始跟朋友们说起自己与配偶之间的受孕计划。

女人忽视了刚才紧张的气氛，打算好好享受今晚的聚会，因为在她内心深处始终相信她可能很快就要成为妈妈俱乐部的一员了——她的月经已经整整晚了3天！大家的酒越喝越多，话题也跟着越来越愉快、私密。这对伴侣也想把过去几个月来的压力忘掉，起码可以不要一直悬在心头。

酒精起了作用，这对夫妇开始提到他们最近的冒险，强调他们的性交有多频繁，还为每一次评分。最高分毫无疑问是在旋转木马上那次。他们都觉得那次最棒，甚至差一点就要示范当时的状况。女人闻着酒香，想要再倒一点来喝时却感到一阵寒意。她的两腿间涌出一股暖流，在刚开始的几秒，她认为——也希望这只是因为谈到性爱事迹而产生的兴奋，不过在心里她却知道，月经来了。

女人停了一刻，手上还拿着酒。这时，一切都仿佛静止了，像是她独处在房间里，吵闹声和对话都变成了背景。然后，她坐回座位上，全部的感觉都集中在她的阴道，想确认那股暖意到底是什么。朋友问她怎么了，她也只是勉强挤出一丝笑容，站起来随便讲了一个理由就走进浴室。进入浴室之后，她立刻脱下内裤检查，看到她最恨的棕色斑点，它宣告着即将到来的红色血流。她的希望再次被毁了，这个月及之前好几个月的努力全都白费了。在河边与旋转木马上的冒险之后，她以为这红色的污渍会成为过去式，她不禁抱怨想为人父母的愿望再一次落空了。

女人流下眼泪，侧身看着浴室墙上镜子中的自己。内裤还在膝盖上，她却湿着眼沮丧地讨厌起自己的身体。为什么是她？别人怀孕都那么简单，她做错了什么？她只是想生一个小孩而已。这不公平，上天不公平。

当那位不住在城里的朋友来敲门看她是否还好的时候，女人已经坐在浴室里好一阵子了。女人和朋友坐在浴缸上，虽然不太舒服，但朋友把手放在女人肩上试着安慰她。朋友安慰她说："现在还只看到一点点污斑而已，说不定你已经怀孕了。我怀第二个小孩的时候，也是还有流一点血。虽然不像平常那么多，不过我也没想到自己怀孕了，直到其他的征兆都明朗化以后，才确定是真的怀孕了。所以你也不要马上放弃希望。"

女人很想相信朋友的话，不过她说她知道月经真的来了。虽然朋友已经知道女人和其伴侣试了9个月，但她还是好心地再问了一次，并安慰说9个月并不是太久。她认识的朋友中，有经过好几年努力才成功的例子。不过被反问时，她也只得承认自己几乎是一试就中了。

女人哭着诉说，过去几个月她读了很多有关怀孕的文章，也知道有时并没有那么快成功。她也知道，如果这时求助于医师，他们也不过是叫她再试几个月而已，如果再不成功才会认真考虑其他的可能性。但是她每个月都这样过去，希望一次又一次破灭，对他们而言宛如置身炼狱。她认为自己快受不了了，快爆炸了。她只是想要一个小孩，为什么不能实现呢？身为一个女人，这有什么错吗？女人终于还是冷静了下来，谢谢朋友及后来也加入话题的男人——他听到这个消息时，不免迁怒于老天爷，随后收拾情绪与女人一起分担悲哀。

女人返回客厅，她刚刚的缺席让大家的情绪颇为低落，晚餐后的闲聊也草草结束。住在城里的两对夫妇很有礼貌地提早叫了出租车，远道而来的那一对找了一个要先回房睡觉的理由，先到主人早已精心布置好的育婴房探看一下已入睡的两个孩子。

没有小孩的这对夫妇度过了糟糕透顶的一晚，女人的月经已经完全来了。一开始，他们在床上花了约一个小时的时间，讨论上个月的性交状况，检讨每一个细节，想知道到底哪里出了错。他们最享受的那一次，也是投注希望的那次，现在看来却有点愚蠢且违反生育原则，甚至可能是失败的原因。他们约定下一个月只在床上性交。

第二天早上，当男人在洗澡，而朋友在陪小孩的时候，女人跟她朋友的先生喝着咖啡，有了一段很长的谈话。虽然他不太能安慰她，不过女人觉得跟不太熟的人谈谈自己的希望及恐惧感觉很好，更何况他也很富有同情心地倾听。她觉得受到鼓舞，因此一个星期后，在没有告知先生的情况下，自己去看了医生。但两人再度一同前往医生那儿时，结果更令人灰心，医生也不过只说了一些他们已经知道的事情，确认了他们已经听过的理论，还叫他们回家再试几个月，叫女人每天早上继续量体温。

接下来的几个月，两人的关系几乎降到最低点。因为无法克服所有问题，有些问题是他们已有预期的，有些又不是。性交对他们而言，曾经是那么愉悦，现在竟成了琐事一桩。他们对于自己生育能力的恐惧，也归咎于另一方。每件事好像都蒙上污点，甚至在他们面对着彼此身体时也有这种感觉。要唤起激情好像要一世纪那么久，两人开始逃避性交，像逃避不可避免的判刑通知书一样。

这种紧张气氛终究导致越来越多的争执，一点点意见不合就会变成一整天的冷战。有时，他们会独自开车到城里乱晃上几个小时，想办法理清自己的情绪。即使一起看电视都会很紧张，每个节目中总有一些让他们想到现在处境的场景。讨论性事的节目、讲初生儿与母亲的节目，甚至完全无关的节目也会带来触动。不管是可爱小孩惊鸿一瞥的镜头，还是全家一起放风筝或一起吃早餐麦片的广告，都会带来伤痛。后来，甚至电影中有做爱的场面，也会令他们感到不安。

尤其是女人，她发现外面的世界不断地干扰她的情绪。不经意间看到的孕妇或小孩子在路上走着，就会引起她生儿育女的渴望。直到想起扶养小孩子的负面事情，才会让她稍稍平缓伤痛。当看着小孩子满脸鼻涕，听着其他父母对脏尿布发脾气，她才会感到自己并没有那么可怜。但这也不会持续太久，当下一刻或第二天再度看到可爱的小孩时，她又会燃起渴望，想起自己的悲伤和令人愤怒的绝望。他们再度去看医生时，是在4次性交失败之后，男人几乎不能勃起，而两人的关系也到达了前所未有的低潮。女人不知道的是——男人也没有告诉她——在更早之前的两次性交中，他只是假装射精而已。

医生看了看体温测量图表，觉得没什么明显的问题，然后请他们做了一些测试。在等待检查结果的这段日子里，两人都觉得问题出在对方身上。他们同情彼此，同时觉得比较安慰的是，至少有些积极的事情正在进行——实验室里有人正在解决他们的问题，他们不再孤立无援。随着检查结果揭晓的那一天越来越近，他们开始给予彼此支持与肯定。当终于看到检查结果的那一刻，自从那次晚餐派对之后他们首次感到亲近多了。

1990年，世界卫生组织出版了一份有关人类生育能力的全球性研究报告，得出以下结论：有15%的人不孕（在工业化国家约有10%的人不孕，男女的比率大致相同）。这代表了全世界每6对伴侣中，约有1对是不可能生育的，或者说是极其难以受孕的。1/3的问题出在男性身上，1/3是女性的问题，另外1/3是两者之间的问题。此外，在没有避孕措施的情况下，任何伴侣若超过两年以上没有受孕，此时没有医学帮助的话，之后就只有1/4成功的机会了。因此比较可能的是，场景中这对伴侣不能只靠不断地性交来解决生小孩的问题。也就是说，医学的检测可以找出他们的问题，增加机会。

一项与世界卫生组织合作的研究显示，从25个国家超过10000对不孕伴侣的身上了解到，女人输卵管阻塞或男人精子制造不全的问题，是导致不孕的最主要原因。所以，只要他们两人其中一位有上述问题，是能够很快被诊断出来的。

这么高的不孕比例很令人惊讶，过了这么多世代之后，自然选择仍然偏爱那些能繁衍后代的男人与女人。为何人类族群不能避免如此基本的问题，在生育战争中获得胜利呢？答案可能会让许多人吃惊，因为过半数的不孕原因并非是身体的错，而是疾病——泌尿生殖系统感染造成的。病菌进入输卵管或输精管后，引起发炎与阻塞，结果造成精子或卵子无法发挥正常功能。有时这种感染会造成暂时性的不孕，有时则可能变成堵塞而造成永久性的不孕。这种疾病包括孩童时期最无害的一些感染症状——好了以后就鲜有人会再注意到的。如果不幸，一点点早期泌尿生殖器的感染都会造成终生不孕。

多数不孕来自于疾病的事实说明，自然选择不能让人类免于这种问题。重点是疾病本身就像其他有机体般，有自己存在于世界的方式，自然选择没有义务偏爱哪一方。如果有机体发展出适于它们繁衍的机制，虽然不利于人类，自然选择还是会偏爱它。同样，若人类能有利于自身繁衍的机制，自然选择也会偏爱我们。结果是造成疾病与人类之间的革命性“手足”之战，没有哪一方能真正获得胜利。它们与我们相互共存，有着难以维持的平衡，使得每一代中有些人逃过了疾病的破坏，但有些却没有。

也许本场景中的两位要开始祈祷：不是幼年时期泌尿生殖系统的感染，使他们不幸成为人口中10%的不孕者或低生育力的一员。果真如此的话，检测将会证实女人是否有激素方面的问题。结果有可能是女人不能排卵或卵子不能受孕，激素的不平衡可能导致她的身体不让卵子进入子宫着床。就像之前提到的，体温测量表可以帮助专家判断和预测女人的周期是否为可受孕的周期。不过后来，场景中女人所做的检测是比较精确的激素值测验，以提供判断她是否有这方面的问题。

如果这对伴侣没有上述问题，他们当然就应当接受医学上的协助。手术、激素治疗、体外受精，或者接受混合治疗，基本上代理孕母也能解决这类问题。体外受精（或称“人工受孕法”）让女性的卵子在培养皿内与男性的精子结合，借此解决输卵管阻塞一类的问题。同时，体外受精也解决了男性制造精子或射精困难的问题。现代科技已经发展到把一个尚未成熟、不具尾巴的精子直接注射入卵子，进而达到受孕的目的。通常，大部分的人工受孕法会将受精卵重新植入母亲子宫，之后就是一般怀孕、生产的过程。现代社会中，有些女人无法让卵子在子宫内着床，因而产生代理孕母。代理孕母借出子宫来孕育胚胎，直到婴儿出生后再还给其亲生父母。

可以说，这种治疗的想法很棒，但成功的概率往往不是很高，失败的例子要比成功的多，不过却给无法解决生育问题的伴侣带来一线希望。本场景中这对伴侣的情况还没有这么严重。而且并非所有长时间受孕计划的失败都是由于不孕或低生育力造成的，很多都属于暂时性状况，一旦情势明朗，就能使一对伴侣突然怀孕。

引起这种暂时性不孕现象的主要原因之一就是压力。压力可能来自各个层面：财务困难、生活条件的限制、意外、疾病、家庭成员的死亡或怀疑伴侣忠诚，等等。压力就是最好的避孕措施，受孕计划中的每个层面几乎都会被压力所影响——性冲动的消失、勃起困难、排卵困难、着床失败和流产等，如果人们处于压力之下比较可能产生这些情形。男性受压力影响，最常见的就是制造出不孕的精子。总之，一对伴侣压力越大，越不可能怀孕。就像场景中的这对伴侣，他们发现怀孕失败带来更大的压力。压力造成的暂时性不孕并不令人意外，自然选择已经将这两者联结起来了。

*

在后面的章节中我们将谈到，一对伴侣有几个小孩才算刚刚好的问题，在生物学上有多重要。在这种状况下，对一对夫妇而言，拥有的孩子越少，则能在最佳时机拥有孩子就越显得重要。当时机尚未成熟的时候，一对伴侣应当避免的是受孕；而他们在情况变差时，自然选择会用压力帮他们做避孕措施，借由化学物质的微妙变化，使他们无法受孕——这一切都是为了他们最佳的繁衍利益着想。

也许场景中的这对伴侣在决定怀孕之前就已经有压力了：也许他们的财务状况并不稳定、职业生涯中没有升迁、房子的空间不大等，也有可能是来自父母长辈的问题，又或许是他们都还不能真正地依靠彼此。

我们在考虑这些可能性的时候，不是要去“找凶手”，而是要了解这些处境如何与他们的期望发生关联。场景中这对伴侣的生活环境压力，虽然不像第三世界国家里的伴侣所遭遇的那么糟糕，但仍然因为期望不同而产生压力。他们看起来似乎过着舒适的生活，但不表示没有压力，不会影响受孕。当他们决定怀孕之后，肯定有一件事情可能已经带来压力——那就是一旦失败，会带来更大的压力，尤其是当他们开始责怪另一方的时候。如果这是本场景中两人所遭遇的问题，那么除非解除压力，否则他们不太可能成功。

这对伴侣每个月的生活都伴随着受孕失败的阴影。直到场景3结束时，这对夫妇还是如此，而且只要受孕尚未成功，情况将不会有所改善。比起生了小孩的夫妇，不孕的夫妇有着较高的离婚率，从演化的观点来看，这并不令人意外。当一对伴侣中的一方为求提高个人的繁衍成果而竭尽所能时，若其配偶不孕，将是明显的不利。无论男女，在其意识中总是觉得问题都出在别人身上，所以内心深处会认为如果能换个伴侣的话，也许可以有更好的结果。

不管最后解决方式是什么，时间总是残酷的。只要能很快地怀孕，那么即使到了30岁或更迟才决定生小孩，也不会是很大的问题。尤其对女人来说，30岁仍未受孕，将对怀孕本身产生压力。虽然每个国家都采取各式各样的解决方式，不过到30岁以后，就很难使用人工受孕法。不只因为其成功率急速下降，也因为这个年纪的女性找寻新对象、安定成家和受孕的机会降低了。因此，随着日子一天天过去，场景中的女人越来越焦虑。

当那些正与不孕抗争的女性被询问的时候，她们通常会觉得需要提出具有逻辑性的合理说法，来解释为何想要积极受孕。其实大可不必如此。我在《精子战争》一书中曾经提过，繁衍后代是无法避免的动力：如果你不繁衍后代，你的基因将会被自然选择所淘汰。只要你至少有一个小孩，就仍然有机会达成最高的繁衍成果。事实上，对某些人而言，只有一个小孩才是最佳的家庭规模，但是没有小孩肯定不会是最好的。人类的身体即使已经等了很久，也会思慕至少一生一次。如果有些人发现这种生育的渴望很难解释，并不令人意外。这是因为渴望已深植体内，并不以逻辑思考的模式出现在大脑思维中。只有演化生物学才能让人明了，为什么大多数人自然而然地就会计划生儿育女。

自然选择的所作所为令人印象深刻，不是因为人们“说了什么”，而在于人类“做了什么”。很多女性坚持一生都不要小孩，到最后却儿孙成群。早期的坚持只是潜意识中家庭计划的策略，她的理性被身体精巧的计谋给蒙蔽了。场景中这对伴侣，意识上非常想要小孩子，尽一切所能要怀孕，女人每个月的排卵看起来似乎又是正常的。因此，只有两种可能导致他们没有受孕：第一，他们很可能是不孕的或低生育力的患者，因此到了适当的时机就要接受医疗协助；第二，他们其中一个人或是两个人在潜意识里都想避免怀孕。因为他们知道，他们其中一个人的身体，为了提高其一生的繁衍产量，可能会有一个强而有力的理由不去受孕。果真如此，压力就会承担避孕的工作了。

最可能的原因到现在还不清楚，不过快要揭晓了。场景4将从他们在诊所中等待医学检测结果宣判的那一刻开始。

场景4 受孕成功?

医生给他们的是好消息。他们坐着，快速翻阅各项检测报告，对其中几项报告还看了又看，他们感觉轻松了许多，不过还是半信半疑。很显然，女人的输卵管没有堵塞，她的子宫看起来很健康，激素报告也很正常。男人的精子量可能比一般人的少了一点，不过医生建议只要不过于频繁地射精就好了。另外，男人的精子头形状与一般人的有细微不同，但这不算什么大问题，还在正常范围内。医生不认为使用人工受孕或其他助孕措施会有何助益，也觉得不需要使用。因为他们可能会对这些辅助措施感到压力、疼痛，并且得负担昂贵的费用。

最后医生的结论是，既然他看不出是什么问题导致这对夫妇无法正常繁衍后代，那他只能建议他们继续试试看。“先把体温测量表丢到一边吧！”医生建议，“放下一切试试看，顺其自然……何不试着去度个假呢？”“好好去玩一玩，缓解一下压力。”

在回家的路上，他们两个人都很沉默，一方面觉得总算解脱了，另一方面又有点困惑。解脱是因为他们都没有问题；困惑的是，经过了18个月的不断努力，为何女人始终没有怀孕。而且，虽然没有直说，但对于检验报告上显示不是对方的问题，他们都有一种不理性的失望。医生仅仅叫他们再试试看，没有解释是什么地方出了错，这让两人充满了不安与厌烦。

回到家后他们开了一瓶酒，有点欣喜地“庆祝”与性交。他们在床上开了第二瓶酒，回忆着过去约会的时光，并且计划着外出旅行度假。他们不理会医生的忠告，还是希望在下两次女人月经期间计算出最有可能受孕的时间，然后在那期间外出度假。不过，在计划好了6个星期后的旅行时，女人的月经却比预计的提早了一星期，打乱了计划。

度假前的那个周末，住在城外较远的那对夫妇带着孩子来访。因为他们正巧经过这对夫妇家，所以住了一个晚上。女人的另外两个大学同学很忙，因此没办法像平常一样聚会。

如同往常一样，当这两对夫妇聚在一起，而小孩子们已经上床睡觉的时候，女人们通常都有一点醉了，男人们则更醉些。他们谈话的话题也都围绕着往事、未来工作的发展、性生活及受孕计划。带着一点失望的情绪，这次没有精彩故事了，只有医生的检查结果而已。当男人们躺在椅子上快睡着了的时候，两个女人谈起了过去的情人。

第二天一早，女人起床时觉得神清气爽，还有一点饿。令她吃惊的是，此刻她非常希望男人的阴茎插入她的身体，这种感觉已经很久没有出现过了。她以为是昨晚喝酒的关系，因此，她玩弄起男人的生殖器想叫醒他。他呻吟了一下，不是因为快乐或兴奋，而是因为右边太阳穴有一点痛，以及有点反胃。即使如此，仿佛有另一个声音告诉他——自己已经3天没有射精，对他来说是有一点久，所以阴茎响应了这个挑逗。在性交及射精之后，随着性高潮的退去，他的宿醉也消失了。

女人在短短的回笼觉之后就起床了，冲了澡，然后下楼整理昨天晚上弄得一团乱的厨房。在她开始整理后不久，就听到访客的两个小孩在楼上跑来跑去的声音。每次他们来，孩子们总要冲到夫妇俩的卧房跟男人玩游戏。男人人很好，对小孩很有耐性，如果有机会的话，一定会是一个好爸爸。当她听到楼上的声音，悲从中来。

15分钟后，男人冲完澡，穿好衣服下楼，后面还跟着小孩子的吵闹声。孩子们吵着要他像过去一样，带他们去当地商店逛一逛。他想，出去走走也许会对宿醉有帮助，而且可以买一份报纸，再买些礼物给小朋友——这样一来，往往会耽误回来吃早餐的时间。今天他虽然答应出去，不过坚持要先喝一杯咖啡。这时候，小朋友的妈妈走进厨房，为孩子们的任性道歉，也想跟着出去走走，以防止小朋友对男人提出无礼的要求。

当他们关上门离开时，小朋友的爸爸穿着宽松的上衣走进厨房。他听到关门的声音，就猜到他们是去哪儿——每次一来，小朋友们都会去商店。当女人套上橡皮手套开始整理水槽时，朋友的先生起身为两人各倒了杯咖啡。

他们闲聊了一会儿，因为认识很多年了，所以感到挺轻松的。几分钟后，他问女人要把她的那杯咖啡放在哪里时，她示意放在前方的窗沿上。他走向她放下杯子，正要离开时，女人叫他看窗外花园里的东西。为了看得更清楚，他必须站得更近，从她肩膀上方看向窗外。他有点失去平衡，为了站稳，他的手不小心放到了女人的腰和屁股上。通常，这种不小心的身体接触很快就会被分开并互相致歉。他道歉了，不过手停留得比平常久一些。于是女人靠近水槽，手上还拿着一个脏碟子，他紧贴着她的臀部站着。即使隔着她的居家长袍和他的运动服，女人仍然可以感觉到他的阴茎开始变硬。

他们俩都僵住了，困惑地想着前几秒钟发生的事。他稍微改变了一下姿势，抚着她的背，而且他的腹股沟微微动了一下——对她来说，这些动作足以证明这是一个讯号，但又微小到可以让两个人假装什么都没有发生。过了一会儿，女人首先打破沉默。

“做吧。”她说，但没有移动身体，“我们做吧。”在她急切且带着决心的声音里，有着更多的怒气，而不是激情。一会儿过去了，他仍然没有动作，女人重复了一次，“我们做吧”。

在一阵迷乱中，男人的阴茎不自主地急促颤动着，他掀开女人的长袍，露出她的臀部。她手里还拿着盘子，但上半身向前倚在水槽上缘。他游移到她两腿之间的阴道，用手指分开阴唇。她已经非常湿润了，他以为那是因为女人兴奋的缘故，而不知道她一小时之前才与丈夫性交。他把运动裤的前方拉下，紧绷的阴茎弹了出来，比先前几个月都要坚硬、坚挺。靠着双手的辅助，他把阴茎伸至女人的两腿之间，阴茎顶端在两片阴唇之间上下摩擦，然后试着插入。阴茎的前端进去了，但角度错了，即使踮着脚尖也无法再深入。他觉得快要射精了，于是催促地叫女人将身子放低一点、腿再张开一些。她按照他说的做，这样他就能更深地进入她的休内。女人仍然像雕像般站着，只有喉咙里发出一些极微小的声音。他抽动了没几下，就射精了。整个过程，从他的手触碰到女人的腰到第一次射精为止，不超过3分钟。

当他要射第二次的时候，他们听到门口传来小孩子的声音，几秒钟后又听到远处有钥匙开门的声音。他还在女人体内，尚未完事。除了惊慌，还伴随着些许不舒服。他抽出还勃起着且正在射精的阴茎，迅速地把女人的长袍拉下，同时穿好自己的衣服遮住阴茎。不过最后的几滴精液仍沾湿了内裤。

小孩子跑进厨房后，另外两位也进来了。此时，女人跟朋友的丈夫已经分站房间的两侧，男的在喝咖啡，向小孩抱怨宿醉，而女人正在清洗最后一个脏盘子。他前几分钟还一直担心地等待阴茎回复正常，害怕伴侣注意到他运动裤内的异状。女主人也不好过，几分钟后她脱下手套，而其他人在讨论早餐要吃什么时，她发现厨房水槽旁的地板上还有一滴精液，于是不动声色地用脚把证据抹掉了。

感谢小孩子的吵闹，不忠的这两位始终没有被人发现他们的不安。午餐后，访客准备回家，另外两位也恢复了正常的生活步调。几天后，夫妇俩就去旅行了，他们在温暖、充满阳光的海滩上，整个晚上尽情吃喝，享受地看着餐桌旁玩耍的当地小孩子。他们每天性交，与这一年中的其他时间相比，他们感觉更快乐、更积极。

旅行的这段时间里，女人的月经没有来。当夫妇俩回家两个星期后，男人早上醒来时听到浴室里传来女人仿佛生病的声音，当天验孕结果证实她怀孕了。医生认为是假期的放松使然，不过女人在怀孕初期感到十分不舒服，她开始怀疑自己是否真的要生小孩。当朋友们再一次聚会时，他们已经不需要再谈那些受孕计划，因为两人现在已经晋身父母俱乐部的一员——至少他们是这么认为的。

到底发生了什么事？为什么医学证明没有明显问题的夫妇，却将近两年没有受孕成功？

这当然存在着许多可能性，最有可能也最有趣的是，从怀孕计划最早开始的时候，他们并没有合作，而是作战——在内心深处，他们两人之中只有一位真正想受孕成功，直到度假时才是两个人真正都想这么做。

伴侣间往往会公开讨论生小孩的适当时机，如果两人意见不合，往往会导致激烈的争执。男性与女性都有坚持各自立场的好理由，而且往往都是为了个人繁衍的最佳成果。自然选择会预设好人类判断最佳状况的能力，如果自己与伴侣的最佳利益不合，冲突就产生了。不过，这种意见不合并不是场景中这对夫妇所面临的。表面上看起来，他们似乎尽可能地合作，意见不合是在潜意识里——而且，当我们看到事情的演变时，我们有预感，相较于男人的身体，场景中女人的身体实际上在玩另一种把戏。毫无疑问，无论意识或潜意识里，男人都尽力想让女人怀孕，女人则只是在意识上尽其所能地合作。事实上，他们两个并不知道，女人的身体一直在推迟受孕。她在等待正确的时机，甚至正确的人。有可能到最后孩子的生父不是她的丈夫，而是朋友的先生——就是那个在星期天早上，女人洗盘子时，与她仅有过3分钟性交的男人。理由如下。

女性的经期有一个特性，我们一直都没有提到，这牵涉本场景中的女人是否能占有优势。每个周期似乎都会发生如下的状况：在月经开始后的几天，女人体内的激素起了一连串的变化，准备制造卵子，不过卵子会直到排卵的前两天才会成熟，她的身体此时正处于“待命期”。女性到底会不会排卵，取决于接下来的几天甚至几个星期。

这段待命期是一个收集精子的机会，也许从伴侣身上得到，也许不是；也许是一个男人的精子，也许是两个或更多男人的精子。女性排卵与否，部分原因取决于她对于某个男人或精子来源的感觉，但最重要的是，取决于当时她所处的环境是否适合生育，以及她承受压力的程度。如果遇到的男性与受孕时机都对了，性交就像上了膛的子弹，随时会引发女人排卵受孕。反之，性交则不会带来任何影响，甚至可能抑制排卵。

证据在哪？在她周期的第14天到35天（开始流出经血为第1天），女性较可能从意外的性交机会中，而非例行性的性交中受孕。在周期之间的这几天里，与情人性交或被强暴，又或是长期的伴侣短暂休假回家（也许在周末空档）时意外性交，都会比例行性的性交更容易受孕。这并不表示例行性交不能使女性受孕，只是说明她对于例行性交的反应并不如意外性交积极。

这种借由性交所引发的临时排卵现象或许可以解释，为何女性最有可能在排卵前2天的性交中受孕。尽管事实是，从性交后1小时到5天内，精子正稳定地努力向上游到输卵管。如果遇到的男人和时机都对了，在待命期内性交确实会触发排卵，而从触发到真正排出卵子需要2天的时间。比起判断女性排卵的时间，还不如在双方身体想要的时候就性交，尤其是当女性想要的时候。

除了因偶发状况而引起排卵的明显能力，女性的激素也会促使她更愿意接受情人而非长期伴侣的精子。女性与其长期伴侣会在月经周期里的任何时刻性交，这是性欲伪装的一部分。在待命期里，女人不仅很可能与情人性交，且此时女人会被激素控制而改变行为。研究显示：没有长期伴侣的女性在月经周期内独处时，并不会有特别的改变；然而有长期伴侣的女性在最佳受孕期，则会花较少时间与伴侣共处，而花较多时间探索新的对象，而且，在伴侣看不到的时候，这些女性的穿着和行为都会比较挑逗。

维也纳的研究学者曾做过实验：他们为女性照相，并测量其衣服的紧度、透明度和裸露程度，然后用唾液检查雌性激素分泌值。研究结果显示，有长期伴侣的女性若在适孕期间离家与女性朋友外出夜游，会穿得比其他时候更为挑逗。此时，她们的雌性激素分泌值也比任何其他时候高。没有长期伴侣的女性就没有这种变化。

这表明除非女性有长期伴侣，否则在待命期中不会去寻求意外的性交。一个有伴侣陪伴的女性比较有可能被身体的化学作用所驱使，在待命期试图引起其他男人的注意。此外，如果有机会，她有可能因收集其他男人的精子而受孕。事实上，场景中的女人那天早上醒来时，强烈希望有阴茎插入她的阴道，这表示她正值待命期。在决定排卵前，她的身体已经等了近一个月，期待着会发生什么事情。后来，她逮到了早餐前的短暂时机与朋友的丈夫性交——也许是无意识的驱使，但却再一次显示出她正值待命期。

为什么一旦可以从另一个男人身上收集到精子时，女人就会很渴望排卵、受孕？10年或更早之前，本场景中的女人和她的配偶决定住在一起，并分享彼此的生活。从那个时候开始，他们为了受孕共同经历了许多事情。为什么现在要中途退出呢？

令人难过的是，即使人类想的是另一回事，自然选择还是会倾向于让身体有自私的反应，身体结构没有真正的利他主义。人类的身体会把繁衍的目的摆在第一，这也是从祖先遗传而来的自私基因。的确，我们的身体在一生之中会与其他人配合，但这仅仅发生在当配合可以达成个人最佳繁衍成果的时候。如果不成功，身体会做对自己最有利，而不是对他人最有利的选择。自然选择会让人类倾向于那些可以帮助其提高繁衍成果的身体，如果机会来了，身体会尽力争取获得利益，而不太会考虑这样的行为将给伴侣带来什么后果，本场景中的女人就是如此。

其实女性常常会遇到可以提高繁衍成果的情况，这并不令人惊讶。事实上，对男性而言，他们表现出关心自己是不是孩子亲生父亲的行为，几乎是不可避免的结果。接下来几章会谈到女性选择伴侣的标准，在这里要先提到此议题中一个重要的二元论。一方面，女人需要有伴侣来共同扶养小孩；另一方面也要找到适合的基因，生下并扶养可爱、健康且成功的后代。有时候合适的基因提供者并非其伴侣，就像我们在场景中看到的，女人只需要几分钟就可以收集男性的基因，并非一定要从合作多年的伴侣那儿得到。

*

在场景4中，一直无法受孕的女人似乎相当满意她的男人，认为他是一个好的精子提供者和未来照料小孩的人。他们生活富足，有自己的房子、车子，还可以去度假。男人照顾朋友小孩的行为也显示出他可以当一个好父亲。然而，也许女人的身体在怀疑她的配偶提供繁衍下一代的基因时，是不是她最佳的选择。因为对于男人生育能力有所怀疑、恐惧，所以女人的身体会更加拒绝受孕，这也就是女人的身体在一开始就拒绝受孕的原因。

女性更倾向于从短期对象而非长期伴侣身上，寻求不同的基因特质。女性选择短期对象有两种方式：一种方式是，这个男人不见得是一个最佳的基因提供者，也并非是最佳的伴侣，但最起码是她可以吸引得到的；另一种方式是，选择一个最佳的长期伴侣，然后借由出轨得到最好的基因。本场景中的女人在10年前，甚至更早的时候就使用过第一种方式，然而就如我们看到的，她最后使用的是第二种方式，而且她当时的确有出轨的机会。

大约有10%的小孩不是其“父亲”亲生的孩子。有些男性比起其他男性更容易戴绿帽子，尤其是身体不健康或身份地位较低的男性。在瑞士和美国，社会地位较高的男性被戴绿帽子的概率约是1%；在英国和美国，中产阶级男性被戴绿帽子的概率是5%～6%；在英国、美国和法国，社会地位较低的男性被戴绿帽子的概率则是10%～30%。此外，社会地位较高的男性更有可能让社会地位较低的男性戴绿帽子。人类学上的研究也具有类似特征。在不同的社群中，高收入和社会地位较高的男性会较早得到伴侣，也有可能获得较多的伴侣，或较早繁衍后代，其配偶较少不忠贞，亦比较容易让其他男性的伴侣出轨。因此，在繁衍后代的潜能上，高收入且社会地位较高的男性比社会地位较低的男性更为成功。

女性身上也有类似的特征：女性出轨行为与其身份地位有关，这也就不令人意外了。对于和收入与地位较高的男性结婚的女性来说，出轨的坏处比好处多。另一方面，女性若与贫穷且身份地位低下的人结婚，则出轨是利大于弊——特别是当她们的出轨对象有较高的社会地位时。场景4中，女人出轨的动机不大可能是为了追求财富和地位。她并不想离开原来的伴侣而投向朋友丈夫的怀抱，朋友的丈夫在任何一方面都不比她强。让她身体感兴趣的只是基因。她想要得到他的精子与基因，而她也非常善于利用机会得到它们。假如获取基因的好处远比她不贞而遭受的损失更大，她的策略将使她在繁衍目的上得到切实的回报。然而，她的出轨行为有可能让她在得到好处的同时也遭遇危险。

第一，她有可能感染一种或多种传染性性病。一个人的性伴侣越多，染上性病的风险就越大。这种风险并不是特别高，但确实存在。而且每一次出轨都会提高其风险性，也可能影响她未来的健康和生育能力。如果她的出轨被发现，其他的危险都可能会一一浮现。最糟的状况是，她的伴侣和朋友有可能用暴力对待她。她甚至可能得冒着伴侣离开她的风险，尤其是如果她在出轨后太快怀孕，会使她的伴侣怀疑孩子不是他的，伴随而来的可能是单亲扶养和继父母家庭导致的其他危险——这些将在后面的章节里谈到。不过，撇开感染疾病的风险不谈，只要她不被发现，出轨就不是什么大不了的危险。

对于朋友的丈夫而言，出轨也是有风险的。他也可能染上疾病，而且如果被发现，他甚至也会被施以暴力——来自女人的伴侣，或者他自己的伴侣。不过同样，只要不被发现，那这些危险也就不算什么了。

正是因为保密如此重要，所以这个男人与女人在听到他们各自的伴侣与小孩从商店回来时，匆忙地分开。他们不太可能会事先计划好，如果遇到这种情况如何处理。不过一到紧要关头，就会自动进入欺瞒的状况。肾上腺素立刻发生作用，就像是有老虎闯进屋里一样。不过他们隐瞒得很成功，他们的伴侣对于出门后10分钟内所发生的事情浑然不知。

当能够获得利益时，人类并不是唯一使用骗术以避免付出代价的动物。化学物质为身体预设好动力，可以避免被发现，无需依赖大脑就能使用合适的策略来应对。很多人曾看过这样的影片，一只雌猴正在地上觅食，它的配偶则在树枝上居高临下地专心监视着一切。这时有一只雄猴靠近雌猴，并且在它旁边坐下，一边假装检查自己身上的毛发，一边掩饰勃起的阴茎，不让雌猴的配偶看见。每当雌猴的配偶稍不留意，坐在雌猴身边的雄猴就用手拍打它的肩膀。雌猴立刻站起来，向雄猴靠近，雄猴则迅速地和它完成交尾。它们的交尾动作快得转瞬即逝，等雌猴的配偶转过头来的时候，它们已经恢复到原来的姿势，而且都装出一副没有发生过任何事情的样子。这一幕与场景4中我们所看到的情形并没有太大不同。

发生在本场景中的女人及其配偶身上的事情，很明显是他们在受孕计划过程中所留下的难题：性欲伪装的谜题。一旦每天性交已成为例行公事而非乐趣时，很多伴侣会对计算女性的适孕期感到厌烦。对很多人而言，性欲伪装就像自然选择恶作剧的小把戏。但是，采用性欲伪装却是女性控制其繁衍命运的最有利的武器之一。场景4的情形说明了女性只是忠于自己身体的判断。在她宣布生育计划后，伪装让她有较多的自由去选择孩子的亲生父亲。

雌性灵长类，例如黑猩猩或狒狒，会借由发热的体征来显示它正值适孕期。雄性会为性而战，雌性却会因此而困扰。更糟的是，最强壮的雄性会尽其所能来证明雌性动物只为自己所占有。当然，能战胜且保护雌性的强壮雄性，对于雌性来说是具有繁衍优势的，但是相对所付出的代价就是失去选择配偶的自由。也许雌性有更喜爱的雄性，但具有主宰优势的雄性会阻止它和其他雄性交配。比方说，族群中的年轻雄性在未来几年内可能会成为领导者，雌性也许更愿意和它交配，而不是跟现在这个领导者。有时候，雌性想对现有的配偶“不忠”，就像本场景中的女人一样，但它会发现事情并不如人类女性所做的那般容易。跟人类男性不同的是，雄性灵长类知道雌性什么时候发情适孕。因此，雄性甚至会放弃原有作息，不吃不睡地度过那几天关键期，只为了持续地看守雌性，以免雌性“误入歧途”。如果本场景中女人的配偶能够知道她的适孕期是什么时候，他可能就不会带小孩子去商店，留下女人单独跟其他男人在一起。对于人类男性而言，这一天与平常没有两样。大部分男性并不会阻止其伴侣与其他女人一起去KTV，但是如果男性知道某晚就是适孕的关键时刻，他的伴侣会受到体内化学作用的驱使而与另一个男人勾搭、调情和上床，他就不会让她出去了。

这也就是为什么自然选择预设好，让女性可以对男性隐瞒她的适孕期。但为什么自然选择对女性自己也隐瞒此事呢？答案是，为了让女性能够成功地对男性隐瞒适孕期，所以她必须连自己也被蒙在鼓里。只有这样，她才最不可能露出马脚。

*

本场景中还有一个因素是我们没有考虑到的。如果按照我们的预测，女人是在那天早上水槽边性交后受孕，她受孕之际体内有两个不同男人的精子——一早醒来她与配偶做爱，一个小时之后又与朋友的先生性交。接下来至少5天内，她的体内同时存在着两者的精子，而它们会稳定地通过输卵管。近4%的小孩是在这种情况下产生的。无论何时，只要女人短时间内与两个男人性交，这两个男人的精子都会为了跟女人的卵子结合而竞赛。这种竞赛就像乐透彩票与赛跑的混合体，说穿了就是战争。在正常、健康且有生育能力的男人的精液中，有很多不同形状和大小的精子。有些精子头很大，有些很小，有的甚至小到没有空间容纳染色体及基因；有些精子尾巴很短，有些则有2条、3条，甚至4条尾巴。它们在精子战争中都扮演了不同的角色。只有不到1%的精子是用来与卵子结合，其他的都是用来攻击或防卫的。从不同的层面来说，它们在阻止其他男人的精子与卵子结合。

女性有时能从精子战争中获利，本场景中的女人就毋庸置疑地获利了。在前两年，她对于配偶生育能力与日俱增的怀疑，让配偶成为小孩的亲生父亲的立足点更为薄弱。她对配偶的精子能力所做的最后一个测试方法，就是把配偶的精子与其他男人的精子放在一起，直接作战，以兹证明。

很有可能她配偶的精子并未赢得这场战争的胜利。因为她所推行的精子战争并不公平，事实上她比较偏爱对配偶不利的情势。怎么说呢？那天早晨她没有与配偶得到高潮，但是跟朋友的丈夫性交时却达到高潮。所以，姑且不论后者最后滴在地板上的精液，几乎可以确定的是，女人从朋友的丈夫那里得到的精子总数，绝对比从配偶身上取得的多。在这种状况下，她的情人拥有数量较大的精子部队，也比较有可能赢得战争。就像之前提到的，女人的高潮虽然不会影响受孕的机会，不过当她真的怀孕，而且是在拥有两个男人的精子状况下，这就会对决定哪个男人能让卵子受精这件事形成差异。

到目前为止，我们一直都假设医学上对男人的诊断是正确的，也就是说他有生育能力。但是，我们不能因为医学检测没有诊断出其他问题，就判定他可以繁衍后代。不幸的是，对于男性生育能力的研究，目前尚无定论，仍然有很长一段路要走。统计学上的关联性能在各种生育状况与各式各样的精液特性中被发现——例如精子数、正常精子的比例，以及精子的活动力等——但这些都仅仅是统计上的关联。这些臆测不能给任何男性有十足把握的答案。有些男性看起来射精很少，但却有生育能力；数量多的反而有时候却是不孕的。

最常见的误解之一就是，男性需要在性交中射入大量的精子才能有机会使女人怀孕。这种误解可以从两方面加以解释：一方面，男性在正常情况下的确能射出大量精子，平均每次射精含有3亿个精子；另一方面，医学研究显示，如果让实验中的男性在禁欲3天后自慰，他所射出的精子数会少于2000万个，与男性标准的3亿个精子数相比，算是低生育力的。

这表示，精子数量少，有时候是医学问题上的隐藏症状，但并不代表多于2000万个精子数的男性就能够使伴侣怀孕。即使精子是健康且具有生育力的，也很少每次都能够使伴侣怀孕。如果男性在一个小时前自慰或口交，他只能射出2000万个或数量更少的精子。甚至有案例记载，一位动过输精管切除手术的男性，他每次射出的精子数不超过10个，但他的伴侣却仍然怀孕了。虽然医学专业上认定他的精子数少到不足以生育，并怀疑他的配偶可能不忠。然而DNA检测的结果证实，该男性的确是孩子的亲生父亲。回到我们的场景，不论医学对于男人的精子如何认定，这只是一种参考意见，而非一个绝对的定论。

到目前为止，所有的讨论都暗示着本场景中的女人所怀的孩子不是其配偶的，因为女人怀孕与出轨行为有太多的巧合。可是，让她受孕的人真的不是她的配偶吗?

有一种可能是，女人并不是因为出轨那天的两次性交而怀孕。有可能是他们接下来去度假的那个星期怀孕的——如果是这样，医生就应该是该感谢的人。从受孕计划开始的几个月里，场景中的这对夫妇就饱受煎熬。对于生育问题的担忧让他们陷于恶性循环之中，这种压力可能会导致他们的身体自动转换到家庭计划的模式里，就像我们先前曾经提过的。一个月又一个月过去了，关系恶化，压力让他们频繁地推动计划。因此，撇开夫妇俩意识中的愿望，他们的身体有可能决定，直到情况改善且他们的关系更稳固时才繁衍后代。在此之后，度假时的放松心情与医学检测结果的解压，都让他们的身体感觉到时机已经成熟。男人可能制造更多健康的精子，女人也更能接纳精子的进入和怀孕。

另一种可能是，他们在实施受孕计划的时候很可能有医学上的问题，但是却在他们进行医学检测之前巧合地痊愈了。少数会重复感染的疾病可能让男性和女性的生殖系统产生暂时性的阻塞，一旦自然痊愈，也就恢复了生育能力。也许他们的身体延迟受孕就是为了等这个问题解决，而接下来也就可以成功受孕了。

这两种假设可能都不是真正的答案。不论如何，最有可能的情况是，女人的出轨行为使她受孕了。果真如此，这的确是一个很人但是具教育意义的讽刺。将近两年的时间，女人和她的配偶用尽了各种方法，小心地选择时机和姿势，费尽心思，在每一次性交时尽可能让更多的精子留在她体内越久越好。但是一场不经意的3分钟性交——从女人站在水槽旁开始，到部分精液滴落到地板上结束——却让女人受孕成功了。

本场景中的小插曲显示出受孕的真实状况。对于一个具有生育能力的女性而言，如果对象和时机都对了，此时即便她主观上不想受孕，但只要她的身体想要受孕，那么受孕的过程就会非常顺利。就是这么容易。

BABY
WARS

03

大功告成

场景5 怀孕期的鱼水之欢

男人从春梦中醒了过来。这种慰藉真奇妙，尽管潜意识告诉他环境并不允许他发泄需要，但他还是发泄了。他小心地从床上爬起来，尽量不打扰身旁熟睡的配偶。

男人下意识地看了一下柜子旁的时钟，时间才刚过12点。女人已经睡了4个小时，她怀孕之后似乎非常需要睡眠。几个月以前，她几乎从来没有在10点钟以前睡觉，偶尔在10点钟以前睡也是因为和他一起做爱。离最后一次做爱不知道有多久了，至少3个月了吧。

男人在浴室冲澡时，他回想起女人刚怀孕的头几个星期，那时他们都还不太确定女人是否真的怀孕了。他们经常性交，比平常更频繁，而且往往都是她想要的。毫无疑问，当时她的性冲动突然增加，而且想要得到更多的高潮，她经常要求男人帮她自慰直到高潮。假如不是做B超的结果显示女人早就怀孕了，他们可能会认定女人是在这段性欲突然高涨的时期怀孕的。

男人非常喜欢头几个星期的时光，但是自从她有了一些怀孕初期的害喜症状，经常头痛和疲倦后，状况就一天不如一天。一时“性”起变成女人最不想要的事情。女人上床睡觉的时间越来越早，两个人身体上的接触只剩下紧抱和抚摸而已。男人不想强迫她，虽然他很失望，但是并没有流露出来。女人因为食欲不振，体重逐渐下降，胸部也开始变大。男人发现她的脾气越来越差，而且不分时间与场合。

随着时间一天天过去，女人越来越有怀孕的样子了。她的腰粗了一些，走路也开始蹒跚。她经常说自己已经没有魅力了，而且自暴自弃，希望男人鼓励她。男人的反应是找一些方法来安慰她，不过也的确发现女人的身材越来越不吸引人。并非男人对她感觉淡了，事实上他对她的感觉越来越柔和，越来越像亲人。他对于女人的渴望不再是充满激情的，这个事实让男人在两人倾诉对彼此感觉时有罪恶感。更糟的是，在女人经历这段没有安全感的时期时，他的感觉的确改变了。有一次或两次，女人甚至抱怨男人的眼睛都在看其他女人。终于，当某晚他们要一起去参加派对的时候，冲突爆发了。女人抱怨没有合适的衣服可穿，说她真的不想去，宁愿待在家里看电视且早点睡。

男人对此期盼已久，他很渴望参与社交活动。而且，虽然他没有跟女人说，不过他真的很想带怀孕的妻子去显摆一下。派对大约进行到一半的时候，他们发现彼此分站在两群人之中谈话。男人和一个大概是工作上认识的女人亲热地交谈着，虽然他以前从未对这个女人如此注意，不过今晚男人却觉得她格外吸引人。当他意识到的时候，两人已经谈了半小时。此时他的配偶走过来，坚定地挽住他的手臂，建议是该离开的时候了。他感觉到配偶有点不对劲，是不舒服了，还是什么事让她不高兴了？

和几个人道别之后，他们走向车子，两人都一语不发。一进到车子里，女人就发火了：她觉得男人在拍那个女人的马屁。男人想辩解，可惜无效，女人完全不想听。他们一回到家里，女人就说觉得男人嫌弃她怀孕后身材走样。然后，女人要男人用做爱来证明她还有魅力。虽然她知道这么做很荒谬，而且几乎一说出口她就后悔了，不过她还是向男人挑战。

和她性交是现在男人最不想做的事。他也知道在这种半醉的状态下，要维持勃起并不是很容易，尤其是在他一点也不感“性趣”的时候。他现在最想做的事就是睡觉。不过他只安慰女人说，他觉得在她怀孕这么久以后性交有点不妥。如果发生什么事怎么办？难道不能只在床上爱抚、紧抱就好了？最后，女人同意了。起先他们爱抚并紧抱着，接着她屈身躺着，男人抱着她，手放在睡衣的扣子上，不一会儿就睡着了。不过女人还醒着，眼中闪着泪水，整整一个小时后才睡着。

早晨醒来的时候，两个人都感觉到彼此已经清醒了。他们慵懒深情地相吻。男人觉得自己勃起了——也许是酒精作用消退的缘故。他们都没有说话，一直吻着、爱抚着彼此。男人不太确定女人想要他怎么做，他忍不住想起昨晚的协议。不久，她让他进入，而且是她希望这么做的。在练习好之后，女人以难看的动作移到男人上方，她轻柔地握住男人的阴茎，引导它插入她的阴道。

男人射精之后拔出阴茎的动作有点突兀，因为他怕他的动作会伤害到女人。除了一开始觉得女人的阴道好像有点短之外，这次性交跟平常没什么两样。虽然他射精时射得有点迟疑，不过让他惊讶的是，女人似乎得到了高潮。

就在女人引导男人进入的时候，她开始觉得有点不太舒服。她的确达到了高潮，不过很快地，她就开始希望自己不曾高潮过。因为她立刻感觉到胎儿在她的子宫里整个翻转过来，好像是高潮打扰到了胎儿。她没有很享受这种感觉，仿佛过了一个世纪之久子宫才恢复正常，她这才睡着。

在浴室洗完澡后，男人看着镜子。他想到即将美梦成真，想到小孩就快出世了，不知道长得像不像自己。走回卧室，看着沉睡中的配偶，再过一个星期左右结果就会揭晓了。下一次一大早走回房间的理由，应该变成是照料新生儿了吧?

最初看到本场景时，或许会觉得奇怪，自然选择为什么会让人类在怀孕期中持续地性交。这时不论男人或女人，似乎都不需要借由性交增加其繁衍成果。女人已经怀孕，就不可能再受孕了，因此男人的每个精子似乎只是变成“回流”。那么为何人类和很多其他的哺乳动物在雌性怀孕的时候，还会持续性地性交呢?

答案是，虽然很多人期待或希望怀孕的过程是安详、平静的合作时光，但事实并非如此。不论对女性的外在或内在来说，这都是一段充满冲突的时光——本章的三个场景（场景5~7）中将有进一步的描述。有些战争发生在成长中的胎儿与母亲的子宫之间，这部分将在接下来的两个场景（场景6、7）中再讨论。其他发生在男人与女人之间的战争，则是比较显著的，例如我们在本场景里所看到的。有些男性或女性的冲突是明显且易被察觉的，其他的则是微妙且不易察觉的，但全部都与性有关。

男性与女性之间最微妙的冲突形式，是怀孕前几周内所发生的性行为。

事实上，它是如此的微妙，以至于少数人认为这样的性行为是参与者为获得极大的利益而故意为之的。其次，比较没那么微妙的冲突是，怀孕多久后伴侣间才能有性行为。而双方最明显的冲突就是，在女人最脆弱的这个时刻，她的配偶却对其他女性表现出极大的兴趣。

所有这些冲突都不令人意外，也无可避免地指向一个事实：自然选择偏好让男性或女性把自我的繁衍成果摆在优先地位，即使他们的伴侣需要因此付出代价。等一下我们将会讨论场景中这对夫妇所意识到的最重要问题：怀孕时性交有多危险。是否如我们所说的，怀孕期间的性行为是一场战争，会有严重受伤的危险。如果我们要了解这些冲突，就必须首先考虑加诸在男性和女性身上的压力为何不同。

从女人和其配偶所在意的繁衍成果来看，怀孕是一生中最具决定性且可好可坏的阶段。一方面，明显且重要的生育步骤已经由女人和孩子的亲生父亲完成了；另一方面，虽然直觉上不那么明显，不过，怀孕对于男性和女性的繁衍成果有可能是一种威胁，这种威胁需要用心留意。

对女性而言，如果怀孕期出了什么差错，有可能影响未来的生育能力。事实上，造成的损害可能很剧烈，导致她从此不能生育（在本章最后，我们将会讨论到女性可能因为怀孕而导致的生理损害）。除了上述生理方面的危险，威胁还包括遭到配偶遗弃，或者未来配偶仅给予她和小孩极少的供养与协助。女性通常依赖伴侣的资助，如果男性不再给予资助，将使孩子的生存与将来的成功受到危害。

对男性来说，只有当他确认是孩子的亲生父亲时，伴侣怀孕才是他向繁衍成果迈进的一大步。如果不是，那么伴侣的怀孕反而成为男性繁衍成果的一大威胁。他不仅要耗费多年的努力去提高别的男性的繁衍成果，而且在未来一年的时间里，他的伴侣无法为他繁衍后代。如果他强烈地怀疑伴侣所怀的孩子不是他自己的，特别是当他可以再找到另外一个女人时，为了长期的繁衍利益，男性会离开原来的伴侣。

因为对长期繁衍成果有着潜在的威胁，一个男性的“父性确认”，也就是他是孩子亲生父亲的自信程度，将会是影响他如何对待孩子的最重要因素之一。在本书之后的几个章节里，都会提到父性确认如何影响男性的“父性行为”。有时候，男性的行为有意识地被父性确认所影响，尽管它往往表现为受潜意识影响，就像其他物种所表现出来的父性行为一样。一些针对麻雀、狮子和猴子的动物研究显示，雄性的父性行为，会强烈地被它是否能确认其与后代的血缘关系所支配。

对于女性，就像这些物种的雌性一样，在扶养孩子时能否得到男性最大的协助是非常重要的，她们会尽一切努力确保男性信服他的父性地位。对于男性，试着以各种方式证明他确实是孩子的亲生父亲也同等重要。

*

在本场景中，男人之所以会估量孩子长得像不像他，正是因为人类普遍会先入为主地去寻找后代与自己生理上的相似之处。这种做法并不令人讶异。如果一个男人能借由外表来分辨孩子是不是他的，那么他就可以决定是否要尽更多的心力来扶养小孩。但事实证明，无论如何，男性无法百分之百地确认孩子是否是他亲生的，或者至少是无法清楚地确定的。

研究结果显示，从整体说来，将某个孩子与一群可能是他父亲的男性做对照，旁观者往往也只能用猜测来识别谁是孩子的亲生父亲。这不令人意外，毕竟，决定孩子外表的基因只有一半来自父亲。虽然外表上的相似可以点出部分事实，不过在孩子出生的第一年内，这种分辨是很模糊的，而且会有很多误差。这点也不令人讶异。如果女性的基因让她的孩子长得非常像其亲生父亲，她反而会失去选择孩子亲生父亲的自由，这就如同她宣布自己的受孕期，好让其配偶24小时监控她。如果女性因出轨而获得基因上的优势，那么，将双方的基因混合到尽可能让孩子的外表没有明确的特征就尤为重要。事实上，孩子的外表越没有特征，男人就越有可能找到与自己的相似点。只要孩子的特征中至少有一样像他，不管他是不是孩子真正的父亲，女人似乎已经赢得了这场基因战争。没有一个男人可以绝对确认孩子是他的，因为他和其他男人都可以在孩子身上找到一个相似点，如果要真的确认，还需要更多的信息，而不能简单地从外表的比较上得知事实。倘若女性可以让他的配偶相信自己是孩子的父亲（尽管他并不是）——如同我们在场景4中所看到的，女人很可能是在厨房水槽旁的出轨行为中受孕的——那么从繁衍的角度来看，女人可以得到利益（亲生父亲也得利），但是她的配偶却损失惨重。相反，若女性无法让她的配偶相信自己是孩子的父亲（尽管他的确是），那么两者在繁衍方面都会有损失，因为孩子将无法得到质量较好的扶养。所以男性的压力在于如何正确地判断，而女性的压力在于如何说服配偶相信自己是孩子的亲生父亲，不管这是不是真相。双方都不会太快反映出这种压力，因此怀孕阶段任何可导致压力的事件都会变得具有批判性。

在女性等待最佳时机以受孕的几个月，甚至几年的时间里，尽可能地维持更多的选择是非常重要的。如同我们之前描述的，性欲伪装可以助她一臂之力。男性这时是脆弱的：他可以做的仅仅是守护着女性，并且在时机来临时确保自己成为小孩的生父。然而，一旦女人怀了某个男人的孩子，情况就改变了。此时，女人变得脆弱，特别是如果她不能够说服她的长期伴侣：他是孩子的父亲。

有一个方法可以让女性增加说服力，那就是在怀孕前与伴侣大量地发生性行为。通常直到受孕时机来临之前，女性会一直小心谨慎，并维持性行为的神秘。一旦怀孕，女性的身体会产生冲动，想要与配偶更频繁地性交。必须再一次好好地感谢她的性欲伪装，男人的身体永远也不能正确地计算出她何时受孕，所以总是倾向于相信女人是在有强烈的性冲动与频繁的性行为的这段时间内怀孕的，而这正是场景5中女人所表现出来的。我们可以假设关于这种行为，这里并没有欺骗的成分，90%的情况下，女性的长期配偶就是孩子的亲生父亲。但是从场景4中可以明显地看出，女人很可能是在厨房水槽边与配偶以外的人性交而受孕的。她那长期饱受折磨的伴侣却还以为在历经两年的努力尝试之后，度假时的性交终于让他成为爸爸了。

从某个方面来说，怀孕期内性交是女性性欲伪装的终极武器。如果她一怀孕就“性”味索然，那么就等于给周遭的男性非常明确的暗示，这会让男性，尤其是长期伴侣想要更进一步地确认，谁会是孩子的亲生父亲。女性借由更多的性引诱和性交，可以避免被臆测已经怀孕，她为自己寻找机会锁定一个男人——通常是她的长期伴侣——并给予他父性确认。

女性的身体还有另一种掩饰怀孕日期的策略。她们通常在怀孕期的前两个星期，甚至一个月或两个月后还有月经。这种假性月经可能会比平常稍微少量，但是已经足以鱼目混珠了。同样，虽然当时她已经怀孕了，但是可以借由更频繁的性交来加强男性的父性确认。许多配偶和医生会因为这种假性月经，算错女性真正怀孕的日期。一直到B超扫描发明之后，鉴定14 ~ 18周胎儿的受孕日期才成为可能，其误差只在1周以内。

这种在怀孕初期的明显性冲动不只发生在西方的工业化社会里，譬如，居住在非洲的昆申族女性就有相同的行为模式，有些灵长类也有同样的状况。不论是一夫一妻制（例如长臂猿），还是雌性会公开与许多雄性交尾（例如黑猩猩），很多物种的雌性都能够从怀孕期的持续性交中，建立特定雄性的父性确认。然而，这并不表示所有灵长类都有这种行为，其通常发生在具有雌性性欲伪装的物种身上，比如人类。

但是，为何一对伴侣会在很明显地知道女性已经怀孕之后，还继续发生性行为呢？这里有几种可能的解释，其中有些解释是比较可信的，但不幸的是，这些解释比其他的更有恶意。无论如何，这种持续的性行为只是战争的一部分，因为在怀孕的过程中，男性与女性的压力都在持续改变。

男性确实会抛弃怀孕的女性，也会对她们不忠。这是因为在女性怀孕的9个月当中，男性的身体可以说既无利可图又相对安全。男性的潜意识里，存在着自然选择委派给他们的首要性交目标：让卵子受精。然而此时，他怀孕的伴侣却无法帮助他完成此目标。因此，在这段至少长达9个月的时间里，男性要在其他女性身上实现这个目标。这也就是为什么男性在伴侣怀孕的9个月里，会比其他时候更容易不忠。难怪本场景中的女人会斤斤计较配偶在她怀孕期间对她关注的减少，因而变得非常有防卫性、占有欲和嫉妒心。女性需要避免怀孕期间伴侣对她不忠，就像男性想要防止女性在待命期出轨而怀孕一样。如果伴侣不忠，女性就输了。男性可能带回传染性的性病，并传染给她，或者有可能为了另一个女人抛弃她。此时，占有成为女性最强悍的防卫。

对女性而言，怀孕期间要战战兢兢；对其配偶来说，却是不忠的大好时机。不管他的伴侣有没有怀孕，男性潜意识的目标一直在那里等着——让其他女性帮他繁衍后代。当伴侣没有怀孕时，一些因不忠可能付出的巨大代价，还会让他稍微约束自己的好色本性。最重要的是，现在配偶因发现他有外遇而遗弃他的机会已经消失了，因为女人有了小孩之后便无法没有他，女性借由出轨来报复男性的可能性也降低了。

男人在配偶怀孕之际搞外遇，会产生一个新的潜在危机：他的不忠行为会导致伴侣流产。因此，流产是另一项女性可以用来防止自己被抛弃的防御武器。发现伴侣不忠与得知伴侣死亡一样，往往会导致女人堕胎、流产。自然选择已经预设女性的身体产生一个这样剧烈的反应，其原因很明显：与其终生照顾一个已经失去父亲扶养机会的孩子，也许不如选择与另一个男人重新开始。

*

在本场景中，直到已经怀孕6个月，女人还持续地允许甚至煽动伴侣与她性交。其他女性也可能在怀孕期间这么做，这是因为女人要保护自己，让伴侣不至于不忠或遗弃她吗？最常听到的解释是，在许多物种中，也包括人类女性，如果让配偶在雌性体内射精，就会降低雄性想要在别的雌性体内射精的欲望。这样的说法是很乐观的，但也比较不符合事实。虽然男性平均每个星期只射精两到三次（根据年龄和环境的不同而有所变化），然而不管最近射精几次，哪怕天天在射精，有一种情况仍会使他们勇往直前，那就是当他们逮到机会可以将精子射入其他女性体内的时候。虽然在时机来临时男人不一定总是这么做，因为他们的身体也会害怕感染疾病、被人发现，或是付出代价，有时候这些会令他们感到厌恶，不过大多数的时候，他们都会这么做。

对于女人在怀孕中期和后期偶尔会有“性趣”一事，有另一种与刚才所提的解释相反的说法。大多数男性在与怀孕的配偶性交一小时后，还可以与情人再来一次；相反，他们与情人性交后就极少会再想与怀孕的配偶性交。如果配偶主动要求，而男人却无法响应，就会让配偶对于男人可能趁她不注意时搞外遇而有所警戒。当然，事实也很可能是男人刚刚自慰过，所以才没有反应。但对女性而言，即使只是虚惊一场，警戒一点总是好的。所以怀孕女性那种偶尔的、不在意料中的“性致”，比较像检查伴侣是否最近射精过的一种方法，而不是旨在防止他近期内再次性交。

当然，男人会逐渐对怀孕的伴侣失去“性致”，这也不令人意外。既然在繁衍上男性已经不能借由与伴侣性交获得什么，自然选择就让男性的审美观变得对怀孕女性的身材不感兴趣，而对没有怀孕的其他女性比较感兴趣。我们将会在后几章讨论到，男性已被预设好某种程序，会对女性身体的腰臀比例显示极大的“性”趣，尤其会被那些腰围是臀围70%左右的女性所吸引，因为这样的女性比较可能排卵，而且比较不可能是有孕在身的。

一旦怀孕开始破坏女性最吸引人的外观，男性也开始对她不那么感兴趣。因此，当本场景中的女性在怀孕时询问配偶自己是否仍具有性吸引力，并且需要男人给予肯定答案时，通常是策略性的。这是在持续进行审查的一部分，她会一直评估男人是否会始终留在她和孩子身边。不过无从得知的是，到底男性什么时候说的才是真话，而女性又有几次真正相信他。

怀孕初期明显的性冲动与性行为，和中后期小心和缓的性交都已经证明，男性与女性为了增进他们的最佳繁衍成果，会进行这种“比武活动”。之前提过，这种比武式的性交实际上有90%是不必要的，两人只是尽力借此得到繁衍目标上的利益。不过有些时候又是必要的，其中一方会因另一方付出的代价而得到胜利。这样的竞争不断地发生，是因为两者皆不能百分之百确定，彼此的利益是否相符合。

在怀孕期内性交从某种程度上来说是怀有恶意的，这也显示出场景5中这对夫妇所关心的问题：在怀孕期内性交有多危险。对于这个问题，目前尚没有很确切的资料来回答——医学上的见解也往往具有分歧且莫衷一是，但基本上会得到一个相同的结论：只要是女性感觉想要，而且当她选择了时机和姿势来引导的时候，就比较不容易产生不好的影响。女性的身体会被自然选择预设好是否欢迎性行为，同时也会让她预防以下三种最有可能对她造成伤害的危险。

第一种危险是男人的阴茎带来的感染，譬如精液或精子本身（其表面可能会带着病毒或细菌）。在怀孕的第一周，女性会尽可能地保护自己远离感染，优先保护子宫与正在成长的胚胎。因此，她的子宫颈黏液会发生变化，变得比经期时还多。更重要的是，黏液会变浓厚，有点像果冻，甚至纤维化。通往黏液的通道会变得更窄，充满细胞残骸，所以精子几乎无法穿过。此外，黏液流出的速度加快了。因此，女性在怀孕期两腿间常常会感到湿润，但却是黏黏的物质。就是这种浓厚且流速增加的子宫颈黏液，让她能过滤掉经由性交进入阴道的东西。几乎所有的精液、精子、细菌和病毒都可以经由“回流”排出。

第二种可能的危险来自于采取各种姿势强行插入阴道的阴茎。不过，演化已经将女性的身体塑造成只有在阴茎不会构成威胁时才能完成性交。当它是一个威胁时，演化将尽可能预先处理好，让她的身体在必要时能够对抗阴茎——尤其是当性交由男人主导而非女性要求的时候。当然，在这种情况下自然选择能提供给她的保护还是有限的。

当男性坚持采取激烈且具有侵略性的姿势，尤其是男上女下的性交方式时，就会带来第三种危险。这种姿势可能会让女人承受男人体重的冲击，而且当剧烈地插入时，所产生的伤害跟跌下楼梯没什么两样，这时女性就会受伤。当男人想主导性交时，对女性或胎儿来说都可能是一种危险。但不幸的是，有时这种剧烈的性交是男性繁衍利益的一部分。回到父性确认的议题上：我们即将要进入本书中讨论此议题的第一个场景了，在这个场景中，和缓的繁衍策略将恶化成完全的战争。

只要男性对于他是孩子的亲生父亲这件事有坚定的信心，那么为了最大的繁衍利益，他不会让这个小孩发生任何不好的事情。反之，若没有信心，当他的配偶怀了别的男人的孩子，他与伴侣繁衍后代的机会将可能因此被耽搁。之后，如果配偶流产，可能有利于他的繁衍利益，因为这将可以缩短他等待配偶下一次受孕的时间。虽然没有数据显示，当女性的伴侣仅有很低的父性确认时，女性是否较有可能成为性暴力下的受害者，不过根据演化生物学，还是可以做如此的预测。当然，男性同样能用其他暴力行为迫使他的伴侣流产。

在本场景中，男人完全没有想到使用任何暴力。相反，因为太相信自己是孩子的亲生父亲，他和女人一样担心性交可能带来的负面影响。女人也担心高潮的后果，会顾虑性交后肚子里胎儿的明显反应。同样，没有完整的数据显示，女性高潮会如何影响腹中胎儿，但根据演化生物学上的预测，这并不会造成有害的影响。自然选择已经预设好让女人在怀孕期间一样能有高潮，这样才能让她的身体形成抵抗力。

为什么女性在怀孕期间，不论是性交、睡觉或自慰时，仍然会希望持续享有高潮呢？因为这将大大有助于“子宫颈管家”的作用（我们在场景2中提过的），怀孕女性的子宫颈黏液仍然需要偶尔刺激一下来加速分泌，所以高潮就成了一个很重要的机制。

最后还有一个令人惊讶的原因，会让人对于怀孕期性交的理解完全改观，这与怀孕最初几小时或几天内的性行为有关。一般说来，一旦女性怀孕，男性的精子就没什么用了，但是并非对每个女性都立刻无效。最近的研究指出，异卵双胞胎有时是女性隔了一两天之后所制造出来的两个卵子与精子结合的结果。因此，有时候这两个卵子是分别在两次不同的射精中受孕的。当然，通常这两次射出的精子都源自于同一位男性，这往往就是女性的长期伴侣。但是约有1/200的概率，异卵双胞胎是由不同男人前后两次射出的精子所产生。最显著也最常会被新闻报道出来的就是，双胞胎竟然拥有不同的种族肤色。

所以，对于这些会生下异卵双胞胎的女人而言，怀孕头一个星期的性交不但是要让伴侣更肯定其父性确认，也是要让第二个卵子受孕。借此机会，女性的行为有时可以隐瞒两个卵子是与不同男人的精子结合的事实。这中间会隐含着冲突——它不只是女性和伴侣之间的冲突，也是两个男人及他们的精子之间的冲突。

在怀孕期的种种情况中，我们似乎都可以发现各式各样的冲突，即使我们一点也不期待见到这些冲突发生。看了接下来两个场景里有关害喜和分娩的种种麻烦事，诸位读者就知道我此言不虚了。

场景6 害喜

女人的背重重地靠到浴室墙上。现在是凌晨两点半，这是今晚第五次了，宁静的空气中响起冲水马桶的声音。从浴室走回房间时，她站着看了一下熟睡中的伴侣，突然感到心里很不是滋味。她像个可怜虫，可是伴侣却睡得很香甜，虽然伴侣不能替她承受痛苦，但至少可以醒过来安慰她一下吧。

女人故意又冲了一次马桶，不过这次却让门开着。她想，也许应该回到浴室，把水流的声音再弄大一些。她幻想着接下来可能会发生的一幕。男人红着眼睛出现在浴室门口，眼里含着泪水，然后问她是否一切还好。她当然会说很好，除了背痛、头痛、不满的情绪以及几乎不断地需要小便（事实上大部分症状她都曾经被提醒过）以外，她也预料到在怀孕的最后几个星期会有这些症状。是的，自己会很好，男人何不上床去睡呢？男人会尽力让自己清醒过来，会关切地问女人有没有他帮得上忙的地方。她会开始后悔捉弄他，对于叫男人起床感到不快。老实说，没有什么忙是他帮得上的。男人会迟疑地看着她一两秒，直到女人也看着他，无辜地笑一笑，然后走回卧室。当她听到男人爬回床上时，她会关掉灯，像他一样回房。

当她关上卧室的门时，窗帘的缝隙透出街外车灯的亮光，打断了她的思绪。先前委屈的情绪渐渐平复，她突然觉得很疲倦。轻轻地爬上床后，她很庆幸自己并没有吵醒伴侣。

怀孕后，上下床对她来说不再是一件容易的事，不过她也慢慢地适应了。背伸直，用手臂支撑自己，悬空双腿，然后弯曲膝盖坐上床，放低背部靠到枕头上。背上的肌肉拉扯的感觉提醒她不可以仰睡，俯睡也不行。事实上，唯一舒服的姿势就是侧躺且蜷着身子，让大腿碰到便便大腹的下缘。当她移动时，伴侣醒了，他转过身来帮她抬一下膝盖。她小心地调整姿势，黑暗中她感到温暖又放松，意识也逐渐模糊。几分钟后，男人转过去，把手从膝盖上拿开，好让她的腿能更弯曲一些。这时她终于进入梦乡。

女人对于怀孕没有特别的计划，她只是觉得有一天要生小孩，但并不是特别想生。她的生物钟已经开始提醒她了，但她却说服自己还有足够的时间，不急着怀孕。对她来说，做妈妈像是在黑暗中大步跳跃一样，一旦怀孕了她就得顺从。不过，如果怀孕可以证明她的生育能力，她倒是乐于一试。

怀孕的头几个星期倒是没有什么变化，除了胸部胀痛和其他一些小毛病外，身体跟平常没有两样。她发现自己在屋中的每个月历上画下预产期的日子，好提醒自己身体上的变化，像是要让自己觉得事情与以往有所不同似的。她开始跟几个工作上的同事分享最新的怀孕消息，并宣布整个孕期她将持续不断地工作，直到最后几周。女人觉得既轻松又兴奋，杂志上柔焦效果的婴儿照片所散发出的光辉和气氛，让她非常期待小生命的到来。她开始注意路上其他孕妇，突然发现好像到处都是新生儿。她注意到婴儿们如绸缎般的头发和奶油般的肤色，讶异他们有时也会突然狂乱尖叫。

大约怀孕后第6个星期，她突然开始反胃。有一天晚上醒来后她感到非常饥饿，于是下楼吃了一些零食，好满足自己的饥饿感。不过，这种夜晚的觅食逐渐变成大部分的时间都在反胃，不论白天或晚上，这种感觉很糟。她多么希望这种反应只出现在早晨。

她完全失去食欲。确实，吃东西变成一场严酷的考验，即使吃完会让她感觉好一点，可那也只是暂时的。看到或想到食物都会让她不舒服，嗅觉也开始变得灵敏。工作时她可以闻到四层楼下面员工餐厅的味道、街上餐厅飘出来的味道、超级市场里红酒的味道，这些都让她闻了就想吐。她的体重开始下降，痛苦的感觉占据了生活的全部。

为了寻求安慰，她向已经当妈妈的朋友们咨询。她们告诉女人，这种痛苦应该不会超过头三四个月。然而，她们也听过整个怀孕期都感到反胃的例子。女人被吓到了，她觉得自己一定会持续9个月都这样。她的伴侣能做的也就只有当她反复在浴室呕吐时，抱着她的头以及持续提供果汁和矿泉水，即使需要自己半夜跑出去买。他也必须耐心地忍受一再重复的相同对话：她说她厌烦了这一切，而他只能告诉她很快一切都会过去的。

接下来的几个星期，她开始感到长期累积的虚弱和疲倦。早上甚至连起床的力气都没有，晚上又好像喝醉酒一样感到疲倦，一回家就想躺到床上休息。整个周末她都蜷缩在沙发里，反应也变得迟钝。这是有生以来第一次她需要清单或便条纸来提醒自己，连日期和时间都记不清楚了。工作上，她也不像从前那样清醒、自信。她开始觉得沮丧，仿佛腹中的小生命已经耗尽了全部的力量，威胁着她的安宁，好像他的成长要她付出生理上同等的代价。她在日记上写下悲惨的细节，不过总算也记录了情况比较好的时候。

大约在第十四个星期时，她觉得情况开始好转。渐渐地，她的胃口好了起来，精力也恢复到正常状况。事实上，除了早上会觉得下背部有点疼痛以外，她开始觉得其他一切都还不错。她买了新衣服，伴侣为她逐渐隆起的肚子拍照留念，腹中的胎儿也开始“拳打脚踢”。

好景不常，几个星期后，背疼变得更加严重，子宫也开始尖锐地疼痛。有一天早上，她因为流血而冲到浴室，像是被催眠了一样，惊呆了几秒钟后才反应过来。她伸手抓了一条浴巾，用大腿夹住，隔着浴室的门大喊，叫伴侣赶快过来。他们等了一会儿，然而女人的子宫好像更痛了，于是决定到医院去就诊。在路上，女人发现她没有想到小孩，只想到自己。如果这时候流产，表示一切还要从头再来一遍。怀孕20个星期，最后却换来如此下场。只有悲惨，什么也没有。

在工业化国家的文化里，传统意义上来说，怀孕是一个非常浪漫的神圣使命。女人负责完成这个任务，在温暖的子宫里安全地孕育全新的个体，直到小生命降临到世界上。对于少数女人而言的确如此，但对大多数女人而言，事实却相去甚远。本场景中的女人怀孕后经历的种种，痛苦大于欢乐，她的态度也比较像是坚忍痛苦，而非平静愉悦。

为什么女性的身体会被预设为必须经历这9个月的痛苦，而且不只一次，为了建立家庭还要尽可能地越多次越好呢？乍看之下，自然选择会让怀孕这一如此基本的事情变得有伤害性，是很奇怪的。但是有一种解释：每次怀孕需要付出的代价就是投入战争。女性的身体就是战场，而且这时候自然选择会站在每个参战方一边。

如果战场是在女性的身体内，那么谁是战士呢？从表面上看来，这样的对抗好像一定处于小孩和母亲之间。然而事实上，这场战役是一场实实在在的基因之战，双方的军队就是父亲和母亲的基因配对组合。很快，战争就在父方精子上的23对染色体中展开，而此时母亲的卵子也带着23对染色体。

人类的每个染色体都是一串呈螺旋状的脱氧核糖核酸（DNA），它由数百万个氨基酸分子排序组成。这就是我们的基因密码，这些基因密码会传输命令，告诉受精卵如何发展和形成各个器官，它们也会让每个个体在结构、生理和行为上都是独一无二的。在军事演练和结盟中，父方的每一条染色体都会与来自母方的染色体配对，然后结合。更引人注目的是，每一个父方的基因会与来自母方控制相同性征或功能的基因相配对。例如，父方决定眼睛颜色的基因会与母方决定眼睛颜色的基因配对，决定发色、癌症和性别等的基因也都会找到各自相同的控制基因，并配对结合。

当然，父方与母方的基因有可能是相同的。例如，也许精子和卵子都在适当的染色体上带有棕色眼睛的基因；也许双方的染色体上都带有抗乳癌的基因，而没有致癌可能的基因；也许两者都有着成为异性恋者的基因，而没有双性恋倾向的基因。这样一来，父方和母方的基因就不会在小孩身上产生冲突。小孩长大后会有棕色的眼睛、有抗乳癌的能力，而且会是一名异性恋者。

不过一般说来，父方与母方的基因不一定相同。也许精子带有蓝眼睛的基因，而卵子却是棕色眼睛的基因。这就产生了一些冲突，但不是很多。从父母繁衍成果的角度来看，孩子是蓝眼睛或是棕眼睛并不是什么大不了的事情。真正的冲突是，两者之中只能选择其一，不能并存。在演化过程中，当这两个基因相遇，双方即会达成心照不宣的协议。例如，如果蓝眼基因的影响力较小，则最后小孩的眼睛会是棕色的。（事实上，人类眼睛颜色的遗传并不像我所举的例子那样简单，眼睛的颜色同时牵涉好几种不同的基因，因此眼睛的颜色有可能从淡蓝到深棕色不等。通常蓝眼基因会向棕眼基因让步，而我举的例子已经足以说明基因合作的一般原则。）

另一方面，也有一些基因没有办法友好地合作。有时候，到底是他还是她的基因占上风，对于父亲或母亲来说的确事关重大。这代表着小孩的身体现在变成两组基因的战场。这种冲突源于男性和女性各自寻求达成最高的繁衍成果的方式不同，双方都试图将他们的繁衍成果最大化，但是各自却以不同的方式进行着。后面我们还会更详尽地讨论，在此为了有助于了解，仅做简单介绍。

一个女性的繁衍成果，可以借由繁衍出最理想的子女数量来完成。因此，女性面临的最大挑战就是，一开始就要在她所处的环境下找到最适宜的家庭规模，然后确保自己实际上能繁衍出数量相符的后代。即使如此，她还需要做一件事以增加对后代的贡献：她必须多方留意、选择后代的父亲，以选出最好的基因和最佳的伴侣。从演化生物学的观点来看，女性如果能够和带有优良基因的男性结合受孕，将会繁衍出优秀的后代。而且，与一个具有优良基因的男性结为伴侣，女性将获得更好的机会把小孩扶养成健康、有生育能力且具有竞争力的成人。

相反，理论上男性可以拥有无限多的后代，他唯一的限制在于如何找到足够的女人为自己繁衍后代，而且这些女人还要做好独自扶养小孩的准备。因此，只有那些拥有较多资源或优秀基因的男人，才可以吸引更多女人的“性趣”，也只有他们才能设法拥有更多的后代。最著名的是前摩洛哥国王的案例，虽然事实并不像他自己所宣称的那样，所有888个小孩都是他的亲生子女，但即使有部分女眷出轨，我们仍可以假设他在繁衍上的成果的确高于平均值。撇开如此极端的例子不谈，一般男人会跟那些想繁衍与平均值差不多后代数量的女性在一起。不过男人的原则很明确：无论男人要找到一个可以帮他繁衍后代的女人有多少限制，他都不需要只靠一个女人的身体来达成繁衍成果。女人则不同，她需要靠她自己的身体繁衍。一旦女性不能再生育小孩，就意味着她繁衍生命的结束。然而，如果男性的伴侣变得不孕，他还可以试着找另一个女人替他生孩子。

男性与女性不同的限制就决定了，女性的基因对于将来怀孕与生产的事情，必须比男性更加小心。考虑到腹中胎儿对下下一代繁衍成果的贡献大小，母方的基因会权衡子宫里的这个孩子是否有助于繁衍下下一代。她的基因会一直想方设法增加其后代子孙的数量。如果现在的怀孕会影响未来繁衍的能力，她的身体可能会决定不要这个孩子。

父方的基因当然也想将其子孙的数量最大化，但因为他的繁衍成果无须依赖同一位女性帮他连续完成，因此他的基因会比较“英勇”，会不顾一切地让母亲子宫中的孩子尽可能出生。相对于女性来说，男性的基因会让女性的身体承担更多的风险。

在讨论这些风险的本质之前，我们需要了解胎儿在两组基因之间有哪些选择。之前已经讨论过精子在女性输卵管中跟卵子受精的情况，现在让我们接着从受精卵开始分裂谈起：单细胞的卵子抵达子宫后，如何变成一个由几百个细胞所组成的胚囊（多次分裂后的受精卵）？

母亲的身体为了迎接这一群微小细胞的来临，会将子宫内膜增厚，并加速血液的提供。如果卵子已经受精了，胚囊会在进入子宫后2～4天于子宫内膜上着床。在等待着床的过程中，胚囊可以从子宫内膜的分泌物中获取养分，这些分泌物就是所谓的“子宫牛奶”。胚囊会在表面形成特殊的滋养层（此为胚囊的外层细胞，帮助受精卵固定于子宫内壁，之后会形成胎盘，但不参与胎儿的发育），这种外层细胞会分泌酵素来消化溶解子宫内壁的细胞。之后，滋养层细胞会快速增加，并且侵略、吞噬、消化更多的子宫内膜细胞，然后开始形成一半的胎盘。这种在子宫内膜上的“侵略”叫作着床。一旦着床完成，父方与母方的基因大战才会开始。

人类的怀孕期平均来说大约是270天。在这期间，母亲与胎儿透过胎盘进行化学上的“沟通”。胎儿的半个胎盘与母亲的另一半胎盘（它是从滋养层细胞侵略子宫内膜的那一点开始形成）会相互接触和缠绕，两者的血管和薄膜在表面区域上展开大规模的接触。这种血管与薄膜的交错网络组成了整个胎盘，胎儿凭借脐带（约有50厘米长）与胎盘相联结。透过脐带和胎盘，养分能从母体传送到胎儿身上，胎儿新陈代谢所产生的废物也通过两者传输到母亲身上。胎盘薄膜既是重要的化学通道，也是极为重要的屏障。它们的任务是经过几百万年哺乳动物的演化传下来的，也就是要让有益的化学物质通过，同时防止可能伤害母体或小孩的化学物质进入。譬如，胎盘就有效地防止了母体与胎儿双方免疫系统的相互排斥，避免误以为对方是外来的入侵者。

*

从上述情况来看，怀孕好像是母亲与胎儿之间的合作，他们彼此都不曾尝试做任何事情去伤害对方。胎儿很好地成形、发育并且存活下来，这是符合三方利益的——孩子、母亲和父亲的利益。冲突的发生是因为父方与母方的基因对于母体应该承受的风险程度无法达成共识。父方的基因希望母方的身体少顾虑她自己的未来，而是为胎儿竭尽全力；母方的基因却希望有一个较安全的折中方案。

第一个可以侦察到的战争讯号是发生在母亲身上的孕吐现象。大约有70%的女性都会经历某种程度的孕吐，虽然它最常发生在早上，不过就像本场景中的女人所经历的情况，它也可能发生在一天中的任何时间。通常情况下，从怀孕后的第12个星期开始，症状会有所减轻。不过，有50%的女性在第15个星期后依然有反应，还有15%会不幸地在整个怀孕期都有反胃的情况，剩下5%会真正地呕吐。

虽然母亲因为孕吐付出了代价，但这却保护了胎儿。这也是父方基因作战计划的一部分。为了便于理解这种情况，我提出发生于美洲的一些现象来说明。在北美洲，大约有10%的孩子在出生时就有某些缺陷。这些缺陷有些可能是轻微的，比方说听不见；有些则是比较严重的，像是四肢发育不正常。有些缺陷的成因很明显：通常是由遗传性疾病造成的，或者是因为母亲在怀孕期间不当服用药物；但仍有2/3的情况发生原因不明：有一种可能是母亲摄取的食物中含有毒素，比如咖啡。工业社会里的女性突然地对咖啡感到厌恶，就是怀孕的一个最早期征兆。

婴儿的器官主要会在怀孕的前三个月内发育，在这之后就是成长期了，所以胎儿发育不正常通常是由于头三个月里的某些原因造成的。母亲的身体能很快感知到胎儿不正常的发育，如果发现不对劲的事，通常就会自发地做出流掉胎儿的反应，好尽快准备下一次的受孕。在女性怀孕头三个月流产的案例中，有很大的比例是因为胎儿有某些畸形发育。

经历过孕吐的女性比较不可能流产，如此假设是因为孕吐从某些方面来说是在保护胎儿，帮助胎儿远离那些会妨碍发育、加速不正常发育而导致流产的化学物质。胎盘或多或少能有效地过滤掉有害的化学物质，但其最大的功能在于过滤掉一些大分子。因为胎盘必须让养分与废物在母体与胎儿之间流通，所以便无法阻止许多小分子进出，而这当中有很多物质对胎儿是有害的。此外，母亲的身体如果要维持良好的健康状况和保持体力，饮食上的一些要求就是必然的。其中最重要的就是必须让大脑好好吸收营养，好让它在怀孕期间与之后都能够正常运作。父方的基因如果放任胎儿吸尽养分，以致造成母亲脑部损伤，无疑是自取灭亡。

从营养上来说，怀孕头三个月的饮食就像拉紧的绳索，对胎儿最佳的营养组合不见得就是对母亲最好的。事实上，母亲所吃的食物中的毒素可能对胎儿发育造成很大的危害，对胎儿来说最安全的选择就是母亲完全不吃东西。母亲会慢慢地消耗自己体内无毒的脂肪和其他储备养分，同时经由血液循环流通这些化学物质，让胎儿透过胎盘吸收其所需的养分。在饥荒地区进行的研究显示，上述状况的确有可能发生。胎儿留给母亲的养分刚刚好足够供给她脑部所需，但是剩余的养分都留为己用。如果母亲在怀孕期间变得消瘦，胎儿出生时的体重相对地也会有所增加。然而，除非母亲在怀孕之前就有多余的养分储备，不然这样对母体是不利的。

本场景描写父方与母方基因之间的重要对战。父方的基因（在胎儿体内）试着操控女性，使她进食和消化极少的食物，这在某种程度上对胎儿是好的；母方的基因（在她自己体内和胎儿体内）试着在最利于胎儿和最利于自身未来繁衍的两种情况中找到平衡点。父方基因借由胎儿释放到母体血液里的化学物质，来达到操控她的目的。这就引发了母体内雌性激素、黄体素和其他激素的变化，进而影响食欲、味觉和嗅觉。结果就是胎儿会让母亲偶尔改变胃口和食物偏好，而且当她真的吃到或喝到对胎儿不好的东西时，就会反胃、呕吐。

撇开所有这些防御性的活动，有些毒素的确常常会通过母亲的身体而没有被侦察出来。对母亲来说，当胎儿还小的时候就流产，然后重新孕育新的胚胎，会比冒险生下发育不全的婴儿要好得多；而父亲可能会因为死亡、被遗弃或伴侣出轨而使得他再也不能与伴侣一起繁衍后代。所以对父亲来说，一开始就防止毒素通过母体来保住胎儿是较好的——这就是孕吐的用处。当父方基因占优势时，母亲就得受苦，而胎儿则可以尽可能地吸收到最好的养分，也比较不会被流掉；当母方基因占优势时，孕吐就会减轻，然而母亲与胎儿的妥协反而容易造成流产。

本场景里胎儿体内的母方基因输给了父方基因，所以女人在怀孕初期的头三个月才会感到如此严重的不适。假如实际上我们并不知道她将保住孩子，那么可能会臆测她之前忍受的所有痛苦全都白费了。我们可能会认为她的身体已经侦测到胎儿不正常发育，而决定流产。不过谜底很快就会揭晓了，我们接下来要看看在女人大量出血被送去医院就诊之后，发生了什么事情。

场景7 分娩

在医院待了36个小时之后，女人出院回家。她的胎儿保住了。超声波扫描无法解释她出血的原因，但是至少确认了胎儿的大小很正常，也显示出他很健康、好动。

接下来的几个星期一切安好，可是上次差点流产的经验使女人很不安。突然间，怀孕似乎变成一件脆弱且不堪一击的事，而流产从那以后也时常出现在她的脑海中。每天晚上，她会在日历上当天的日期那里打个叉，好让自己知道离小孩出生的日子越来越近，然后在想着小孩出生过程千变万化的情景中睡去，在一点点子宫的阵痛中醒来。

随着胎儿逐渐长大，女人也觉得越来越不舒服。虽然他们已经买了一些额外的靠垫和一个软骨头坐垫给她用，可是最近每逢傍晚，女人总是会因为双腿上奇怪的“跳跳”感觉而痛苦。她被迫绕着房间踱步和跺脚，并轻摇双脚来消除这种不适。她的胸部变得又痛又重，而且大多数时候她都感到心痛。虽然女人看起来不太臃肿，可是肚子里的胎儿发育得很不错。当胎儿在肚子里动来动去时，女人感觉痛苦多于快乐。现在女人已经怀孕38周了，胎儿夜里的蠕动让她辗转难眠，而他的动作是如此猛烈，以致子宫内痛不可当。她膨胀的肚子使得腰部皮肤绷得很紧，因此可以感到胎儿的触动。最糟的是，她的背痛几乎伴随整个怀孕期，而且越来越严重。最近有好几次，尤其是早晨起床时，她几乎动弹不了。她的伴侣必须轻轻地扶她下床，还要帮她穿上内裤。

这天早上，女人打算去见一位预产期也近了的朋友。她们两人在附近咖啡馆买了热茶，计划到公园里散散步。女人的朋友心情很好，大半的时间都是她在讲话。对于她的朋友来说，怀孕没有什么，她从一开始就觉得健康且充满信心，没有任何反胃、疲倦或背痛的症状。事实上，朋友坚称她没有感觉比现在更好的时候了——不仅充满活力，而且感觉轻松自在，无比期待地数着离当妈妈的日子还有多久。

女人不禁感到微微的忌妒。“怀孕显然适合你。”她冷冷地说，这时她们已经在公园里走了大约1/4圈。对女人来说，散步是一种压力。腰部的拉扯更剧烈了，这使得她气喘吁吁。她的腿很痛，往下瞥一眼双脚，她相信自己的脚也正在抖动。她说服朋友走到距离最近的长板凳，然后重重地坐下。没过多久，在咖啡馆里，女人承认她迫切希望分娩那天快点到来。

两个星期后，电话响了。在拿起话筒之前，女人就已经猜到是谁打来的了。一秒钟之后，话筒中果然传来朋友的声音。朋友用疲倦但兴高采烈的声音述说分娩的细节和她儿子的诞生。虽然他出生时个头儿有点小，但总算顺利地诞生，她甚至不需缝合。她希望隔天就能够出院回家。

女人把话筒放回去，重重地叹息，好让她绷紧的脸孔放松。她知道自己并没有表现出为朋友高兴的声音，虽然应该这么做，但是此时此刻她却做不到。女人的预产期已经过了10天她却还没生，这让她感到很忧虑。最近这几天她觉得很不舒服，血压也有一点高。一开始，别人都叫她放轻松一点。接着，她开始感到持续性地头疼，脚踝也开始抖动，不得不上床去休息。而且别人跟她说如果情况继续恶化，她应该到医院检查一下。

女人拿起一本杂志，开始乱翻，希望有什么东西可以让她转移注意力，但是这一点也没用。女人把杂志放到一旁，慢慢地下床，然后走到窗户边，看见一只猫正在穿越花园。她还不想休息，于是离开窗户边，走到已经布置好的育婴室，这已经是今天第三次了。期待的气氛环绕着这个明亮、洁白、无垢的房间。她拧紧吊在婴儿床上的旋转玩具的发条，开始想象有一个婴儿抬头看着那明亮多彩的小丑娃娃不停旋转。可惜这个画面来之不易。

事实上，女人又多等了一个星期。她的羊水在那天一大早就破了，分娩终于开始。她非常激动地坐在浴室，用一条毛巾围着自己，这时她的伴侣跑去将车子退出车库。之后，一路上女人只记得每个红绿灯都好像存心跟他们作对，其他的什么也记不得了。当她被安全地安置在产房后，她的分娩过程进行得很快。快到中午的时候，她感觉筋疲力尽、虚弱不已。

虽然注射了镇静剂，也用了氧气罩，可是子宫收缩比她想象中的更痛。她流了一身汗，所以请护士帮她脱掉睡袍。氧气罩的边缘在她的脸颊和鼻梁上留下红红的痕迹。她的嘴巴和嘴唇都很干。时间慢慢地过去，她越来越意识不到周遭所发生的事情。当麻醉药发挥效果后，她渐渐地陷入深沉的昏迷，不知道时间过了多久。她意识到人们在房间里走来走去，但是他们的声音却似乎很遥远。有一刻她朦胧地感觉到一些医学院的学生正盯着她张开的双腿之间。在分娩的第二个阶段，剧烈的收缩让她短暂地失去意识。产下和推挤胎儿出来的冲击力消耗了女人所有的体力。晚上6点小孩终于生出来了，分娩的过程长达17个小时。接生的护士告诉她，孩子有4.5公斤重。

之后，女人才慢慢知道自己分娩和生产的全部经过。以第一胎来说，她的女儿太大了，所以生产过程才会那么困难。而且最后还有点危险，B超机屏幕上几度显示胎儿出现痛苦的状况，女人的子宫也有一些损伤，医生因此考虑剖官产。幸运的是，她的宝宝很健康，最终通过了严苛的生存考验。一旦女人开始哺乳，她的女儿就会一天比一天更为强壮。

相较之下，女人自己的健康和体力就没那么好了。医生警告她，她的子宫因为遭受了一些损伤，将来可能很难再生育其他的小孩。后来的事实证明，医生的确说对了。虽然在接下来的10年间她怀孕3次，不过全都流产了。当她四十出头时，还因为经常性出血而动了子宫切除手术。

不管女人后来发生了什么事，她的女儿始终是她力量和欢乐的源泉，尤其是女人的伴侣后来跟别的女人另组家庭之后。这对母女一直都很亲密，甚至在女儿青春期时也没有改变。在女儿离家念大学时，她们还常常见面，对于彼此的陪伴都感到很开心。她们常说，她们俩比较像姐妹。后来，女儿成功地找到一份好工作，也有了自己的家庭，而女人则成为一位非常疼爱4个漂亮孙儿的祖母。

在场景6中我们曾讨论过，场景中女人的基因在对抗害喜现象的战役中吃了败仗。接下来，女人将面临更大且在很多方面来说都更为重要的战役——继续与父方基因作战。如同我们现在所看到的，在场景7中女人再一次因为男性与女性各自追求不同的繁衍成果而失去了伴侣。

在整个怀孕期间，胎儿被包在一个坚韧的羊膜囊内，在羊水中浮动着。之前提过，子宫颈的存在使得子宫被细菌入侵的机会大大减少，因为子宫颈上的黏液又厚又浓稠，充满了细胞残余，几乎没有东西能够从阴道穿越它而进入子宫。子宫颈上强壮的纤维壁，也能够帮忙承受住子宫里的胎儿。不过当生产时刻来临的时候，子宫颈壁必须软化且更有弹性，耻骨必须稍稍张开，羊膜囊也必须破掉，这样胎儿才能够从子宫颈往下推，沿着阴道出来，离开女人的身体。

自然选择已经预设好，让女性在自然生产的过程中能够尽力做到最好。即使如此，生产过程中母体内大规模的延伸、变宽、推挤和连续性的撞击都是很危险的过程。在生产过后，母体必须把胎盘排出，以便子宫内膜能够复原，体内的各个器官也因此能够恢复到怀孕之前的状态。如果恢复得很好，那么女人就可以在下一次怀孕时重复以上过程；如果不好，那么就会像本场景中的女人一样，再也无法生小孩；最糟糕的情形是她甚至可能在生产过程中死亡。可是为什么自然选择会让女性在最关键的时候失败呢？答案是，虽然自然选择为女性做了最好的准备，但同时也为男人做了准备，这就是两者在长期繁衍利益上的冲突。

当然，如果母亲死亡，其配偶及小孩，没有人会受益。在某些国家，例如孟加拉共和国，当母亲死亡时，婴儿也会死亡的比例高达75%；当母亲在生产中变得虚弱而无法照顾小孩时，也没有人会因此受益。然而，也有一种不那么极端的情况：虽然母亲未来的繁衍能力已经被破坏了，但已经出生的这个孩子却是将来所有可能性的最佳起点。举例来说，女性可能为了这个孩子的最佳利益而在生理上、情感上和实际生活上都全力以赴，以致自己生病或不孕而无法再生育其他孩子，但这样的结果反而成就出理想的家庭规模。据推算，每当一名女性在生产中死亡，约有30个人会受伤和受到感染，其中很多伤害和感染是痛苦的、难以对付的和持续终生的。很显然，这些伤害和感染不利于母亲的繁衍成果，但却未必会给父亲带来坏处。就像本场景里的女人，她尽可能地把孩子成功生下来，而男人却离弃她且试着与其他女人重复繁衍的过程。我们又回到了父方与母方的基因战争了。

婴儿是否能存活下来的一个重要的因素就是他出生时的体重，重一点的婴儿较易存活。即使到了现代，在工业化程度和医疗水平都很发达的国家里，出生的体重仍然对于婴儿存活率和抵抗疾病的能力有很大的影响。举例来说，1994年在英格兰和威尔士：婴儿出生时体重低于1.5公斤的有1/5在出生第一年内死亡；体重达到3～3.5公斤的，在出生第一年内死亡的概率只有1/400。出生时体重过轻的婴儿即使活过了第一年，他的一生也总是处于不利的状态。在美国，出生时体重不足2.5公斤的婴儿在3～5岁生病，且必须治疗的概率是正常体重（大约3.3公斤）婴儿的2倍，他们在学校里的表现也会较差。这些婴儿中的女婴长大后，也较可能生下体重过轻的婴儿。从第三世界国家的情况和人类过往的历史及演化历程来看，出生时的体重对于后代将来的生存、成就与繁衍能力都有着深远的影响。

胎儿的大小无可避免地会影响女人的繁衍数量：体型大一点的胎儿在生产时对母亲来说会比较危险。因为出生时的体重关系到孩子未来的幸福，所以这就变成父方与母方基因大战的主要导火索。一方面，母方的基因试着限制胎儿的大小，这样胎儿既可以尽量成长，也不至于大到超过母体所能承担的范围；另一方面，父方的基因会尽可能想要增加胎儿的体重，即使母亲可能因此遭受将来无法再生育的危险，不过也不会大到让母体真的无法承受。

有两个因素可能造成婴儿在出生时体型较大：一种是胎儿在母亲的子宫中生长得较快，一种是胎儿在母亲的子宫中停留得较久。当然，这两种情况也可能同时存在。为了长得更快，胎儿的半个胎盘必须更具侵略性，他必须冒着母亲健康和安全被损害的风险尽量地吸收养分（不管母亲的身体吸收了什么或吸收了多少）。为了停留更久的时间，胎儿必须巧妙地控制母亲的激素，让分娩晚一点开始。

当胎儿还在母亲子宫里的时候，这场父方与母方的基因之战有一些较简单的目标：父方的基因会巧妙地操控胎儿，让他能够更快地从母亲的身体里吸收更多、更好和更安全的养分，并且让胎儿在子宫里停留得越久越好；母方的基因则试着让胎儿不那么有决定权，也不那么顽强，让她对自己的身体有更多的掌控权。如果父方的基因占了优势，母亲在怀孕期就可能比较受苦，也可能延迟生产，分娩时也会比较困难，但是她会生下体型较大且更具生存力的婴儿。如果是母方的基因占优势，她将有一个较舒服甚至平稳的怀孕期和分娩过程，但是婴儿体型会较小且不利于他生存和生育。不论如何，对母亲来说，她还是希望自己将来能够再生育其他的小孩，因为这将最有利于追求她自己的繁衍成果，而不是其配偶的。

随着怀孕期尾声的到来，基因战争进入了最后阶段：应该何时分娩。胎儿留在母亲子宫的时间越久，他的体型也就越大，在生产的时候母亲也就更加困难和危险。父方的基因希望能延长怀孕期，试着让母亲的身体尽量供给胎儿营养，直到胎儿的体型大到母体所能承受的极限为止。母方的基因则试着去判断胎儿是否已经够大而足以存活，但又不至于大到损害自己未来的繁衍能力。

这场战争发生在母体内，而且是在胎儿的控制之下。当胜负已定时，胎儿就会向母亲发出时候已到的信息。在对羊、马的研究和一些对人类的观察中发现，脑部发育不完善的胎儿无法如期分娩，由此可以看出分娩是由胎儿启动的。胎儿，或者说胎儿的半个胎盘，在生产前几个星期还是持续地增加重量。一旦达到适当的重量时，胎儿的部分脑部会制造激素，这种激素会经由胎盘进入母体，引发母体的激素启动分娩程序。如果胎儿脑部的关键性部位受损或残缺，分娩就无法开始，怀孕状态就会一直持续着。以羊为例，其怀孕期可能会持续到相当于人类怀孕的15个月之久，如果没有医学的介入，相似的状况也会发生在人类女性身上。

随着婴儿呱呱坠地，谁最终赢得了这场婴儿战争呢？在每对伴侣身上和每次怀孕的过程中，最后的赢家都不尽相同。本场景中的女人很明显地输掉了这场特殊的战争。她的身体已经到极限，虽然她的小孩因此具备了很好的生存机会和未来的繁衍能力，但女人繁衍其他后代的能力却丧失了。另一方面，女人的朋友在波涛汹涌的基因之战中平稳地度过怀孕期，她的基因战胜了伴侣的，而她将来也能够有更多的孩子。然而，女人朋友的儿子在繁衍成果方面，可能不如女人健康的女儿那么成功。

父方与母方基因决定后代体型大小的战争，亦可见于所有的哺乳动物，而不是只发生在人类身上，在怀孕期和分娩过程中遭受的痛苦也是一样的。事实上，上述两种现象都演化自距今约6000万年前，最早具有胎盘的哺乳动物身上——这些动物在其体内孕育下一代。当演化促使雌性能借由体内胎盘的形成来保护和孕育胚胎时，父方的基因也就被赋予一种奇特且强势的能力——能够影响其后代的成长与存活。在整个演化过程中，两方基因之间持续不断的战争就像是一颗越滚越大的雪球，直至今日仍存在于每个人类母亲的体内。

*

对所有雌性的哺乳动物而言，怀孕和分娩意味着一生中最危险的时刻。其中，我们最同情的是雌性的非洲斑点鬣狗，因为相较于人类，它们似乎是演化最残酷恶作剧下的受害者。为了保住母鬣狗在另一种两性战争中的利益（在一个具有高度攻击性的社群里竞争食物和生存空间），演化增加了母鬣狗子宫内雌性胚胎的雄性激素。虽然此举增加了母鬣狗在生存空间、掠食和社群地位上的侵略性和竞争性（这些是它们能繁衍成功的重要因素），而且让最高社群地位的母鬣狗比最低地位者多出更多的成功机会，不过它们也为此付出了代价。

由于雌性胚胎暴露在雄性激素之中，演化将母鬣狗的阴蒂和周围组织，塑形成几近阴茎和睾丸的完美复制品。这些雌性性器官变得能勃起，也能够用来散发气味做记号，就跟雄鬣狗所做的一样。这种完美模仿的结果是，母鬣狗必须从阴蒂产下胎儿。当母鬣狗第一次以直径仅约2厘米宽的阴蒂通道产下头围约6 ~ 7厘米的胎儿时，阴蒂会破裂。生产过程往往会相当困难，以致胎儿会留在阴蒂中30分钟之久才被产下。几乎有半数的母鬣狗在第一次生产后代时会遭遇极大的困难，其中有90%可能因分娩而死亡。

相较之下，主要得感谢医学上的协助，现在的工业社会里仅有很少数的女性会因生产而死亡（大约是1/2000）。但在20世纪初，生产还是一件会危及女性生命的事，就像现在第三世界国家所遭遇的状况一样。举例来说，在非洲大约有4%的女性在生产的时候死亡，在南亚洲的比例大约是3%，在拉丁美洲大约是1%。此外，每有一名女性因生产死亡，约有30人可能受伤和遭受感染。根据联合国儿童基金会的资料，从怀孕相关因素而导致伤害和残疾的医疗费用来看，这是世界上最被忽视的健康问题。一年当中可能有超过1500万的女性是"母体罹病"的牺牲者，而现今世界上约有上亿的女性，曾经或正为怀孕或分娩时未受妥善照料而产生的伤害所苦。

如同这些数据所显示的，怀孕和分娩即便不危险，也会处处令人感到不适。女性和男性普遍认为怀孕生产不是什么大不了的事，所有女性都应该能够在任何时间、任何地点顺利生产，然后恢复正常的生活。他们之所以会有这种想法，是因为怀孕的本质一直被误解。假如怀孕生产真的只是母亲与胎儿两个人之间的事，也许这种普遍的期望就能被理解。但它并不是这么一回事。既然这是一场父方与母方基因之间的战争，那么怀孕生产永远就只能是一件极具风险的事。

BABY WARS

04

婴儿战争

场景8 哺喂母乳

在女人真正清醒之前，那种像动物般的号啕大哭已经响了很久。这声音慢慢地侵入梦中，然后她才渐渐醒来。几乎是本能地，她知道这是她孩子的哭声。虽然她的儿子才生下来不到两天，但是她已经可以分辨儿子与病房里其他8个婴儿哭声的不同。女人小心地避开水杯，打开床头灯，小心翼翼地下床。地板对她的脚而言很暖和。正在找拖鞋的时候，女人注意到自己的脚踝仍然相当肿大，她不知道还要多久才能够穿上她的鞋子。

婴儿睡在女人床脚边一张透明婴儿小床里，他的小脸痛苦地皱成一团，双手紧握着。他不停地哭，直到女人把他抱起来才停止。女人抱起婴儿时，他正因为激动使力而温热、发抖，他把头转向女人，开始找乳头喝奶。

女人瞥了一眼病房里对面的妇女，她把她的宝宝放在膝部的枕头上面，蜷着身体贴近小孩。他们看起来很舒适，女人决定如法炮制。目前为止，她还没有找到一个舒服的喂奶姿势。这个方法出乎意料地好用，婴儿可以稳稳地咬住她的乳头，吸得很快。孩子的小手放在她的胸部休息，眼睛则睁得大大的，好像非常专心的样子。

慢慢地，女人也开始放松，这是她第一次能够乐在其中。婴儿开始在每次吸吮之间暂停一下，一两分钟后他的眼睛就闭上了，嘴唇也放开了。终于，婴儿的脑袋从她的胸部垂下来。她那深红色、被拉长的乳头上还渗出一些奶。擦掉婴儿嘴边的奶，女人小心地把他放回床上去睡。然后，女人悄悄回到自己的床上，也很快在几分钟内睡着了。

女人一直希望能够给小孩喂母乳，她想体验那种亲密、温柔的感觉。而且，她听说喂母乳可以降低得乳癌的概率，为了自己的健康，她也想要这么做。这一次，到目前为止都还进行得不错——跟她生第一个孩子时的经验相反，当时无论她怎么弄，老大就是坚决不肯吸奶。从离开产房的那一刻起，他就表现出对吸她乳头的厌恶感，这使女人感到心烦、沮丧。每次当她想把小孩靠到胸前，他就会大声尖叫、拱起背膀，尽可能地把头往后甩，远离乳头，而他的整个身子都僵硬了。女人无法相信为何一件如此自然的事情竟会变得如此困难，她还记得自己曾经因为看到护士用奶瓶喂儿子喝奶而沮丧地哭泣。女人感到被拒绝和困惑，好几次她都确实觉得自己对第一个孩子怀有敌意。

最后她只能把奶挤到瓶子里，每隔几个小时就要使用放在床边的一种大型、古老的电动挤奶器挤一次。她厌恶这样的挤奶过程，但同时她又觉得自己必须这么做，因为只有这样才能确保孩子得到母乳喂养的好处。一旦她的奶开始流出，就要接到瓶子里，因为她的孩子不肯吸乳头。她强迫自己挤奶6周，直到两个乳房患了严重的乳腺炎，无法再供应母乳为止。

从某方面来说，母乳停了对她是一种解脱。至少，停止挤奶的决定是她自己做的。她不喜欢那个机器的程度，和她错过了自己哺乳的乐趣几乎是一样的。回过头去看那段经历，她开始怀疑一切是否值得，至少她和第一个儿子的早期体验是很糟糕的。最后她被迫喂他婴儿奶粉，而他似乎成长得还不错。但是这一次（生第二胎），情况似乎好转了。

第二天，女人的伴侣带着大儿子来接她出院。当伴侣和孩子穿过病房走向她时，她正在喂奶，东西都已经打包好了。她很想回家，她想念家里的一切。然而，相对于其他事情来说，她急切地想要找到一个舒服的哺乳姿势——前天晚上的哺乳成功只是昙花一现：哺乳时间短的话还好，时间一长就会感到腰酸背痛。

女人已经试过每一种她可以想到的方法：坐在床上用靠垫支撑身体，这个姿势很舒服，但是靠垫会一直往下滑；背部挺直靠着床头或是坐到椅子上也还好，但是时间长了还是会感到肩膀痛、脖子痛。她知道她把自己绷得太紧了，为了不打扰孩子吸奶，她一点都不敢动，要是她能够放松一点就好了。姿势不是她唯一的问题，她也常常忘记在开始哺乳前，确认每件她所需的东西都已经放在触手可及的位置。毫无疑问，她已经准备好回家了——至少家里会有更多的枕头，还有其他人可以帮她拿东拿西的。

在家里第一次哺乳的时候，她感到左边乳头一阵剧烈疼痛。事后自我检视时发现，乳头看起来有点发炎，她觉得乳头底部有一点小皲裂。翻遍了化妆袋，她找到一瓶去医院前买的药。擦着软膏的时候，她心想：不知道这种刺激性的味道会不会让婴儿讨厌，也许她应该在下一次哺乳之前把药膏擦掉。

接下来的几天，虽然已经涂了药膏，可是这位年轻妈妈的乳头还是越来越痛，裂口越来越大。很快地，乳房的疼痛一天比一天严重（随着母乳分泌越来越多，乳房也变得更紧、更重了）。虽然她知道这只是暂时性的问题，但却没有感觉比较好受。不久之后，每逢喂奶时间，她的乳房就变得又肿又硬，连让婴儿握住都有问题。即使当婴儿终于可以含住乳头吸吮了，但她的乳汁以惊人的速度喷流而出，以致孩子在试着吞咽喷射出的乳汁时，不禁咳嗽或吐出来。因此，有一段时间她很怕喂奶这件事。

好在，接下来的几周里，问题一个接一个地渐渐解决。她的乳房慢慢地不再过分溢乳，流出的量也调整到适合婴儿所需。随着乳头上裂口的愈合，她的乳头不再疼痛，也变得柔软了许多。她又开始对哺乳一事乐在其中，不禁赞叹这种方式实在太轻松、太方便了。她快乐地持续哺乳了8个月，直到别人问她打算什么时间停止哺乳时，才开始思考这个问题。这不是一个简单的决定。

一方面，她和孩子目前都很乐在其中，她并不希望终止孩子的愉悦。她担心如果开始使用奶瓶喂奶，不知道小孩会有什么反应。小孩会不会如同她所臆测的那样想念她的乳房？这样做是否会让小孩暴躁不安？另一方面，越来越多的理由显示女人应该停止哺乳。女人的体重下降了不少——瘦到她的朋友都开始说，她看起来好像生病了，气色不好。女人不得不承认她经常感到疲倦。再者，当她外出不在家的时候，哺乳也是个问题。在刚开始的几个月里，她的确不常外出；即使必须外出，在两次哺乳之间的空当安排外出也并非难事。只有两次例外：一次是她被迫在停车场内喂他，一次是在百货公司的洗手间内。除此之外，她没有来不及回家喂奶过。但是现在，她外出的次数更多，时间也更久了，而且她不喜欢在别人面前哺乳。不管是谁在旁边，她都会感到困窘。她的儿子也不小了，喂他也很难不引人注目。

然而，停止哺乳的最大压力竟是来自女人的伴侣。起初，男人非常喜欢看女人哺乳的样子。她知道男人和她一样感到高兴，尤其这个孩子与第一个孩子不同，他能够一下子就含住母亲的乳头。即使如此，现在她感觉到男人希望她能停止哺乳。他希望女人回到从前那样，他希望两人之间的性生活能恢复正常。直至目前为止，男人都很有耐心，也能体谅，但是她知道他变得越来越有挫败感。从生产开始到现在，实际上女人一直没有性冲动，而且她总是感到疲倦，不想做爱。男人开始暗示女人：他告诉女人，他不忍心看到她又累又瘦，如果用奶瓶喂奶，他也可以帮忙。女人开始担心男人忌妒儿子独占了她的身体。

最后，纵然千万个不情愿与伤感，她还是渐渐地让儿子断奶，改用奶瓶喂奶。

婴儿代表了战争，而且没有任何阶段的冲突会比婴儿出生后头几个月内那样紧张。这一章所关注的是许多父母都经历过的最初期的婴儿战争，它几乎在婴儿出生后立刻发生。

这一章有三个场景（场景8～10）。在场景10中，我们认为冲突可能会随着一些女性患上产后忧郁症而开始出现。在场景9中，我们会讨论婴儿和父母之间因一方哭泣不休、另一方想睡但睡不成而产生的摩擦、冲突，这种困扰会导致父母整晚无法安睡。本章先从较潜在的冲突开始，这种冲突应该是为人父母的各个阶段中最令人满意的时光——哺喂母乳。

基本上，对一对伴侣而言，没有什么事情比母亲哺乳她的孩子更简单、安全且有益了。母乳不但是食物也是饮料，自然选择理想地均衡了母乳的成分，让母乳包含了所有婴儿早期发育所需的营养。此外，因为它是母亲可以随身带着到处走的，所以不仅方便，还可以随时取得，而且温度总是刚刚好。母乳里具有益菌，它可以帮助婴儿消化和预防腹泻，而消化不良和腹泻问题正是发展中国家常见的婴儿死因。母乳内也包含了丰富的免疫球蛋白，它可以保护婴儿免于患病——母亲将她一生制造的具保护性的抗体借由哺乳传给婴儿。哺乳也可以促进齿列正常、下巴咬合和说话能力的发展，并降低变肥胖和得糖尿病的风险。举例来说，以母乳哺育婴儿长达3个月以上，则婴儿患上一型糖尿病的概率会减少将近40%。

既然喂母乳有这么多的好处，那么，为何本场景中的女人还会遇到如此多的问题呢？她与所有女性都会觉得，既然哺喂母乳的过程已历经千万年的自然选择考验，总有理由可以预期它应该被设计得趋近完美吧。然而，为什么它不是完美的呢？

有两种主要的原因。第一，有一些问题是近代才发生的，自然选择还没有这个本领让它完美——这些是现代女性所遭遇到的困难，而非所有人类女性都曾经遭遇过，因此我们不能以此责怪自然选择。这些近代所产生的问题大部分在某方面都牵涉一项决定——是否一开始就喂母乳，或者只用奶瓶喂奶，这个问题我们之后会再讨论。第二个原因，则属于演化生物学范畴内，就是哺乳存在着一项利益冲突。这个冲突跟女性决定何时停止哺乳有关，既然提及了这点，我们就先行讨论这项断奶决定所必然会带来的问题。

研究调查把以母乳哺育的小孩依照哺乳时间的长短做出区分，结果显示，哺乳期越长的小孩在预防疾病发生上表现得越好，例如一些肠胃道疾病、上呼吸道疾病、多重硬化症、糖尿病和心脏病等。此外，母乳哺育最久的小孩在IQ测验中得到的分数也很高。总而言之，哺乳18～24个月的小孩会比哺乳少于6个月的小孩健康，而即使哺乳期少于6个月的小孩也依然会比从来没被哺喂母乳的小孩健康。不过这些研究都没有观察哺乳期超过2年的小孩，所以我们无从得知小孩2岁时喝母乳的益处是否仍然持续或停止。我们知道报酬递减法则在此处同样适用——前6个月的哺乳很明显地对小孩的营养和免疫系统的正常发育非常重要，而6个月到3岁半、4岁之间哺乳的影响则较不明确。不过，这并不代表这段期间哺喂母乳毫无益处可言。小孩的免疫系统直到6岁左右才完全发育成熟，所以只要其间继续摄取母乳，母乳就会尽可能地帮助免疫系统发展，增加抗体。因此，现在我们可能会臆测，自然选择一定预设好让女性哺乳小孩到5岁或6岁，这样才可以超越其他灵长类动物的平均哺乳期。不过，事实并非如此。

一份汇集了20世纪40年代以前64份人类学研究的报告显示，人类哺乳期长度的中间值为2.8年，有些社群的哺育期短些，有些则更长。在世界上仍有一些社群会例行地哺育小孩到4岁或5岁，甚至在一些国家，例如美国，有人喂母乳喂得更久。如果没有异议或是情绪介入，她们通常会希望尽可能哺育越久越好，直到小孩自己断奶为止（大约是3～4岁的时候）。然而在现代工业国家里，大多数小孩都是在这之前就断奶了。断奶的时间点往往是母亲或其伴侣觉得合适的时间，而不是小孩觉得的。何时停止哺乳这个问题困扰人类女性祖先的程度，不亚于它在整个演化史里对其他的雌性哺乳动物所造成的困扰。这个问题始终没有解决，因为它是无解的。这是因为（已经不是第一次在本书中提到了），这个问题是由于利益上的冲突所引发的。当哺乳影像的娇柔美感散去之际，我们就会发现一场台面下的战争正在进行着，而正是这场战争造成了女性哺乳期间会遭遇到的大部分问题。

对演化生物学家而言，哺乳的开始和终止都代表了一场竞赛——一场母亲、父亲与孩子之间的三方竞赛。有时候它甚至是一场关于母亲、孩子、母亲伴侣和孩子生父的四方竞赛。就像所有其他的竞赛一样，这个竞赛因为牵涉不同人的利益而引发。在进一步了解这些不同的利益之前，让我们先讨论哺乳期间一些比较不明显的影响，因为哺乳不仅仅是供应小孩一餐而已，它同时也调节控制了母亲体内的化学作用，而这些作用原本是被预设用来增进女性最佳繁衍成果的。

人类和其他的许多灵长类动物，被自然选择预设为在分泌乳汁期间较不可能受孕。生产后进行哺乳的女性，可能要经过6个月或更久的时间才会开始有月经。此外，在她哺乳期间所来的第一次月经几乎是非受孕的。甚至接下来的3个月经周期内，能够受孕的概率也小于50%。女性在哺乳的那几个月里还是能够怀孕的，而且随着时间推移，受孕概率也逐渐增加，但这些概率总比没有哺乳时或哺乳一阵子后随即放弃的情形低。

为何自然选择要对人类女性下“哺乳时就延迟受孕”的命令呢？其实，自然选择并没有这么做。很多哺乳动物在哺乳期间照常怀孕，有些甚至受到某种对人类而言是抑制排卵的激素的刺激而排卵。事实是，人类女性从她们的灵长类祖先身上继承了一个基本的传统：在长距离迁移时，要同时携带一个以上的小孩是非常困难的。

上述问题在某些社群文化中显现出最极端的状况：女性负责收集和携带大量的食物、水、柴火和其他的东西，同时要带着一个小孩已经很困难和疲累了，更何况带着两个。在这样的情况下，只有避免在前一个小孩还无法走路与照顾自己之前生下另一个小孩的女性，才能取得最大的繁衍成果。

一份20世纪80年代关于非洲昆申族（生活在非洲西南部卡拉哈里沙漠的族群）的详细研究显示，他们平均的生育间隔时间大约是4年。昆申族女性必须负责每天外出收集粮草，所以常常需要带着食物和小孩走很远的路。在这个族群的文化里，女性如果生完一个小孩后不到4年又生了下一个小孩，比较可能危害到自己的身体健康和繁衍成果。自然选择让她们体内的化学作用将两次生产的间隔时间设定为4年，因此它已经尽力给予她们生存之道了。

在这里，自然选择所面临的挑战是在女性的身体里发展出一种化学作用，这种化学作用一方面要能够让女性还在扶养最小的小孩时延迟受孕，但另一方面若新生儿死亡，它又要加速让女性再次受孕——这件事看起来好像丝毫没有挑战性。当然，自然选择可以仅仅简单地让女人的大脑告诉她的身体小孩是否仍然存活着，如果答案是肯定的，然后再决定女性要照顾小孩多久。但自然选择并不是这样运作的。令人觉得奇怪的是，演化似乎并不信任女性的脑部能够告诉她的身体小孩是否存活或需要什么，自然选择宁愿相信从乳头传回来的证据，所以，小孩吸奶的动作反而成为女性身体再三确定小孩还活着的主要方法。

如同我们在一开始讨论时就提到的，在演化上，吸吮的动作已经发展到不仅是供给小孩母乳而已。第一，吸吮的动作刺激母亲的脑部中枢启动一连串的化学指令，这些指令让母亲的身体分泌更多的母乳。不仅如此，每次哺乳的时间长短、吸吮的强度和每餐婴儿摄取的母乳量，都会产生不同的刺激程度，进而由化学指令告诉她的身体下一次哺喂时要产生多少母乳量。第二，吸吮的动作会触发一些化学指令来降低女性排卵和受孕的概率，这也就是为什么，不在哺乳期的女性的脑部即使十分确认她的小孩仍然活着，但是她的身体却早在最适当的受孕时机来临之前的数月甚至数年，就已经在准备受孕了。在智利有一项研究发现，没有任何一个哺乳的女性在生产完6个月内受孕成功，相较之下，没有哺乳的女性则有72%会受孕。这也就是为什么，如果一名女性自己的小孩死亡，她会立刻准许另一名女性的小孩来吸吮她的母乳——也就是过去所说的奶妈。虽然她的头脑非常清楚地了解自己的小孩已经死亡，但她的身体仍然会延迟受孕的准备。

*

以这样的信息为基础，现在就比较容易了解为何女人、小孩和她的伴侣的利益是不同的，而这也就是为何哺乳期会变成三方或四方的战争。

就孩子自身而言，他们长得越大、越健康，就越能够在婴儿期和儿童期存活下来。而且，如果他们能够尽可能多地得到母乳，就能够拥有更好的繁衍潜能。此外，如果小孩在出生后能尽量促使母亲延长哺乳期，他就可以延迟母亲下一次受孕的时间。这是我们在本书中第一次看到的手足竞争现象，我们将在第六章更详尽地讨论这个主题。而这里的重点是，小孩只要尽可能延迟、阻止他的母亲受孕，他就可以避免和年幼的手足分享父母亲的关注，也就能够在出生后头几个月或头几年的关键期内得到更多的关注，而他的生存和未来的发展就取决于他所受关注的品质。因此，小孩会借由拖延哺乳期得到好处。

就母亲的考虑而言，她会试图找到一个最佳的解决方案——一个能将她自身的长期繁衍成果最大化的方案，以此获取最大的利益。如果她哺育小孩的时间太短，那么孩子的健康状况和未来的发展可能会因此受到不利的影响。如果母亲哺乳的时间太长，那么她自身的健康状况和未来的发展可能会因此而受到伤害。因为她将自己的身体储能耗用殆尽，同时又把下次受孕的时间拖得过久，丧失了我们先前提到的最佳妥协点所能带来的利益。

不过，母亲与小孩之间的利益关系很少转变成真正的冲突，因为这项竞赛太偏袒母亲这一方了。最近有关老鼠的研究显示，母乳中的化学物质与母鼠和幼鼠的行为一样，都是传达需求和目的的沟通讯号。不管幼鼠的年纪多大，一旦幼鼠的身体侦测出断奶的时间到了，它的肠胃就会开始制造一种必需的酵素去改变其饮食需求。在母亲与小孩的利益冲突中，母亲的决定就是最终的决定。然而，在母亲、小孩与母亲伴侣的利益冲突之中，三方可能会势均力敌。就女性的配偶而言，在哺乳一事上，他的最佳利益取决于他所处的境况。其中有两件事是很重要的：首先，他是现在这个小孩亲生父亲的可能性（即父性确认程度）；其次，他成为其伴侣的下一个小孩亲生父亲的概率。

这些原则是非常直接明了的。第一个原则是，男人越确认自己是孩子亲生父亲，他的繁衍利益与小孩的利益就越吻合。母亲的哺乳行为越加强、哺乳时间越长，则父亲与孩子两者就越能得到最佳利益，但她的长期繁衍成果也就被迫让步。就像之前提到害喜与分娩的状况一样，如果必要，这个父亲随时会转换跑道，与另外一个女人生育。而另一方面，如果他不能确定自己是孩子的亲生父亲，他就会借由缩减甚至阻止女性哺乳时间来获取利益，因为这样他才能够及早有机会成为她下一个孩子的亲生父亲。第二个原则是，一个男人成为伴侣下一个小孩的亲生父亲的机会越大，则减少伴侣的哺乳行为或提早结束哺乳期（可以缩短他成为亲生父亲的等待时间），将越有利于他的繁衍利益。

母亲与其伴侣之间的利益差异，是女性哺乳期间夫妇会经历各种问题的主要原因，就像我们在本场景最末所看到的一样。男性在看到其伴侣哺乳时，有时候会产生被排挤和嫉妒的感觉，而且他们会对伴侣施压，以求缩短哺乳过程，让哺乳期提早结束。这些都源自于演化上的冲突。有的时候这种冲突会变得非常极端，比方说在美国，有些母亲曾经以配偶反对她们延长哺乳期为由，争取孩子的监护权。演化生物学家的看法是，男性越怀疑孩子不是亲生的，就会越加嫉妒，施加的压力也越大；反之，他越确定这个孩子是亲生的，就越不会为了有下一个小孩而依赖这个女性，嫉妒施压也会减轻。

只要有人类存在，男人、女人与小孩在哺乳期就都会经历这样的冲突。这是无法解决的，因为利益上的差异永远存在。此外，除了这些源于过往演化上的冲突，现代妇女还面临其他的困难。这些较近代的问题大多都起因于社会和科技上的进步，至少在工业社会造成了这样的结果——母亲能够自由地选择用什么方式来喂养小孩。在过去，不论男性、女性都没有选择，如果要让小孩子有机会活下去，女性就要哺乳。奶妈是当时唯一可以替代的方法，然而，奶瓶喂奶的出现改变了一切。以前面临的压力只在于何时停止哺乳，现在，一开始是否就要哺乳的问题也同样形成压力。

如果能够避免，应该没有女性会选择或被要求使用奶瓶喂奶。家庭环境越困苦，哺乳所能提供的保护就显得越重要。人工奶粉（以下通称“婴儿奶粉”）并没有什么危险，但它不能提供母乳所能给予的所有好处。就像牛奶最适合小牛喝，却不适合孩童，婴儿奶粉也是一样的，这种不协调的搭配很具破坏性。某项研究显示，一群以婴儿奶粉喂食的婴儿在6个月的时间内花费了68000美元的医疗费，而以母乳喂食的小孩的花费是4000美元。在巴西，医疗照护并不是那么普遍，只喂食婴儿奶粉的婴儿比喂母乳的婴儿的死亡率高出14倍，比混合喂食两者的婴儿死亡率也高了4倍。

先撇开这项研究不谈，现代妇女不论其生活在何处，有时会发现自己处于巨大的压力之中，无法遵循祖先的做法哺喂母乳。在巴西，即使喂食婴儿奶粉的危险性如此高，却也只有4%的婴儿在出生后头4个月内吃到母乳。在卢安达，喂食母乳的比率是90%，在尼日利亚是1%，玻利维亚是53%，海地则是3%。

以奶瓶喂食的压力来自很多方面。关于这个问题最有趣的观点是，当社会上出现了这种替代方案后，这个社会会历经某个阶段，在这个阶段里，会有强大的社会压力施加在不哺喂母乳的女性身上。这种模式一直是存在的，即使在现今大多数的工业社会中，母乳哺育都还不是主流。例如在英国，1990年时只有63%的母亲想要在孩子刚出生时尝试喂母乳；2周过后，其中只有50%的人会继续哺乳；到了第6周以后，只剩下39%了；只有1/10的母亲哺喂她们的小孩超过9个月。尽管近代医学界试图倡导喂母乳的好处，但是坚持以母乳哺育现代小孩的比例还是偏低。过去，社会压力强烈倾向于让母亲以奶瓶喂食婴儿。几十年前，在欧洲和美国，哺乳被描写为是不卫生的。其他的压力则包括警告哺乳的困难，反对那些敢于大庭广众下哺乳的母亲，以及奶瓶和婴儿奶粉的研发和商业促销。

有时候，用奶瓶喂食很明显对母亲和小孩有害。近代最极端的例子来自第三世界国家：母亲产后待在医院的期间内，会被施压要以婴儿奶粉来喂食小孩，而不顾她们出院以后可能没有钱买婴儿奶粉，或无法取得干净的水冲泡奶粉的事实。

在很多地方，譬如美国的某些地区，哺喂母乳的母亲会对哺乳这件事感到恶心、抗拒和拘束。女性对哺乳所产生的这种态度并不是一件小事，比起场景中女人所经历的轻微窘态（指女主角在公众场所哺乳会感到不好意思），它会让女性处于更大的压力下。在美国，妇女如果在购物中心、餐厅、公园、法院等地方哺乳，会被要求离开或被威胁因不当暴露而遭逮捕，这些场所规定只接受奶瓶喂食。的确，公众反对哺乳的态度如此普遍，以致好几个州的立法机构已经制定相关法律，以澄清这并不是一种不当的暴露行为。还有文件显示，有人指控妇女哺乳是性与不当的行为，不过并没有人因此被判有罪。此外，还有一个在美国明尼苏达州发生的案例，某位母亲被指控在公共场所对她6岁的小孩滥用哺乳行为，不过小孩子实际上只有3岁，所以就结案了；在田纳西州，控诉一名妇女哺乳其4岁半小孩的案件最后也以不起诉处理；而在佛罗里达州，有一名妇女被指控对6岁的孩童滥用哺乳。

对演化生物学家来说，这种反抗哺乳行为的公众压力是很有趣的现象。这可以从自我利益的角度来解释：不论男性或女性，在对全体女性同胞施加不要哺乳压力的同时，大家都能够得到利益。

女性同胞如果取消哺乳，对于每个男性来说都是有利的。越少的女人哺乳，就表示有越多的妇女可以受孕，每个男性可获取潜在繁衍成果的选择就越多。女性也可以从对其他女性施压不要哺乳中得利，因为平均说来，那些哺乳的女性会比不哺乳的女性有更成功的繁衍成果，她们也会带给其他女性更多繁衍上的威胁。所以，无论一名女性要不要哺育自己的小孩，她都能借由施压其他女性改用奶瓶喂奶而在繁衍上得到利益。反对哺乳和偏好奶瓶喂奶的社会压力之所以会存在，其实并不令人惊讶，因为这只不过是自然选择的产物而已，就像我们之前讨论的一样。

当然，如果就此下结论说女性只因社会压力就采用奶瓶喂食法，这就是一个错误了。有些女性在理性上或直觉上为了保留自己个人的最佳利益，决定用冲泡婴儿奶粉来喂小孩，而不哺乳。事实上，有些时候虽然决定用奶瓶喂食对于大多数的婴儿都不是最佳利益，但是对于某些女性却有较长远的好处。这不是一个容易的决定。对于现代妇女而言，哺乳有得有失，就像用奶瓶喂食也是一样的。这就是传统与现代发明的巧妙混合体。

*

哺乳还有一个好处我们尚未提及，也是本场景中女人认为特别重要的一点——她听说成功地哺育小孩能为自己的健康带来好处。这并不令人意外。既然女性的身体已经被基因设定好要在生产后分泌乳汁，如果不允许它这样运作，那么就可能会带来长期的伤害。举例来说，哺乳的好处之一是它可以帮助女人恢复到怀孕前的体重、体型及魅力。事实上，如果女性产后不哺乳，其中有些人永远也无法回到怀孕前的体态。如果她们的腰围不能恢复到臀围的70%，她们的吸引力就会下降。更严肃的层面是，哺乳会影响女性罹患乳癌的概率。《新英格兰医学期刊》（*New England Journal of Medicine*）中的一份研究报告指出，哺乳的妇女比不哺乳的妇女较不易罹患停经前乳癌。在这份报告中亦提到，女性越早哺乳或哺乳时间越久（不管是因为她哺乳过好几个小孩，还是因为哺乳每一个小孩长达好几个月），就越能得到较多的保护以便远离乳癌。然而事实上，并没有数据显示授乳会对女性罹患停经后乳癌的概率有影响。

上述哺喂母乳的结果都是有益的，这并不是巧合，因为它们是经自然选择的古老遗赠物。但接下来的这些结果则是有害的，而这也不是巧合，因为这些结果与近代社会和科技的变革息息相关，自然选择还来不及去影响。

很多现代妇女都有过乳头疼痛、皲裂的经验，这往往迫使她们放弃哺乳。乳腺炎也是一个问题。其中最好的状况是只有乳房疼痛而已，最糟的状况则是会让妇女生病，甚至停止制造母乳。

我们大概会觉得，乳头和乳房发生的问题看起来是自然选择的失败。如果演化决定女性应当哺乳，那么为何不让乳头和乳房能够胜任这项工作呢？这个答案当然是因为，演化不能预料到现代妇女所处的环境。女性的乳房无法胜任哺乳的工作，这并不能归咎于演化上的失败，而是社会发明了服装的缘故。也就是说，这不是演化过程的失败，而是人类为了抵御越来越冷的气候而发明的成功产物（火和衣服）所造成的。疼痛的乳头就是许多现代妇女必须为人类成功地生存在地球上所付出的代价。乳房原本应该暴露在环境之中，乳头及周围的皮肤在多年的日晒、雨淋和风吹之下会变粗、变硬。它们有点儿像足部，将足部包裹在袜子、鞋子里，可以保护它们免受环境的伤害，使得它们虽流汗多年却从不会变硬。如此一来，指望它们去做原本演化上需做的工作时，比如在坚硬的石子路上奔跑好几个小时，它们必然会失败，它们会裂开、流血、受到感染。同样，我们将乳房包裹在衣服里，让它们能抵御气候的变化，使得它们流汗多年却不曾变硬。所以，当被要求去做原本演化上预设给它们的工作时，比如被婴儿湿湿的小嘴吸吮、啃咬及拉扯时，它们当然无法胜任。乳头此时就会裂开、流血，甚至感染。

第二种会损害现代妇女哺乳的原因就是，哺乳会妨碍女性回到工作岗位，或是追寻另一个新的或更好的伴侣。这两者前面都曾经提过，是女性达到繁衍成果的重要因素，因为它们可以帮助改善她的小孩的生存环境与得到的照顾。

自然选择还没有形成的东西，不表示一定是不好的，也不见得一定是真的。因为近代发生的东西还来不及经历演化策略，使它更胜任。至少从某个观点来看，用奶瓶喂食只是一种现象。将女性体内的化学作用与奶瓶喂食的选择、快速受孕的机会和同侪风险的增加等联结在一起的话，其结果就变成女人能够同时照顾一个以上的小孩。汽车、婴儿车把女人从古老的习俗中解放了出来，结果就是现代社会的女性比较有能力，且有更多机会生下成功的小孩。如果她遇到一个在生下小孩后仅仅几个月内就要再一次怀孕的合适机会，比起过去的女性而言，她比较不可能失败。虽然哺育母乳可以避免快速地再一次受孕，但如果用奶瓶喂食，就可以从古老的限制中解放了。如果环境上偏向这样一种策略，短时间内拥有两个小孩就无妨。

在现代环境中，喂食母乳和以奶瓶喂食之间的得与失，常令母亲需要慎重地做出一个能够反映出繁衍成果的决定。母亲所面临的古老问题是何时停止哺乳，而现在则多了一项是否一开始就要哺乳的新问题。毫无疑问，有些母亲可能会借由使用奶瓶喂食，而非母乳哺育来加强她的繁衍利益，而且每位母亲都面临下面这项繁重的任务：决定自己是否要成为这样的母亲。

不幸的是，对女性而言，她必须自己做决定。奶瓶喂食的选择对于自然选择而言太过于近代，所以它还没有塑造女性做决策的能力，错误必然会发生。在接下来的几千年内，自然选择会淘汰掉任何使人做出错误决定的基因，而后我们可以预期，为人父母者将得到真正所需的基因。这样一来，那些能够依据女性自身的状况，去评估哺乳和奶瓶喂食孰优的基因，将会逐渐地传播散布到后代身上。

因奶瓶喂食的发明而新出现的另一组基因，可能就是本场景中女人的第一个儿子身上所拥有的基因，这种基因导致新生儿不愿吸吮母亲的乳房。在过往的演化史中，拥有这种基因的小孩也许终究会因饥饿不堪而进食，也或者可能就此死亡，我们不得而知。不过有一件事是很清楚的，那就是在现代世界里，一旦这样的小孩发现以奶瓶进食很轻松，他们就宁愿抗拒母亲的乳房。现在，这样的小孩已经比较不会被自然选择严酷地考验了，而且跟那些以母乳喂食的小孩相比，他们可能仅有一点或甚至不会有任何劣势。的确，挤乳器这项科技产品的发明，让他们能够用奶瓶喝到母乳，因此他们可以跟被哺乳的小孩一样，得到相同的营养上和免疫上的好处。但是因为吸吮奶嘴比起吸吮乳房来说轻松许多，所以他们可以比较不费力地得到这些好处。

场景中女人所遭遇到的另一个问题是哺乳的姿势。从某种程度来说，就像疼痛的乳头一样，这种困难也是我们现代生活方式所造成的后果。惯于久坐的生活方式让许多人的背部和肌肉易受伤害，所以一旦保持固定的姿势久了，就会觉得疼痛和疲劳。更有趣的是，气候、衣物及人类的发明让哺育变成一件大事。女人必须改变她们现在的做法，露出自己的部分身体，而且要找到一些在社会上和空间上适合哺乳的地方。

灵长类动物，特别是人类女性，并非被设计以此方式哺乳，女性的身体结构和小孩的食欲都不是被自然选择塑造出这种“仪式”的。哺乳这件事应该尽可能地不对雌性的活动造成妨碍，例如猴子、人猿或人类，不管是在走路、坐着还是在睡觉的时候，雌性总是抱着幼儿，让他的头靠近她的乳头，以便在一天的任何时间都可以就近喂食他。当她们在进行每日的例行工作时，几乎不需要注意幼儿是否正在进食。然而，即使现代女性在哺乳的时候可以裸体四处走动（至少是上空），很多人也并没有勇气和耐力一边这样哺乳，一边长途行走。

这是因为自然选择使得哺乳行为成为一种持续前进的、自然的程序（“外带的”牛奶），它同时也给予女性具有特色的腰部、臀部及胸部。其他灵长类的幼儿在移动时会紧抓着母亲的体毛，人类的幼儿和婴儿则是倾向于坐在母亲的臀部上，用手臂紧缚住母亲。母亲的臀部是孩子的栖息地，这也就是为什么理想的女性外形应该像我们之前所提到的，腰部必须比臀部的尺寸小一点。同时，这也就是为什么男性觉得这样的女性比较有魅力。女性有突起的胸部也是基于同样的理由。

胸部是靠垫，不是腺体，里面的填充物只是赋予胸部独具特色的形状，而与母乳的制造无关。所以，怀孕前女性的胸部尺寸与制造母乳的能力并无一定的关联，它是脂肪和其他组织的积聚物，在青春期开始发展形状和尺寸，但并非最终制造母乳的组织。人类女性是灵长类动物中唯一会在青春期发展出下垂胸部的，而且之后会就此保持终身。其他灵长类，包括大猩猩在内，只有在开始分泌乳汁的时候才会发展出下垂的胸部，而且仅仅维持到哺乳结束。灵长类的胸部在哺乳期间会下垂的主要原因是，为了让幼儿能轻松地以各种姿势来吸吮乳房——乳房必须够长且摆放自如，便于母亲在走动、坐下和睡觉时，都能很容易地将乳头送达小孩的嘴巴里。像男性那样扁平胸部上的乳头，就没有什么用处。

一旦人类的祖先演化到能够用后腿站立且垂直于地面行走时，女性就遭遇了一个她们的祖先（即前人类）所没有遇过的问题：如何让小孩的头不要一直碰撞到她们的肋骨，尤其小孩睡着时脑袋会摇摆不定。对于充当靠垫来说，有什么东西能比肿大的乳房更适合呢？此外，因为在孩子断奶后女人还得带着他们一段时间，也因为后青春期的女孩在自己生育前，还要照顾弟弟和妹妹，因此人类女性从青春期起就开始发育胸部。

无可避免地，女性在怀孕期间会逐渐失去她们颇具特色的腰臀比例，她们的腰围最后会变得比臀围大很多。从她们的长期繁衍利益来看，女性希望在生产后能尽快恢复以往的腰臀比例，而且至少可以从受孕中再次得利。而女性要如何做才能达到这一点呢？有一种情况是，女性意识的期望与潜意识相符合，两者都鼓励她减轻体重，恢复到怀孕之前的体重和体型。关于哺乳期间如何减重的问题，有很多可以加以讨论的，不过它显示了一个有趣且预料不到的现象，一个现代生活不小心骗过了自然选择的例子——虽然这无关乎任何人的利益。

生产之后，女性关心的主要目标就是那些积存在屁股、大腿和腹部的脂肪，这些脂肪是在怀孕的后期逐渐累积而成的。即使女性产后完全不哺乳，她的身体也被预设好去消除这些囤积物。女人哺乳得越多，吃得越少，脂肪也就消除得越快，这并不令人讶异。实际上，这些积存的脂肪是一种储备的能量，它能作为生产之后对抗困难时期的重要缓冲，就如同我们在场景7里所提到的。如果哺乳期间发生食物短缺，此时这些积存的脂肪就能够保护母亲和小孩不受此冲击，它能够帮助母亲继续以必要的速度供应母乳，即使遇到饥荒时期也如此。在饥荒时期，母亲为了保护她的孩子不受影响，会让自己承受最多的负担，她会一点一滴渐渐耗尽自己储备的脂肪。自然选择在女性哺乳系统上的设计是很有效率的，因此在中度饥荒的情形之下，小孩的成长速度仅仅降低了10%左右。

不过，这种耗用母亲脂肪以供应孩子母乳的情形还是有其限度的，即到底一个哺乳母亲的身体能忍受多少食物被剥夺。当积存在母亲体内的最后一滴脂肪，都被用来制造母乳而耗用殆尽之际，就达到极限了。演化让她的身体能够监视体内储存的脂肪被耗用了多少，以及用多快的速度耗用。哺乳期内，母体营养不良对于制造母乳的量并不会有太大的影响，但是可能会造成母体过于瘦弱而无法进行下一次的受孕，即使她停止哺乳仍会如此。所以自然选择已经预设，如果女性体内积存的脂肪已经被消耗太多，她就不会排卵。也就是直到她的身体复原为止，她都很难再排卵或受孕。

*

这里还有一个有趣的现象，它给自然选择提出了一个新的问题。过去，女性的身体被预设为借由监督血糖含量这种简单的监督设置，来判定她体内的脂肪储存量是否足够，当脂肪储存量高时，通常血糖含量也会较高。这是一种令人满意的机制，只要女性有健康的、祖传的日常饮食，当她的脂肪储存量过低时，自然选择就会避免让她排卵。不过，有关仓鼠的研究显示，强烈的饥饿的确阻碍了排卵，但是只要在实验中将葡萄糖加入饮用水里就可以骗过身体，让身体以为脂肪的储存量仍然足够，因而解除排卵障碍，开始排卵。所以，一个脂肪储存量低的女性如果吃了很多的含糖食物（含糖食物在现代饮食中随处可得），她的身体也可能会被愚弄，因而误判体内的脂肪储存量比实际所有的还多。不注意的话，女性可能会在身体还不允许的状况下就引发排卵或是怀孕。

还有一个与乳房、乳头和哺乳有关的问题，虽然这个问题跟为人父母没有什么关联，不过却挺有趣的。为何男性也有乳头，甚至有些男性的乳头会制造出些微的乳汁？难道是因为男性和女性一样曾经需要哺乳吗？

除了老鼠以外，所有较高等的雄性哺乳动物都有乳头，这也明确地指出了最早期的雄性哺乳动物也是有乳头的。然而最早期的这些物种，就像现在大部分的相应物种一样，过着一种自由散居的生活，所以它们极少会遇到自己的后代，更别提父亲的照顾和喂养了。我们可以认为，雄性的哺乳动物不曾哺乳。然而为什么雄性也有乳头呢？令人失望的回答是：雄性有乳头是因为雌性有乳头。

自然选择发现，只让物种里的一种性别（雄性或雌性）单独进行某种演化（可能是生理结构上、功能上或特征上的演化）是很困难的。通常，会进行某种演化是因为它对其中一个性别有利，而另一个性别则是在此种情况下自然地遗传了相同的演化结果。然后，演化会根据两种性别各自不同的需求，着手塑造不同的项目。举例来说，这就是为什么雄性和雌性基本上都拥有相同的激素种类，只是各自所占的比例不同。同时，这也是为什么男性和女性的生殖器是由相同的胚胎组织发育形成的——女性的阴蒂、小阴唇和男性的阴茎，都是从相同的胚胎组织形成的，而发育成女性大阴唇的胚胎组织在男性身上则长成阴囊。这就是男性身上会有制造乳汁的组织和乳头的原因。它们在男性身上并没有什么发育，而且几乎是完全不具功能的。大约一半男性的乳头很敏感，足以引起性刺激。这种组织在男性身上也可能产生一种物质，来帮助调节体内的化学作用和行为，就像它在女性身上所做的那样。这些理由已经完全足以说明，演化不试着除去男性乳头的原因。然而，就为人父母之道而言，男性的乳头与此无关。

场景9 无眠的夜晚

在清醒的边缘，裸睡的女人换了一下姿势，避免吵到睡在身边的小孩。她的右边乳房有点胀，好像要扫到小孩的头。舒适的床加上壁炉火的暖意，她潜意识中对正在打呼的男人和乱七八糟的噪音感到安心。

突然，女人的梦被尖锐的嚎叫声穿破。接下来，她看到好几只狗。她伸出手想把小孩抱紧一点，但是他不在那里。在惊慌的情绪中，女人在火光的阴影里精疲力竭地搜寻，确认孩子的所在地。但是孩子在哪里？他掉到哪去了？还是在夜深人静，她和所有人都睡着的时候，孩子被狗从她的胸下给叼走了？女人跳起来，凝视着黑暗，她试着叫醒男人，可是他却一动不动。她不停地想象小孩被狗的嘴叼着，牙齿咬合在纤弱的宝宝身上，她开始疯狂地走着，奔跑着，她的喊叫声跟狗的吠叫声融合了。狗儿们正在因宝宝而互争，撕扯他的四肢。它们静了下来，女人现在可以听到宝宝的尖叫声。她必须找到他，他的哭声就在不远处，可是为什么就是无法找到他呢？

女人呻吟了一下。距离儿子上一次入睡到现在才一个小时，他们喂奶、换尿布，然后把他放到婴儿床里。之后，他们两个把育婴室的门关起来。在接下来珍贵的几分钟里，儿子安静了下来，被育婴室天花板上挂的音乐夜光滴答钟吸引了注意力。不过当光线变弱时，他又开始哭，然后变成尖叫。女人抱起儿子，想再喂一次奶，又检查了一次尿布。但是这一切似乎都不管用，小孩继续尖叫。

最后，他们只得关上门，睡到床上等待儿子自己哭完睡去。儿子后来的确睡了，可是花了好一会儿的时间。女人清醒地躺着，犹豫着要不要去看他。自己是不是太残忍了？她这样做对儿子是一种潜在的伤害吗？小孩一直哭了这么久，会不会伤到他自己？小孩听起来很烦恼的样子，但是女人实在太累了，以至于对他的担心转换成敌意，因为他正在占用她的睡眠时间。

他们从医院把孩子带回家的头几个晚上，小孩都睡得很好。当然，他们必须每晚起来喂小孩吃奶两次，不过小孩在授乳间隔的时间内也都有睡着。他们很累，可是还能够妥善处理。渐渐地，小孩越来越不能安稳地躺在婴儿床里。现在，夜晚变得令人沮丧。如果他们幸运的话，还可以零零星星睡个几小时。一星期之前，她的伴侣非常渴望睡眠，所以就起床穿上衣服带着小孩开车逛逛。小孩在车里睡得很熟，就像以前一样，但是只要两人把孩子放到婴儿床里，他就又开始哭叫，睡不安稳。

有相同经验的朋友给过他们不少建议和安慰，可对他们而言都无法持续管用。虽然不是很情愿，但他们曾想过让小孩睡在中间。他们担心会压到他，也怕将来会有麻烦。如果小孩习惯了睡在他们的床上，将来也许会拒绝回到自己的床上睡觉。几个月过去，他们已经习惯性地睡眠不足。有些时候比较好一点，但是仍然没有办法整个晚上都睡好。当儿子长到8个月大的时候，情况更加恶化，他开始不间断地嚎哭。他们实验性地把婴儿床移到自己的床边，如此好转了大约一个星期。没过多久，他们醒来发现儿子站在婴儿床上，望着漆黑的房间，仿佛他们在很远的地方，放声尖叫。只要他们让他躺好，他就又会站起来，继续刚刚的动作。

终于，某个晚上他们把小孩从婴儿床上拉起来，让他睡在床中间，不理他。小孩不高兴的声音持续了一会儿，但是没过多久就安静下来。令人兴奋的是，他安睡了一整晚。第二个晚上，他们一上床就把宝宝放在中间睡——这是他们好几个月来第一次有整晚的睡眠。很快地，他们允许宝宝在沙发上打个小盹，然后两人要上床睡的时候再抱他一起睡。

从那个时候开始，无眠的夜晚就变成过去式了。他们不得不承认小宝宝睡在中间还是有点不舒服。有时候宝宝在熟睡之际，小手会打到他们其中一个人的眼睛，头会撞到他们或是翻身时脚会踢到他们，脚指甲会刮到他们。不过，小孩在快2岁就可以睡回他们床边的小床里，快3岁时就可以睡回自己的房间了。

当儿子搬出他们房间时，他们已经生了第二个小孩。这次是一个女孩，她出生后就在他们中间睡得很安稳，当宝宝想喝奶的时候女人就喂她。这一次换成他们给其他感到苦恼的朋友们建议了。

人类会在晚上尽可能地陪在宝宝身边。现代人类的背后有一段很长的演化历史，因此我们或许会合理地预测，一些可能会发生的重大问题都已解决了。不过在现代西方社会中，有许多父母亲仍然会为初当父母的几个星期，甚至与婴儿前几年在家相处的体验所苦恼。大多数父母即使遭遇的与本场景不尽相同，也都可以从中找到类似的处境，对无法成眠的夜晚过后还必须继续白天例行工作的身心俱疲，一定感同身受。

为何婴儿会被预设成为让父母夜也烦、日也难的梦魇呢？直觉上我们可能会臆测，对于婴儿来说，父母要保持健康、警觉和关注是很重要的。其实答案是，婴儿当然不是被塑造要来折磨父母的。他被预设好要做的就是，让父母知道有某个问题正在那里，而他所运用的方式就是哭。宝宝为何要用哭，而不是拉拉脸或挥挥手来提示父母呢？这一点我们等一下会提到。首先，我们需要先讨论婴儿感受到的，且需要用哭喊来提醒父母亲的问题是哪些。

一个婴儿要的东西有限——食物、舒适以及安全感。对于自然选择来说，它预设母亲和婴儿能够将所有的危险与压力全都消除，认为这应该是很容易的一件事，而它或多或少也成功了。然而，这种不幸对现代父母所处的环境和生活方式而言，是不容易找到解决方式的。

第一，直到衣服和用奶瓶喂食的方式出现之前，自然选择已经解决了母亲与婴儿对于进食的潜在问题。在大多数人类和灵长类的演化史中，进食对于年幼的后代而言，只是近在咫尺的乳头而已，就像我们之前提过的。和很多年幼的灵长类动物一样，婴儿通常都被母亲用容易接近乳头的姿势抱着。不论早、午、晚，他们只要用鼻子蹭蹭拱拱、用嘴巴吸吮就可以了。他们很少需要用哭泣来告诉母亲他们饿了，而且晚上母亲们也不需要醒着。

第二，同样，直到衣服出现之前，自然选择在处理排便、撒尿这些事情上并没有什么困难。在人类演化中的大半时间里，母亲和婴儿都是赤身裸体地睡在荒野大地中。在迁移的时候小孩要拉、要撒都不是问题，在晚上也几乎不需要处理。人类婴儿从来不会比其他灵长类的后代更常浸在自己的尿里，或被排泄物弄脏。在一些还裸体、未着衣的社群中，母亲都能够预测婴儿要拉撒的时间，通常能够适时调整姿势，让彼此都有最少的不便与不适。不过，由于人类要到世界上较冷的地区居住，就必须穿衣御寒，这种改变也引起了问题，这个问题虽然可以用尿片解决，可是却还没有被演化所解决。

最后一点，自然选择已经尽力解决关于安全感的问题。如果场景中的女人真的赤身裸体地睡在丛林中，她根本不会有要为小孩做什么事的问题。在这样的环境下，任何不安全的位置都有一个地方可以安置小孩，就是让他接触到一个成年人的身体，抱着或者放在身边。还在游牧生活阶段的妇女祖先们，晚上都会自动地把小孩放到身边，让彼此的身体完全接触，如此一来，当小孩被移走时她们可以立即知晓。把小孩放在自己、一个大一点的孩子，或是另一个成年人中间，会更理想。因此，自然选择预设好让小孩寻求三种东西的确认——那就是体温、体味以及动作。如果婴儿对这三种东西的来源证明感到满足，知道自己安全，这样他们就可安心入睡，直到又饿了或是感到不舒服才会醒来。这是场景中的小孩能在汽车中安睡的一个原因，因为振动的感觉愚弄了小孩的身体，让他以为他是被抱着的，因此感到安全。

当然，我们知道晚上婴儿待在室内是很安全的。不过令人意外的是，婴儿的感受显然不是如此。自然选择让小孩以哭闹的方式来表达任何他们对于远离父母的感受，尤其是不在母亲身边或是身处黑暗中的时候。这些婴儿将来也会继续繁衍，并且把这样的基因遗传给后代，而世代相传的结果就是婴儿会有这样的反应。那些能够适应孤立的婴儿比较可能会被攻击或被掠食者吃掉，比较不可能时至今日还有后代留存下来。就婴儿和基因程序来看，他们还跟所有的危险一起活在古老的环境中，自律或任何解释都无法说服他们不这么认为。

所以在演化过程中，婴儿就是睡在母亲身边，而母亲随侍在旁的感觉会帮助孩子做出以下这些动作：婴儿将随着母亲调整呼吸，如果婴儿与母亲分隔距离太远，有时会让婴儿呼吸变得不正常且处于危险状态。对于演化而言，这似乎是在玩一个愚蠢的把戏。不过，当演化能够借此确认母亲会随时待在婴儿身边时，这并不蠢。

因此我们可以了解，因为现代小孩会弄脏尿布、自己睡觉，而且必须找人来喂食，所以比起祖先们，他们有更多的理由警示双亲他的问题。但是为何婴儿要用哭喊，而不用其他比较温和的方式呢？为何婴儿会哭，而又为什么我们会发现他们的声音令人感到如此有压力呢？

当然，这其实并没有什么神秘的。婴儿之所以用他们的声音而非姿势警告父母亲，是因为如果用姿势能确保父母知道这个讯号和其间包含的警示意味，那么当然也可以这么做。可是这么做并没有什么保障，尤其是在黑暗中，特别需要发出声音来提醒。当然，发出声响也有隐藏的危机。在一个不安全的环境里，比起引起父母亲的注意，婴儿哭泣的声音更有可能暴露出他所在的位置，这会引起肉食性动物的注意和带来其他的危险。不过，自然选择也发现一种狡猾的应对方式，好让婴儿不至于暴露在危险中——因为通常父母会尽全力去保护后代。结果就是，婴儿的哭泣对父母来说是一种危险，对婴儿来说却是为自身存活所做的保障。它会强迫父母采取行动，而且尽快地在短时间内行动。动作的快慢取决于父母有多想让孩子安静，这和在发生危险之前多早赶到有所不同。如果父母亲让小孩一直哭，就会引发一个筋疲力尽的战争，不是小孩终究停止了哭泣，就是父母要响应他的哭泣。

现代的父母亲安全舒适地生活在家里，会延迟他们对哭声的响应，这远远超过了小孩的预期。在过去的演化史中，父母尽快地抱起哭泣的婴儿是非常重要的，所以父母的激素对于声音的反应也会是“不是作战，就是逃走”的策略。这种反应对他们而言是非常原生的压力感，尤其当他们未能采取行动，也未能让婴儿满足的时候。就是因为这样，宝宝的哭声是最令人沮丧的声音之一。在激素分泌上，这种状况就相当于老虎来了而自己还被绑在木桩上，不能战斗也无法逃走。

现代人类活在严酷的环境里，迫于气候和社会的压力而穿着衣服，对于小孩弄脏自己的问题也不难解决。不过，人类还是能够避免与小孩分开睡，而且以母乳喂食的妇女也能让小孩睡在靠近胸部的地方。最起码追寻一下古老而实际的发现，那么无眠的夜晚大多是可以避免的。但是，对于那些宁愿忽视小孩已经调整好的敏锐度的父母而言，其睡眠被剥夺应是不可避免的、现代解放后的惩罚。

场景10 产后忧郁

年轻的女人推着婴儿车，慢慢地走在人行道上，里面放着4周大的婴儿。全新、闪亮且昂贵的婴儿车慢慢滑动着。女人在怀孕的时候曾经非常期待这一天的来临，而且在厨房里把婴儿车前前后后地推了好几次，想象着小孩在车上回头看她的样子。她笑了。这让她感觉自己仿佛又回到5岁那年，她将娃娃和泰迪熊挑出来，放进有着闪亮黑色把手的红紫色婴儿推车，在花园里玩耍着。

今天，年轻女人之所以出来走走，是因为她想这样做会让自己感觉舒服一些。然而直到目前为止，毫不奏效。事实上，此时此刻似乎没有什么事可以让她感觉好一点。她不只感到有一点点悲惨而已，她感到的是椎心刺骨的绝望，这种绝望让她想对着身边经过的、完全不认识的陌生人大哭。但是，她当然没有这么做。相反，她直直地瞪着前方，紧抓着婴儿车的把手，继续走着。

她不确定自己要去哪里，有点犹豫地转身进入蔬果商店，凝视着前方一排五颜六色的蔬果。如果是在生产前，她会很轻快地走进去，用手掂一下重量，抓满几个袋子，然后将能吃一个星期的蔬果全装进购物篮里。但是，现在她甚至不能决定要买哪一种苹果，是绿色清脆的“青龙”，还是“富士”呢？即使是很简单的事情，要做决定对她来说依然很困难。她的思考变慢到好像就快要完全停止。她站了一会儿，也许更久些，就像瘫痪一般，然后才意识到好像有人推她的背，一个声音传来，“抱歉，借过一下”。她闪了一下，把婴儿车掉头，走出商店。

那个早上似乎显得格外困难，女人很早就因胃绞痛和一股强烈的不祥预感而醒来。她的第一个本能反应是，想蜷成一团且整天都赖在床上。她被自己说服了，想着如果能有一天好好地睡上一觉也许会比较好。但是很快，她的胃和满胀的膀胱迫使她起床。在去厕所的途中，她经过婴儿床，看了一下熟睡中的孩子。她的脑中闪过一个念头，如果小孩再也不会醒来，这也许会是一件最好的事——对每一个人来说都是。但是，这时小宝宝翻身了，踢着、抓着。她一动不动地站了一会儿，然后弯身向前把小孩抱了起来。

下楼后，她开始喂奶。打开电视，她呆呆地注视着屏幕，一股强烈的悲伤感淹没了她，她开始哭了起来。刚开始的时候，她默默流泪，但不一会儿就放声大哭。小宝宝的眼睛睁得大大的，嘴巴放开乳头，也开始哭了起来。她把小孩放到身旁的沙发上，用手拭去如泉水般涌出的泪水。为什么她的感觉是这样？为什么她觉得这么糟糕？她只知道从生产后这个感觉就开始了。

生产的痛苦超乎她的想象。她想跟来访者诉诉苦，但最后还是吞到肚子里，因为每个人都太关心这个小孩了。刚开始的几天里，她觉得有点麻木、疏离，好像跟身边的每一件东西都分开了。无论她多尽力，但仍然对那个伏在胸上的小小幼儿没有感觉。她很少看他，看的时候也像是盯着一个外星人，仿佛他跟自己一点关系也没有。她不相信自己真的是他的妈妈。访客来来去去，不断地跟她说，她很幸运，生了一个美丽的宝宝，但是她一点也不觉得幸运。她觉得自己完全无法应付，好像事情再也不会恢复正常了。

她的伴侣很能体谅，在生产的时候就在产房里陪她经历催生的阶段，说一些鼓励的话。他的情绪随着生产过程而波动，之后，他抱着新生儿骄傲地转了一圈，好像是在炫耀战利品。而她这时唯一想做的一件事就是睡觉。

回到家后，她的孤立感更加强烈。就像隔着一道玻璃墙般，她只能被禁锢在自己无声的梦魇里。当儿子才6天大的时候，她的伴侣到国外出公差，这是早就计划好的。他不想去，但是别无选择。在他收拾行李的时候，她抱着睡着的小孩跟随他晃来晃去，从这个房间走到另一个房间。她很想叫男人不要去，但是没有这么做。此外，她知道男人不可能不去的。他们两个都了解，这趟旅行是男人第一次有机会证明自己最近被升职是应得的。他绝不可能在家里陪着她，男人的加薪对两人的未来计划很重要。即使如此，当男人轻轻地向她吻别，还答应每天晚上都会打电话回家时，她还是没有办法直视着他。

男人离开以后，她越来越陷入绝望中，疲倦侵袭着她。她开始整天都穿着睡袍，似乎没有什么理由需要换衣服，甚至洗澡、刷牙或梳头。即使很小的事情也让她感觉无能为力，她几乎没有办法喂奶或为宝宝换干净的尿布。这些事情会渗透到意识中困扰她，她会对房子里的一团乱感到生气。她连续好几个小时坐着，盯着小孩在婴儿床里哭。小孩一整个早上都在哭，她终于做了极大的努力带他到商店里去，花了快5小时才把自己和宝宝准备好出门。

从商店回家的路上，她突然觉得脑袋很清醒。她现在知道：作为一个母亲，她是失败的，完全无法照顾儿子。没有她，小孩肯定会更好。唯一的选择就是把他留给某个发现他的人，让对方好好照顾他，这是小孩应得的。然后，自己的生活就能恢复正常了。她现在想做的事就是甩掉他。女人说服自己，这样做会让事情更好。她加快脚步，并且感觉异常地兴奋。她开始想到几个抛弃儿子的方法。她正走在市中心繁忙的道路上，一会儿之后，就会到达对面的一个岔路。她的眼睛向前探寻停下来的定点，把婴儿车在石头路上掉过头去。就像街上吵闹的车鸣声穿过她的脑袋一样，她一直想着如果把车子推到路上应该会很容易。这似乎是一个完美的计划，多么简单，几分钟后就一切都结束了。这是最好的选择，她再一次跟自己确认，对每个人来说都是最好的。

事后回想起来时，她不知道到底是什么原因促使自己把婴儿车拉回来。也许是直觉，也许是恐惧吧。事后她清楚地了解到，那一刻是病症的一个转折点。她走回家，一直提心吊胆的，直到下午晚一点的时候伴侣打电话回来。在一阵歇斯底里的哭声中，她决定告诉男人今天下午发生的事，以及他出门后自己所有的感受。把这一切都说出来之后，女人感觉很轻松。而当她的伴侣把出差的时间缩短了一个星期，赶在几个小时之后回来时，女人复原的漫漫长路才正要开始呢。

从希波克拉底时代开始，很多临床医生就曾经指出过，刚生产不久的女性会有一种困扰。相同的困扰在不同的文化中都曾被描述过，显然它跨越了各种不同的社会族群。在现代工业社会中，大约有50%的新妈妈会经历中等程度的情绪变化，这称为“婴儿忧郁”（baby blue），这个症状的高峰期大约发生在生产后的3～5天，可能持续几个小时或几星期。经历婴儿忧郁的母亲通常悲伤、想哭泣、情绪化、易怒、疲劳，或者对婴儿、伴侣和其他家庭成员生气。

无论如何，本场景中的女人经历的是比较严重的状况，我们称之为“产后忧郁症”。它发生在大约10%刚生产完的母亲身上，可能在生产后几个星期甚至几个月发作，而且可能持续几周、几个月甚至几年之久。有产后忧郁症的女性会有比较剧烈和紧张的感受，例如寂寞感、无力感、罪恶感和羞辱感。她们也会产生一些对新生婴儿的负面感觉。在过去，产后忧郁症通常让母亲忽视、抛弃甚至杀了小孩。在19世纪的英格兰，可能遭母亲杀害的婴儿弃尸的数字着实令人恐慌。如今，这样极端的事情已经比较少见。到底产后忧郁症是如何跟演化生物学中的父母亲行为扯上关系呢?

简单的解答是，这是女性“家庭计划”的一部分，有些观点在我们讨论到压力与受孕计划的时候就已经提到了（其他的部分将于下一章再详细讨论）。家庭计划是自然选择让女性的情绪与心理判断她要拥有多少小孩，以及要何时生、与谁生的一种策略。如同之前提到的，一个女性的潜意识会致力于让她生下——在她目前状况和环境下可获得最大利益的——适当的小孩数目，而且让繁衍的目的能更加吻合她生命中的各种起起伏伏。因此，她的身体内的化学物质会决定让她追求或不追求性、排卵或不排卵、让受精卵着床与否、要不要流产等，前提是只要这些事可以带来好处。最后，她会急着想看新生儿——或者不看。在生产后的几天或几个星期里，女性有最后的机会评估她是否要试着扶养这个小孩。一旦女性开始投资了奶水、时间与精力给这个小孩，此事就会越来越不利于她自身的繁衍成果，因而让她企图抛弃这个孩子，并等到环境改善时再试。

即使环境在怀孕初期是不错的，但在小孩出生后仍有可能恶化。在孕期的最后三个月，母亲的心理通常会产生显著的变化。第一，是大家都知道的一段“筑巢”时期，也就是强烈地想为即将出生的婴儿布置好环境的渴望。她也会经历一个对自己处境强烈再评估的阶段，特别是对她的伴侣、居住地点和大环境。这些阶段会让她们表现出担心、沮丧和易怒等情绪。此外，她可能会先预测未来。这些阶段的出现主要是要测试女性的处境、伴侣和其他的支持系统的讯号是否太微弱，显示出目前是不是生育的好时机。在这个时候，她所处环境的任何重大恶化情况都能导致明显的忧郁症状，以致她之后忽视甚至拒绝新生儿的来临。产后忧郁症的出现给不太能确定自我处境的女性，最后一次控制自己情况的机会，在她全心投入扶养这个小孩前还能改变主意。在她将自己封闭起来和变得对小孩与伴侣更激进的同时，正是她在试探其伴侣共同扶养后代的极限。

一份关于产后忧郁症比较正式的研究报告显示，它比较有可能出现在当女性从伴侣、朋友或更大的社会中得到较少支持的时候。大环境的压力也是原因之一，但比起社会支持的缺乏，它造成的影响没有那么明显。在前工业化的社会里，传统上会借由仪式来表现出对于所有新妈妈的支持，这些具有特色的文化使得产后忧郁症的发生比例极低。

当然，女性往往都是带着中低程度的忧郁度过怀孕期的最后三个月，和为人母亲的最初几个星期或几个月的。她们的身体丝毫不费力地就能决定，此刻是否就是扶养小孩的最佳时机，而没有必要用产后忧郁症来测试她们支持孩子的极限。即使一个女性非常怀疑自己的状况而变得沮丧，最后她往往还是会判定情况已经足够好，并从沮丧中跳脱出来，成为一个良好且细心的母亲。然而，如果她的测试结果失败，那么刚生完小孩的母亲可能会被一种无法抑制的冲动（想忽视、抛弃甚至杀死小孩）所侵袭。这种冲动在历史上和各地方都广为人知，因此世界上的许多法律系统都承认、接受此种病症，认为女性可能不需要为她在产后这个阶段里立即产生的上述行为负责。在小孩出生后一年之内，几乎每个杀婴案例都是出于母亲的产后忧郁症。在人类的历史上，杀婴行为直到现在都是一种母亲控制人口数的主要方式。在人类还处于打猎与采集生活的时候，也就是约15000年前，大约有7%的小孩是被母亲杀害的。即使在西方的工业社会里，直至今日杀婴也是一个很普遍的现象。根据世界卫生组织的数据显示，在19世纪末期的英国，这是“家庭计划”中最普通的一种。

这样的行为不只人类才有。杀婴，就像其他自然家庭计划的形式一样，早已经内存于哺乳类动物的祖先中，代代相传。任何养过像兔子和鼠类等宠物的人都知道，如果母兔或母鼠在产出后代后有压力，它都有可能杀了甚至吃掉一些或整窝幼子。这是一个关于适应不良的实验，它反映出母兔或母鼠的潜意识会决定，在当下的环境里是否要养一窝的后代，而且有时候它会选择延迟繁衍，直到环境改善为止。

罹患产后忧郁症的女性的情况不一定就是令人绝望的。举例来说，在本场景中，女人的日子没有很艰难。很多女性会在更糟的情况下尽力扶养小孩，也不一定会产生忧郁症。对每个女性而言，最重要的不是事情在客观情况下进行得如何，而是它们为她带来多少利益。

*

在这个场景中，女人的伴侣才刚刚升职，也许几年后他们的生活会更加舒适。但是另外一种情形也可能发生，也许女人想确认的是，伴侣的升迁和经济的改善，实际上并不会让自己有更多的时间可以独处，因为男人对扶养小孩的协助反而减少了。女人甚至可能要再确认，男人的新职位和增加的机会会不会导致他外遇——这也许会发生在未来出差的时候。也许在她的内心深处，她会害怕男人最终将抛弃自己与小孩。在她怀孕期间，她的处境发生了戏剧性的变化，而她还没有机会去判断新环境是否对她的未来有意义。因此，她的身体决定严格地测试她对扶养这个小孩的企图心有多强烈。她的身体严肃地质问，假如她不再持续现在的扶养，而等待下一个更好、更安全的时机，是否她长期的安全、健康和繁衍成果将会变得更好？最后，当她的处境和支持系统通过测验时，她就会选择继续扶养这个小孩——就像大多数的母亲一样。但是，本场景的女人从蔬果商店回家的途中，曾有那么一刻因为不想这么做而放开了婴儿车的把手。

产后忧郁症、忧郁症、季节性忧郁症都已经被现代医学列为研究对象了。上述列举的病症显示出，我们的脑部意识不太能控制身体所引发的一些状况。最新出现关于忧郁症的解释是，因为脑部某些部位的化学作用发生改变——例如，血清素减少。这些体内产生的化学性变化要么是内部因素（像生产后）造成的，要么就是对应环境事件变化而产生的（例如，来自于冬天白昼变短或长期的压力）。不论它们的根源为何，脑中的变化会造成行为和模式全然改变，使人表现得跟平常个性大相径庭。尤其，这个观念现在也被接受了，就是没有理由逼迫患者自己“咬紧牙关”或是“拉回自己”。那种触发忧郁症的脑中化学物质会妨碍患者的思考过程，因而使得他的想法和行为发生改变。

只有两个方法可以改变患者的思考模式：一种方法是，使用抗忧郁药物来改变脑中的化学物质；另一种方法是，找出引发身体改变脑中化学指示的环境因素。就季节性忧郁症来说，经常暴露在光亮中常常可以减轻症状。至于产后忧郁症，它常表现出强烈地需要来自伴侣、朋友以及现代的社会服务的支持帮助。一旦她的身体接收到她将得到扶养小孩所需的支持的证明，那么她脑中的化学物质就会产生变化，情绪和行为也将变得适合为人母。

本场景中的女人在罹患产后忧郁症之后的几年内发生了什么事，我们不得而知。很有可能的是她成功地扶养了小孩，而且母子二人都因她的伴侣的新职位而得利。如果情况如此，那么当年她站在路边、用手抓回婴儿车把手的动作，就是一个正确的决定。怀孕期间环境里发生的变化并不必然对她是有利的，她的伴侣有可能因为很少看到她，转投别的女人的怀抱，而有了另一番新眼界。所以，女人的身体也许做了正确的决定——借由自我封闭来测试出伴侣的支持度。她的产后忧郁症对她而言是一个十分不愉快的经历，但这并不妨碍这个经验成为她的有利条件。

BABY WARS

05

胜负之争

场景11　公平竞赛

两名少女坐在农田的角落，看着拉货车的马匹阴茎膨胀得越来越大，似乎越来越接近地面。两人之间短暂地沉默着，然后她们继续看着马儿把“那根”前后晃来晃去。比金发同伴漂亮的黑发女孩，转身咯咯地用一种超龄的感性对一些事情做出评论，首先关于那匹马，然后是她哥哥的糗事。

笑声以及那匹马的勃起，被接下来她们所遇见过的最惊人的事情戏剧性地打断了。几乎是没有预警的，一种不熟悉的声音震耳欲聋地嗡嗡响起，穿过了树丛和农田到达遥远的另一端，响彻云霄。马儿的阴茎很快地缩小，它穿过田地逃走，此时女孩们手牵着手以免绊倒，慌张地穿过田地，跑回她们居住的那一排农舍。在回家的路上，天空再度安静下来，她们先停下脚步喘喘气，再彼此确认刚刚到底发生了什么事。两人听到的是飞机的声音，但这都是她们头一次看到一架真正的飞机。

“跟你比赛！”黑发女孩在她们两个都猛冲回家的时候喊着，她们都想第一个到家告诉母亲自己看到了什么。不一会儿，她们就并肩跑着。马上就要到家的时候，跑得较快的黑发女孩突然开始加速。当她加速时，金发女孩故意绊了她一下，黑发女孩跌倒了。

“我赢了！”金发女孩在抵达她家农舍的时候喊道。

“那是因为你作弊！”黑发女孩喊回去。但是太迟了，她的朋友已经进屋。

这两个女孩出生才差几天，一直形影不离。在看到飞机而激动的那个夏天，她们15岁，都在当地的大地主家里帮佣。这样的雇用方式当时还很普遍。她们住的房子属于同一个大庄园所有，而她们的母亲们也像其他住在村里的人一样，受雇于大地主。

她们的关系在到地主家帮佣的第一年冬天里都很密切，甚至在第二年春天来了一个18岁的园丁时，也还能够维持不变。就像大多数男人一样，园丁首先被黑发女孩所吸引。每当发现这一对好朋友在一起时，他都会先和黑发女孩搭讪，拍她马屁。黑发女孩也很喜欢园丁的陪伴，有一次当她知道她的朋友正从楼上窗户往下看时，她靠在草地中央的大树干上，让园丁亲了她一下。不过大部分时间里，她都不让他靠太近。

从目睹到那一个吻开始，金发女孩决心要向自己和同伴证明，如果她没有赢得园丁更多的注意，就只有平手。因此，不论何时在屋里或花园里遇见园丁，她都会在两人擦身而过或谈话时，借机碰触他的身体。当夏天快来时，天气变暖了，金发女孩每天与园丁见面。她去采集蔬菜的时候，都不扣短衫上衣的前几个扣子，她希望园丁在她弯腰时可以看到她的胸部。过了很久园丁才注意到她，因为他正尽力博取较漂亮的黑发女孩的注意。不过，最后金发女孩的招数奏效了，在一个初夏的夜晚，在星空下的草地上，她把“第一次”给了园丁。

她的胜利很甜美，但并不完整。她知道这得来不易的情人还是迷恋她的黑发朋友。园丁经常提到她，甚至在他们刚刚做完爱后。更令人沮丧的是，她的朋友即使知道自己已经被击败了，却依然没有做出任何反应。为了努力让黑发女孩接受这个事实，金发女孩打算详尽地告诉她所发生的一切，并美化一切，让这段关系看起来比实际上更刺激、更认真。讽刺的是，她的朋友只是一笑置之，并警告她不要不小心怀孕。黑发女孩指出，虽然园丁为人风趣、长相不赖，可是他没有办法养活金发女孩和一个孩子——即使他会忠诚地待在她的身边。金发女孩为自己辩护，她听母亲说过，女孩子除非有了初经（即第一次月经），否则是不可能怀孕的——然而她的初经还没有来。

那年夏天，虽然金发女孩的初经一直没有来，但她还是怀孕了。而这些事情也宣告了两个女孩友谊的结束。

差不多是在金发女孩第一次献身给园丁的时候，大地主的儿子从大学里回家度假。一度，两个女孩的注意力都放在他的身上——20岁，自信十足，英俊而且富有，她们无法再想到更多好处了。私底下，她们都渴望地主儿子能拥自己入怀，宣示他永恒的爱，然后改变一切，让自己置身奢侈又豪华的生活。但是，男孩似乎有其他想法。

金发女孩很快开始享受自己跟天真、年轻的园丁在身体上的探索。虽然她的情人还是很注意她的朋友，不过她不希望放弃这条新发现的、唯一的性刺激出路。但是，从地主的年轻儿子回来的那一刻起，她就渴望着他，并且与日俱增忌妒着黑发女孩。很明显，地主儿子也发现了黑发女孩很迷人，而不是金发女孩。而且这一次，她的朋友有了响应。

这的确是真的，黑发女孩看到地主儿子时，感到了从前所没有经历过的性兴奋。在他们第一次调情后的第三个晚上，她在睡觉时一边想象着自己跟地主儿子裸裎相见，一边自慰着。不过当他出现在她面前时，她还是保持冷静和距离。这是因为黑发女孩故意要避开他的调情，而非羞怯。她还是处女，不过已经听妈妈说过很多年轻女佣怀孕的故事。她们不但被解雇，而且还要自力更生。她绝对不要走上这条路。

地主儿子返家两个星期后，他的父母外出了好几个星期。那天晚上厨子和男管家也都休假了，两个女孩就在饭厅里服侍他单独用餐。用完餐之后，他要求黑发女孩再留下来一会儿，金发女孩则回到厨房里，沮丧和气愤淹没了她。她拿起了一个碟子，猛力摔过房间，然后坐下来哭泣，想象着他们即将私通。虽然她的想象搞错了方向，但是对她朋友的恨意却在那一刻直至终生。

毫无疑问，地主儿子那晚的确想跟黑发少女上床。他讨好她，并建议为了晚上就寝，她应该去准备一下卧房，甚至还半带威胁。不过，一切都无效。他拿出最后一招，从来没有失败过。他称赞她是他见过最美的女孩，他觉得自己已经爱上她了，而且希望有一天她能当这个房子的女主人。黑发女孩在这紧要的关头拒绝得很完美，她做了正确的事——很认真地听他说话，保持微笑，适时地闪躲他的进攻，开始风趣的谈话。她没有让他感到难堪或受打击，最后当黑发女孩离开饭厅时，他们都感到友情在滋长，而不是欲望的挫败。

那晚之后的一个星期左右，他们的亲密打破了身份地位不同的藩篱。有时候地主儿子会误解她的友善，一时逾越了他们之间的默契。但他大多数时候，都非常乐于与这位美丽有趣的女孩相处——只要在她工作允许的范围之内，他还是会幻想两人在床上赤裸相见。说实话，黑发女孩也是。但是女孩觉得，除非到真正能相信地主儿子在她怀孕后不会抛弃她，否则她不舍冒这个险去实现幻想。

不过，金发女孩却误会他们的亲密是因为已经发生了关系，也以为地主儿子对这段关系很认真。随着越来越高涨的忌妒感，她决心要去毁掉她一度称为朋友的人可能拥有的美梦：她要对地主儿子重施故技，让他注意到自己，而且在任何可能的时候，批评她的朋友。到了最后，她就可以把他从朋友身边夺回来。金发女孩下定了决心，她用尽一切能用的借口和策略，逃离男管家的监视，尽可能地跳到“猎物”前。而当她和地主儿子为伴时，她会用尽所有她知道的挑逗伎俩引起他注意。

黑发女孩了解同伴想搞什么花招，不过她可不想参与。现在，她对自己外貌和个性的自信已经说服自己，她和地主儿子之间的友谊是真诚的。她不认为他会因为别的女孩夸张地卖弄而快乐，她甚至允许自己梦想，有一天他俩之间的友情也许会变成真挚的浪漫爱情，而最后她可能真的会成为房子的女主人。但是美梦很短暂。这个改变始于她的朋友总是穿着松垮垮的洋装，在地主儿子面前弯腰捡起地板上的杯子，并且很明显地故意失去平衡跌靠在他膝上。金发女孩丰满的胸部有一部分露在衣服外面，一只手还停放在他的生殖器上。她慢慢地起身，道了个歉，好像很不好意思地离开房间。

黑发少女的希望终于还是幻灭了。在一个令人窒息、闷热且潮湿的午后，年纪老一点的佣人都待在屋子里，地主儿子则外出骑马。她本来应该去清洁楼上的房间，但是炎热让她速度变慢。一阵令人窒息的咯咯声传来，她下意识地打开窗子。

在屋子后面有一片玉米田，现在玉米长得又高又金黄。不远处，她可以看到年轻的园丁正在追逐金发女孩，进入田中。他很快就抓到她，一个嘲弄的吻之后，他们因为急切的性渴望而脱光了衣服，黑发女孩忍不住偷窥想象。当他们都脱光后，并没有立刻性交，女孩把园丁向后推到草丛里，自己则跑到田中更深处。他开始追逐，这一对就在田里弯弯曲曲地跑着，互相追逐。黑发女孩入迷地看着金发女孩在跑跳和追逐时，弹跳摇晃的胸部。她很好奇那个人是否勃起了，可惜玉米就长到差不多到腹股沟那么高。她只看到他隐隐约约露出来的屁股。

追逐持续了一段时间，最后女孩停了下来。一开始她站着，接着跪了下来，园丁笑着在她面前喘不过气。然后两人没入田中，消失在黑发女孩的视线里，隐没到金黄色的一片中。乡间的宁静与几乎察觉不到的微风，让这一对男女发出的声音飘入了目瞪口呆的黑发少女所站的房间。在不好意思、忌妒和好奇心的驱使下，她注视着他们所在的方向，听着每一声低吼、呻吟及喊叫，直到她的朋友首先达到高潮。然后，大概过了一个世纪那么久，那个男人也发出低吼，飘飘欲仙。

就在她想离开窗户边的时候，马儿的喘气声引起了她的注意，似乎她并不是唯一的偷窥者。骑在马上的地主儿子隐藏在树丛和灌木里，也正在朝田里看。黑发女孩屏住呼吸，她不知道他看到了多少，以及他将做些什么。没过多久，年轻的园丁才刚安静下来，地主儿子就大声吼着他的名字。当没有听到响应时，他再次大叫园丁，并命令他回去花园工作。

黑发女孩听到他们两个惊慌的低语，互问彼此把衣服丢在哪里。她看到玉米丛随着裸体的园丁摆动着，他弯着身子低低地沿着原路回头找衣服，可是他们脱掉衣服后追逐了很久，他很努力地找，仿佛在找迷宫的出口。最后他一边咒骂，一边弯下身子，绕了一大圈回到农舍。

很显然，地主儿子也看到了刚刚发生的一幕，因为在园丁消失在他的视线之前，他还命令着“继续前进”。大约半分钟之后，他也命令金发女孩走出田外。她还躲着，第一次叫的时候并没有回答，第二次叫她的时候，她才吼回去说她找不到衣服。地主儿子下马，穿过篱笆，走进田里刚刚穿行的痕迹中。当抵达他们刚刚脱衣服的地点时，他停下脚步，紧张地四下张望。黑发女孩呼吸急促，因为她发现，他也没有穿衣服。他裸体跟金发女孩说他已经找到衣服，她必须过来拿。金发女孩双手交叉在胸前，遮着胸部，迟疑了一会儿，才慢慢走向他。他们还有一段距离的时候，她停下来并叫地主儿子把衣服丢给自己。但是他拒绝了，并且告诉女孩必须因为玩忽职守而付出代价。

接下来的几分钟改变了两个女孩的一生。金发女孩谎称不想和他性交，这时她还藏身于离他不远的田中，半没在及胸的草里。“为什么不要？”地主儿子指着她刚刚和园丁性交的地方问。他认为女孩不能以道德为由拒绝他，尤其是在她刚才的“表演”之后。她说这无关道德，但是与“疾病”有关。每个人都知道他和黑发女孩已经上床了，那就表示他很有可能已被感染，她可不想冒着得病的危险。

“什么疾病？”他问，但当她告诉他时，男孩说反正也不重要，因为他并没有和黑发女孩上床。金发女孩继续说谎，她告诉地主儿子，说黑发女孩一直向人吹嘘他在追自己，但是当黑发女孩最后觉得可以时，男孩却不知道要怎么做了。男孩气呼呼地说，黑发女孩在说谎，反正他也没有想要和她上床。但是，如果黑发女孩认为他不知道要怎么做，那金发女孩现在为何不亲自试试？金发女孩的唇边泛起胜利的微笑，她慢慢地把胸前的手放下，向他走去。她把手绕在他脖子上，身体靠近他，叫他证明看看。听到自己被恶意中伤，黑发女孩感到很反胃，很想对着窗户大叫这都不是事实，可是她僵住了，然后逃开。正因如此，她错过了她朋友在15分钟内的第二次性交。她没有听到地主儿子叫金发女孩转身弯腰，虽然她说她不太喜欢这种姿势，不过地主儿子说没有什么事情可以让他躺在蓟草丛中。黑发女孩有好一阵子难过地躺在床上，气愤而沮丧地哭泣。

金发女孩在她自以为胜利的那天后，接下来的时间里又跟地主儿子有多次性交。同时，她也继续和园丁发生关系。她希望有一天地主儿子能够宣布他们之间的爱，不过，这一切都在她告诉地主儿子自己怀孕的那天蒸发了。他威胁她如果告诉任何人孩子是他的，他会想办法打发她走，他还建议她尽快找个人娶她。很幸运，园丁虽然知道肚子里的孩子可能不是他的，不过还是愿意在小孩生出来前娶金发女孩。他们仍然受雇于地主，最后年轻的园丁终于当上了领班。当时金发女孩已经30岁，有了5个孩子——第一个儿子不能确定生父，另外还生了三个女儿，最小的是个受宠的儿子。真相是，小儿子也是不能确定生父的孩子。不过这一次，她的先生并不知情。

虽然园丁跟金发女人都在赚钱，不过刚开始日子还是过得很辛苦。他们的收入加起来刚好够用，而他们的家庭好像常常被疾病侵袭。小女儿在还是婴儿的时候死于麻疹，大女儿不但在三岁时因小儿麻痹而跛脚，在后来的几年还被膀胱感染及其他疾病所苦。不过其他三个，虽然童年艰辛但都还算健康。长大成人后，他们都在第二次世界大战中存活下来。

在战后的几年内，最大的儿子跟他的“父亲”一起加入供应农产品给当地杂货商的事业。他们并不知道，其实帮助他们的幕后推手就是新的地主，也就是以前地主的儿子。虽然金发女人最大的女儿因为儿时的疾病不能生育，不过她跟一个年轻人的婚姻不但持续得很长久，而且两人互爱互敬。这个男人经历了工作上的起起落落，最后当了村里的邮差。另一个女儿嫁给了警察。最小的儿子，也是最会赢得金发女人欢心的那个，取得了教师资格，在附近城镇的学校中找到了一个很好的职务。

那个黑发女孩后来无缘无故地被解雇，但是她没费什么劲儿就找到了另一份工作——也可以说丈夫。她找了一份当地鞋店的工作，大约一年后，她与鞋店老板的继承人组成家庭，安定了下来。他们最大的孩子是一个女孩，在大女儿快10岁的时候，女人才生了第二个孩子，是个儿子。这期间，她丈夫的事业蒸蒸日上。儿子刚出生的时候，他们已经拥有连锁店，也可以说是很富有了。他们随着连锁店的成立及扩展，曾经住过好几个城镇。现在两人搬回家乡，为自己盖了一栋豪华且宽敞的房子。

目前本书已经描写了许多关于为人父母之道的观点，每个场景之后都会有一段讨论，说明场景内主人翁的性格如何被自然选择所决定。我们已经一般性地论及繁衍成果，但是没有提到怎样去衡量它。在接下来的几章里，被讨论到的一些场景会描写出繁衍成果更清楚的样子，比起我们现在在这里讨论的更清楚。当本章详尽地讨论这个概念时，我们应该把握机会先谈谈配偶的选择。

在本章的三个场景（场景11～13）中，前两个是描写两个女人从小到大的经历，我们试着决定她们当中究竟谁是自然选择所青睐的。在这些讨论中最重要的是，有时候人会由于繁衍较少的后代而增加繁衍成果。本章的第三个场景，也就是场景13，会有较极端的状况的讨论。

为人父母是一场人与人之间以及基因之间的竞赛，因为在这场竞赛中，他们是冠军。自然选择所颁发的奖励及规则是很有弹性的，对于具有高繁衍成果的人颁给一束花，低繁衍成果的人则是一块铁板。大多数人不太能够意识到，他们和他们的基因为了取得为人父母的本事，正在与和他们同时代的人竞赛。也许会为了小孩做了什么特殊的事情感到十分骄傲，也许会为了孩子不适当的举动而急切羞愧，这都代表了竞争的本性，就像也许祖父母的骄傲会建立在自己有多少子孙后代一样。虽然大多数的时间，人类想当父母纯粹是因为基因驱使，并没有意识到他们的行为表现将会被自然选择评判，但是这种评判终究会到来。

繁衍是人与人之间的竞争，为人父母是这个竞争中一个重要的阶段。不论如何，通常为人父母的成功或失败，早在人类决定真正开始繁衍下一代之前就被决定了：首先，这会受到他们童年经验的影响；其次，也是比较具有争论性的，即这会受到他们选择繁衍的对象的影响。的确，大多数人在为人父母上的成功通常有赖于其选择的伴侣。如本场景中所说明的，通常在竞赛的这个阶段中，竞争是一个很重要的因素。人类不只需要选择伴侣，还需要从别人手中赢得。从场景11来看，如果不以战争而以爱的观点来说，一切都很公平。我们哪一个人没有因为渴望成为某一个人的伴侣而苦恼，且认为只要击败对手就好了呢？我们哪一个人没有感受过，击败想象中的对手的喜悦呢？

那么，伴侣的选择是如何影响我们的繁衍成果的呢？我们是如何选择伴侣，而这个伴侣可以给予我们未来为人父母时所需要的东西的呢？为什么我们会觉得有些人比其他人更具吸引力？为什么人们在觉得谁有吸引力上意见都不同？而且，为什么有些人几乎对于每个人来说都很有吸引力，有些人就几乎完全没人青睐？

在本场景中，金发女孩一开始就考虑可能园丁会成为她的伴侣，却因为他好像比较喜欢朋友而忌妒；而黑发女孩却对园丁没有兴趣。对于两个女孩觉得谁吸引人上的差异，有两个可能的解释：第一个，这两个女孩在自信上与野心上都不相同；第二个，她们真的在找不同特质的男人。人类在谁更吸引人的问题上的差异，最主要的理由与“协调一致性”有关系。

这种协调一致性出现在许多不同的层面上。一对伴侣必须在行为上、情绪上与身体上协调一致，一方的弱点可以为另一方的优点所补足，这也出现在基因的层面上。当谈到乱伦时，我们将会讨论更多的细节：几乎每个人都带有危险的基因。无论如何，只要他们不要与相似的基因配对，就不会给他们自己以及他们的孩子造成任何问题。因此，避免与某些可能带有跟自己具有相同的危险基因的人繁衍，是选择伴侣时一个很重要的因素。人们在配对时，确实通常不会被有着与他们相同问题基因的人所吸引。自然选择似乎发展出一种基因的综合体，这个综合体能够辨认出并避免危险的私通。这个系统不是很简单，但是比纯粹随机要好得多。

所以，也许本场景中的两个女人对于园丁有不同的感觉是因为：金发女孩觉得他能与她“兼容”，然而黑发女孩却没有这样的感受。而另一种解释也是有可能的：黑发女孩对于自己的外貌太有自信，所以她知道可以找到比园丁更好的伴侣。但是金发女人也希望有更好的。当地主儿子出现时，两个女孩都觉得他很吸引人，也都想要得到他。为什么？

女性在选择某个男性与她共享生活时，有两个主要的标准：一方面，她需要男性可以帮她扶养小孩；另一方面，她需要与自己结合的基因能够繁衍出迷人、具有生育能力且成功的小孩。她得到的环境及协助越好，每一个小孩就越能完全发挥出基因的潜能。

女性的困难在于，她选择基因提供者的机会比选择长期伴侣的机会要多得多。她可能可以说服很多她所选择的男人提供他们的基因——这只要花几分钟的时间。比方说这位金发女孩，她可以不费吹灰之力得到园丁的精子，再加一把劲就可以得到地主儿子的。一个女性对于长期伴侣的选择，无论如何都受限于那些单身的，或是准备抛弃现在伴侣的，或者是有时间、有精力且有钱来供养另一个家庭的男性。当然，社会中的大多数男性都不属于这一型，比方说，园丁几乎无力扶养一个女人及家庭。

这种状况在统计上也是有据的。统计结果显示出，正在找寻长期伴侣的女性倾向于选择那些已经是，或者有潜力变成有钱、有身份地位、稳定且能持久经营家庭的男性。在过去所有的文化中，都有小女孩许配给身份地位较高的男人的例子，让她们有更多的机会存活、健康地生长并且扶养后代。在今日的现代工业社会中也是一样。

*

之前我们提过，小孩如果生长在好的环境中，比较能够成为健康、能生育的成人。好的环境是指足够的空间与营养食物不虞匮乏，这会最小化疾病的风险，也让小孩能有最强的抵抗力。在现代社会中，健康有赖于足够的空间与好的营养。即使是现代，贫穷人家小孩在繁衍下一代前死亡的概率还是富有人家的两倍。在演化的历史上，这样的差异会显得更大，虽然当时财富不代表钱财，而是农作物及家畜的储养。或者简单来说，就是取得比较好的地方，有食物、水及避难所。在本场景中，园丁跟他的太太在孩子还小的时候，一直为他们家庭所需的粮食及健康奋斗，黑发女人跟鞋店小老板则没有遭遇这样的问题。

女性的偏好很明显，但很少能在同一个男性身上发现她喜好的所有特征。一个健康的男性也许不关心她，另一个也许身份地位很高却不稳定，而也许另一个很穷，却很稳定又能关心她。因此必然地，女性必须做最佳的妥协。当然，她不必一直跟着第一个伴侣。研究显示，当女性为了另一个男性而离开现有伴侣时，必然会提高她的地位，达到一个更好的妥协。女性也会一直在限制的范围内寻找她所能够吸引的人。

黑发女孩不觉得园丁是一个合适的妥协，因为她觉得自己可以找到更好的；金发女孩也许发现她在吸引男性上的限制，而认为园丁在性及长期伴侣方面是可以接受的，虽然如此，她还是希望能够找到更好的。当地主儿子出现时，黑发女孩只希望他能成为长期的伴侣，他的财富及地位可能会给她的后代更具优势的环境。当没有清楚地接收到男孩不会抛弃她的讯号时，女孩不会冒险怀孕。而金发女孩可能是意识上或潜意识上知道，唯一能得到这样地位的人的方法就是怀孕。同时，她不能冒险失去园丁，因此给了他们两个人做父亲的机会。结果也是如此，她确实得到了安全保证。当没有办法赢得地主儿子的时候，她接受了园丁所提供的支持。园丁可能认为，如果不接受金发女孩与可能不是他亲生的孩子，也许要花上好几年才能够找到下一个适合的对象。

相反，即使黑发女孩没有办法赢得大奖——地主的儿子，她最后还是选择到一个好的伴侣，至少看起来也比有钱的地主儿子要忠心。我们接下来就会提到，她还从她的最后选择中得到了哪些好处。

首先，我们必须考虑到在本场景中最重要的一个因素——两个女人在外表上吸引人的程度不同。为什么男人会觉得黑发女孩较吸引人？男性在选择伴侣及情人时用的标准是什么？这与女性选择的标准又有什么不同呢？

基本上，男人选择女人是因为健康、能生育以及忠贞度（当然并非意识上的）。虽然第一次与某个女人相处时，还无法知道她能不能生养小孩，不过他们的身体中默认了某种程序，让他们能够觉得具有吸引力的特征，确实都与反映出这种潜力的特征相吻合。男性在选择伴侣或情人时的标准是差不多的，他们主要的考量就是对方的外表与行为。一个很重要的因素是体型，尤其是腰臀比例，我们之前已经提过了。不管女性的胖瘦（在有些文化中他们偏爱瘦的女人，有些则偏爱丰腴的），男人喜欢腰围的宽度是臀围的70%的女性。或以另一种方式来说，就是那些腰部明显比臀部要窄的女性。这样的偏好在历史上都看得到（可以从雕像、绘画及女性杂志中判断），在各个文化中都有存在（从壁画及小雕像上判断）。这个解释是，这样的体型比例比较能反映出激素平衡的状况，也反映出对于疾病有较高的抵抗力以及较高的生育能力。

除了体型，男性对清澈的眼睛、健康的头发、皮肤以及脸与身体的对称性也非常感兴趣。这些特征都强烈地暗示女性的健康与生育能力。大多数文化中的男性，还会在意胸部的尺寸及形状，但是偏好各有不同，尽管女性胸部的大小与哺乳的能力并没有直接的关联。最后，男性会对显示出忠贞性格的女性有较强的反应，不过，这相对来说很容易伪装，至少在短时间内。

女性在选择某个男性帮忙扶养她的小孩时，首要考虑的就是男性所能提供的安全保障，然后才是外表。不过，如果是选择短期的性伴侣，长相就重要多了。女性认为最吸引人的男性特征是清澈的眼睛、健康的头发与皮肤、坚挺的臀部、腰部仅比臀部窄一点、样子好看的双腿、宽阔的肩膀以及机智、聪明。同样，女性也会被身体特征上的对称性所吸引。这些不同的特质合理且可信赖地显示出基因上的健康、生育能力及竞争力，也因此暗示出某种基因的组成会是她的后代所想要的。

在关于人类和其他动物的伴侣选择以及吸引力的最新研究中，最有趣的特征之一是，在幼年时期患病的经历与抵抗疾病的能力的重要性。疾病不仅影响了人类的眼睛、头发及皮肤的“发亮度”，也影响了身体的对称性，而对称性是现在世界各地关于吸引力的研究中，最重要的因素之一。

当然，身体的某些部分已经在基因上设计一种“两侧不对称”——右侧与左侧是不同的。举例来说，只有左胸腔有一颗心脏；脑部的右侧及左侧的某些部分会与不同的身体部位互相影响；对于男性来说，两个睾丸的大小不一样，悬挂的高度也不同；当然，身体和脑部的左右侧的神经系统网络也大不相同，以至于人类会有右撇子及左撇子之分。这些不对称其实是基因上的，它会根据简单或复杂的基因继承法则从双亲之一传递到子孙。不过，身体的其他部分是被设计为对称的，但因为不同的使用方式而成为不对称的。比方说惯用右手的人，右手臂的肱二头肌会比左边的大（根据职业不同而略有差异，不过通常右边的会比左边的大一些）。

身体有很多的部位是被设计为对称的，在大多数坏境因素之下都不会受到影响。比方说，右手及左手的中指为同一个基因所控制，因此应当是对称的，而它们的长度之所以不同，一定是因为在发育的某些时候受到过干扰。相同的理论可应用在其他手指与脚趾、耳朵的宽度、手腕及脚踝的宽度、手脚骨骼的长度、两边乳房的大小以及左右边脸等。究竟什么能够干扰基因对于人体设计的完美对称呢？两个原因——意外与疾病。

当遭遇意外时，人在修复的过程中比较可能发展出不对称。比方说，如果小时候骨折，复原过程中重新生出的骨头通常会比较大。事实上，让骨骼长得比未折断前强壮是必要的，结果就是两者产生了不对称。撕裂的肌肉及韧带在复原时会长得较大，骨盆腔压迫神经也可能会让腿及肌肉发展得不同，甚至可能造成一边肌肉的萎缩。

人类终其一生，身体都暴露在无数微小有机体的攻击中，因为这些有机体鲜少同时攻击身体两边，所以会造成身体上的不对称。人类遇到的疾病越少，以及当遇到疾病时的抵抗力越强，身体就会维持得越对称。这也表示他们能够避免及抵抗意外与疾病的能力，比其他较不对称的敌手强，也更有可能维持他们基因的健康。

所以，吸引力潜在的原则是十分直接的。人类已经被预设好，所以会认为具有健康与生育能力特征的人是有吸引力的，这些人也就具有“好的基因”，这些好的基因将会传给可能的后代。对其他动物的研究显示，鸟类及昆虫类也会对类似的特征有所反应，对称性就是其中最有影响力的一个。

*

本场景中的黑发女孩在身体与整体上都比她的朋友更加吸引男性，她有很多外表、身体及性格上的特质——好的腰臀比例、清澈的眼睛、健康的头发和皮肤、脸部与身体的对称性以及风趣机智的个性，这会带给男性一些讯号：她是健康、能生育以及忠实的。当然，有些男性会比较喜欢金发女孩，可是大多数不会。在认识她们的男人中，黑发女孩通常是第一选择，她也不需要花太多力气去吸引她的伴侣。虽然金发女孩并不是不吸引男人，但她必须冒着可能被强暴、传染疾病以及被抛弃的风险，才能得到更多的注意。在本场景中，她躲过了这些危险，但是她必须与园丁安定下来，互为终生的伴侣。相反，黑发女孩花了较少的努力，就找到成功、有钱的伴侣来扶养她的后代。

到目前为止，在本场景中所发生的事情都很合理，但是这些角色的生活方式似乎显示了一个自相矛盾的论点。虽然黑发女孩不仅从她的吸引力中显示出健康及生育讯号，也确定得到了一个更好的伴侣，但是为什么她的繁衍成果好像并不如人呢？最后在她30岁时生了2个小孩，而金发的女人却拥有5个小孩（虽然麻疹带走了其中一个女儿的性命）。这似乎显示后者赢得了竞赛，或者至少在自然选择的规则下胜出。本场景中所发生的事件否定了之前演化分析的结论吗？或是自然选择有何巧妙的安排是我们还没有讨论到的？

如果自然选择所安排的“最高的繁衍成果”能够简单地以不同条件个体所繁衍的后代数量来衡量，那么生命对于演化生物学者来说就容易多了。但是现实是更加微妙的，在下个场景中还会提到——我们将会看到这两个女人及她们所建立的“王朝”后来发生了什么事。

场景12 质胜于量?

比起生育更多的小孩，黑发女人与她的丈夫选择了大量投资于儿子的教育及管理训练。第二次世界大战来了又去，儿子从军中安然归来，当时他才25岁，长得好看且正准备在父亲鞋业王国的营运发展中担任要职。

此时，黑发女人住在不远处的女儿也已经为她生了两个孙子。不过，她的儿子还不急着安定下来，他经常迁移，住在昂贵的旅馆，为他父亲的生意到处视察。他很享受这种自由，也享受与各地的美丽女子约会，这些女人都争着得到他的喜爱。

其中有一个他最喜爱的年轻女孩，才20岁出头，在家乡的鞋店里工作。他每次只要回家，就会想要多了解她一些。他们越聊越投机，很快，拜访女孩成为他回家一定会做的事。偶尔他也会载她出去逛逛，请她吃午餐。鞋店经理对鞋店老板儿子的行为非常不高兴，因为他私底下也爱慕着少女。女孩有个男友是学校老师，不过女孩迟迟不答应他的求婚，因为她觉得自己还没有准备好走入婚姻的承诺。鞋店老板的儿子因为典型的傲慢性格，半猜疑着女孩谨慎的原因是为了他，因为女孩一定怀着小小希望，希望有一天两人的友谊能更进一步。

冬季的某一天，早上下起了大雪，大约到中午的时候天气才好转，苍白的太阳照着整个遍布白雪的城镇。鞋店老板的儿子载着女孩，像平常那样外出用餐。之后，他开车到父母的房子拿一些文件。在确定父母外出后，女孩不用他第二次开口询问就走下车，想看看这栋在她想象中十分豪华的房子。他们两人都没有穿着适合这种天气的服装，所以很小心地走在花园小径上，沿着旧的足迹前行。

当他们站在大门前，鞋店老板的儿子正在找钥匙，一团被太阳融化的雪从屋顶上掉下来，刚好掉到他们身上。两人都吓到了，也因为身上湿了感到不舒服，不过还好没有受伤。他们一进入屋内，便赶紧在客厅壁炉里添了点柴到快熄灭的火中，接着就坐到火炉前，想把身体弄干。

一方面因为不舒适，另一方面也由于逐渐高涨的性刺激，女孩几乎不需要多加游说就接受了他的提议（如果把衣服脱下来会干得更快）。他说他要找一些衣服来给他们换，她以为他至少会带着几件睡衣回来，结果却因为他带回两条大毛巾而笑了出来。当他溜到沙发后脱衣服时，女孩还因为他的扭捏作态感到有趣。他的手指还冷冷麻麻的，很困难地脱下皮带和解开裤子的扣子。女孩子站在火前，敏捷地脱下衣服，仔细地将除了腿及肩膀以外的部分用毛巾围好。在男人还没脱掉裤子前，她全身仅有毛巾包裹着。

看着他的笨拙，女孩惊讶于他的紧张。她想帮他，于是向沙发移动。男人尴尬地围着毛巾，并叫她留在原地。她误解为害羞，所以就不顾警告往前走去。接下来，他们开始在房间里边笑边追逐。她在追到男人的几秒钟前，毛巾掉落。在笑声及喘气声中，他让女孩帮他解扣子，脱掉最后一件衣服。几分钟后，他们激情地在沙发后的地板上做爱。

他射精后还停在她体内时，门开了。黑发女人看到儿子的车停在屋外，所以就直接走到客厅。她看到火炉前有女人的衣服散落，马上就知道是怎么回事。不过她没有立刻离开，而是满足了一下自己窥探的欲望，浏览了房间一会儿。儿子的调情行为对她而言有点熟悉的感觉，她还有点引以为傲。看到沙发后裸体的这一对时，她尴尬地一笑，道歉后离开了房间。

一个月之后，老板儿子再一次看到女孩时，她告诉他自己可能已经怀孕了，并吐露秘密似地说，她没有告诉她的教师男友，但已经告诉男友自己愿意嫁给他，如果他还愿意的话。不过要改变主意也不会太迟，她很慎重地看着老板儿子的眼睛，急切地想找到他也许会娶自己的意愿。他呆了几秒钟，看着远方，想知道如果真的怀孕了，她有多确定孩子是他的。女孩说她与男友已经有好几个月没有发生关系了。老板的儿子谨慎地说，他们可以等到女孩确定已经怀孕，再来讨论这件事。女孩失望且生气地说，她不能等太久，因为她知道，如果不小心，她很可能因为怀孕而失去现在的男友。

老板的儿子也感到惊讶，他向母亲寻求建议。他很喜欢这个女孩，可是还没决定安定下来。他现在的生活方式很好，并且不想跳进婚姻的桎梏中。他的母亲很赞同他的想法，这让他也吓了一跳。她认为，他还不能确定这个孩子是自己的，而且他是一个很好的对象——有这种身份地位的男人被诡计多端的女人绑住的例子太多了。即使他真的喜欢那个女孩，还是可以找到更好的。于是这个男人听从了母亲的建议，即使私心相信如果女孩怀孕，他的确是那个小孩的父亲。一个月后，老板的儿子再去造访鞋店，女孩告诉他最糟的状况——她确实怀孕了，然后再一次坚持他是孩子的亲生父亲。他尽可能温和地告诉女孩，他无法娶她，她应该照原来的计划嫁给教师男友。

女孩对于他的决定很失望，但并不意外。她知道如果男人真要娶她，不会离开整整一个月。日子一天天过去，怀孕的事情也更加确定了，她开始让自己适应当教师太太的生活。然后，因为怕失去男友这个选择，她与未婚夫更常性交，以便让他相信小孩是他的。小孩迟了两个星期才生出来，不过她的先生以为是早产了三个星期，因此没有怀疑自己不是小孩的父亲。之后，女孩在鞋店兼职好几年，当女孩的老板对她儿子的教育十分关心时，当小孩长大鞋店老板让他在店里当学徒时，女孩的丈夫也没有起疑过。

黑发女人以一种谨慎的态度对待那个小孩，而他在学习上的进步也让她十分引以为傲，就像对待她合法的孙子们一样。儿子也完全说服了她，说自己确实是那个小孩的父亲。他最后娶了一个关系不错且有钱人家的女儿，他与美丽年轻的太太生的两个小孩都是女孩。不过黑发女人能够从儿子的态度看出来，私生的儿子才是他骄傲及喜悦的来源。尤其当那个小孩也步他的后尘成为一个花花公子时——在他30多岁时已经跟3个不同的女人生了6个小孩。

现在黑发女人快90岁了，离她发现儿子跟鞋店里的女孩做爱的那天已经35年。她坐在餐桌旁读着当地的报纸，一条新闻引起她的注意，勾起一阵乡愁：跟她一起看着马儿勃起及飞机掠过天空的那个金发女孩死了。黑发女人虽然恨了她将近一辈子，但是当得知她死了的消息时，还是感到伤心。新闻列出金发女人的家族：2个儿子、2个女儿、5个孙女、1个孙儿以及11个曾孙，其中有6个是属于孙子辈的。然后，新闻上还说着金发女人多为他们感到骄傲。

黑发女人微笑着。她永远不会忘记这个朋友，在许久之前闷热的下午，金发女孩告诉地主儿子的谎言，多年来也有够多的闲言闲语让她了解这种恨意是互相的。另一个女人老是忌妒她，首先是她的长相，接着就是她的财富。有一行字让黑发女人有点生气，金发女人说过：不管她是否有钱，她没有想过会建立有这么多孙辈及曾孙辈的“王朝”，不过她认为，这才是她一生中真正的成就。

黑发女人再次微笑。她的确只生了2个小孩，外人看来她也的确只有4个孙子及8个曾孙。但是她清楚地知道，那个金发女人所引以为傲的、给自己生了6个曾孙的孙儿，其实不是她的。这个小孩是在一个下雪的冬日沙发后受孕的——可怜的带绿帽子的学校教师是金发女人的儿子。所以事实上，金发女人只有6个曾孙，而她却有14个。

她暗自发笑，用虚弱的手将报纸放在桌上。她喃喃自语着“我想我赢了”。

自然选择并不急着颁奖。繁衍竞赛不是一个人停止生育后就胜负分晓了，就像本场景所描述的，直到小孩又生了后代，甚至这些后代又生了小孩之后，繁衍的结果也许才会显现出来。

本场景中的两个女人，我们知道她们住在同一个村庄，出生时间相差几天，父母都拥有差不多（不太多）的财富及地位。她们甚至在青少年时做同一种工作，在同一个房子帮佣。她们唯一较大的差异在于基因上的不同，因此她们被赋予了不同的特质，这些特质让她们在自然选择之下有了不同的遭遇。黑发女人在竞赛中，曾孙的人数以14：6赢了，虽然她在儿女的比数上只有2：5，而在孙辈的人数上则是5：5平手。即使没有那个生育能力超强的私生孙子，她还是以8：6的成绩赢得曾孙辈的繁衍竞赛。虽然她一开始生的儿女比较少，不过因为那个非婚生的孙子，她获得了全盘的胜利。为什么最后会变成这样的结局？这两个女人在三代繁衍上的结果是纯粹靠运气，还是有些重要的原则在运行着？

第一，本场景并非在描写一个道德判断的故事。在拥有长期伴侣前受孕、在15分钟内与两个不同的男人性交，然后拥有一个人数众多的家庭，这些只要在适当的人选及环境之下，都可能完美地成为成功的繁衍策略。金发女人输了，不是因为她性活动开始得太早或太急，也不是因为她用不正当的方法征服了被较具魅力的敌手所诱惑的男人，自然选择不适用于道德的判断。在不同的环境之下若与不同的人在一起，这样不正当的策略还是可能带给金发女孩胜利。但是在这个例子中，她并没有获胜。到底是什么原因让演化最后还是偏好于黑发女人呢？

事实上原因有好几个，其中前两个我们已经提到过：第一，大多数男人发现黑发女人较吸引人；第二，她决定要选择一个成功的男人来扶养她的后代；第三，她所繁衍出的家庭人数——两个小孩，让她能够投资很多资源在教育与培育上，尤其是在儿子身上；第四，她的小孩是健康的、可生育并吸引人的。这些因素综合起来，我们就可以发现端倪。

基于前两种原因，黑发女人可以在宽敞及卫生的环境下扶养小孩。也正因如此，她的小孩比较能抵抗疾病，而如果真的感染疾病也能够撑过去。后代不仅能够存活，也比较能够具有对称性、能够生育且吸引人。金发女人的5个小孩中，一个在童年时死亡，另一个因为童年时泌尿系统疾病影响而不能生育，这些不幸有一部分的原因是其生活水平较低。我们之前提过，即使是在快迈入20世纪时，最低的社会经济水平族群者的小孩，在成年前死亡的概率还是比那些最高社会地位者要高出两倍。在第二次世界大战的前几年，也就是当这两个女人准备要扶养小孩时，这样的差别更是明显。

基于第三个原因，因为黑发女人只生了两个小孩，她得以投资时间、精力及金钱在每个小孩身上，让小孩有机会完全发挥他们的潜力。她借由第二个小孩较晚受孕来达成——她在家境变得更好时才生第二个小孩，而之后也没有再生。

黑发女人的行为所显示出的策略就是本章的中心主旨：拥有较少的小孩实际上在成功的繁衍上可能是更积极的策略，只要在质量上提高亦能增加繁衍成果，就是一种好处。换句话说，一个女人并不一定要靠越多生或越早生小孩，来达成最大的繁衍成果。避免受孕在成功的繁衍策略中，也可以是一个必要的手段，对女性而言更是如此。

大多数人认为，家庭计划及避孕措施是一种现代发明。事实上，家庭在避孕措施发明前就已经被计划好了。在人类还没出现前，女性的身体避免受孕的自然方法就是从哺乳类的祖先得来的，包括：禁欲、不排卵、受精卵不在子宫内着床、怀孕期前三个月内自然流失胎儿、怀孕期的流产，或是生产后抛弃甚至杀掉婴儿等种种手段。直到现在，这些手段也是女性家庭计划的助力。有些我们会在其他章节详加阐述，而它们都是“自然”的方法。我们之所以称之为自然，是因为这些方法让女性在生养小孩的时机未到时，避免其身体这么做。

一般性的原则是，女性的身体会努力遵循家庭计划，其中一个我们已经提过，现在将它更完全地揭示出来。每个女性首先要面对的挑战就是，要于其所处的环境之中，辨识出最适宜的家庭规模，然后确认她确实繁衍了相同数目的小孩。如果数目未达到，她之后自然会有较少的后代。同样，如果她想要有较大规模的家庭，那么这个家庭可能过于拥挤，同时存在着可能让自己过度繁衍的风险。如果因此招致疾病及不孕，繁衍也会停止，后代同样会减少。

*

在人类漫长的历史进程中，相当长的一段时间内，人类都以游牧的方式过活。社会是由一群群散居的个体所组成的，他们有着丰富蛋白质的饮食。相较于疾病而言，大多数人的死因是意外、掠夺或是族群的内战。女性仅仅运用上述几种自然方式，在生命中可以只生3～4个小孩。在游牧生活方式中，小孩会有较小的生存机会，在3～4个小孩中，有2～3个会存活下来。所以小家庭并不是新发明。

直到15000年前大家庭才真正出现，农业的出现改变了生活方式。在最肥沃的农业区中，大而集中的社群因为碳水化合物丰富的饮食习惯而发展出来。由于疾病与婴儿死亡的现象普遍，一般平均的家庭规模中约有7～8个小孩，但是一倍以上的规模也很常见。在农业社会中，大家庭的好处是当小孩长大后，就有更多的人力可以帮忙务农，这也是这种生活方式的特征。全家族也许会在几天内因为致命的疾病被消灭，但平均还能有2～3个存活下来。

所谓“现代化”出现之后，幼儿死亡率开始降低。几十年后，出生率也降低了。在西欧，出生率的降低是因为女性开始有小家庭的家庭计划，以及现代避孕措施的出现与使用。之前所讨论过的压力，同样也会帮助女性达成她所想要的家庭规模。比方说在英国，20世纪80年代结婚的一般上班族女性，在其青少年时期或是二十出头时，会有10次左右怀孕的机会。平均来说，其中有3次会流产，另外7次中有2次小孩最后会在出生时或还在幼儿期内死亡。即使幼儿期存活下来，也只有3/4会长大成人。这种现象的产生是因为现代工业社会中家庭规模的缩小，而非避孕科技的进步——女性潜意识中会计划越来越小的家庭规模，以增加小孩存活的条件。

1995年在开罗举行的一场国际性人口成长会议中指出，第三世界国家减小家庭规模的最好方式就是提高生活水平，以及对生命的预期。女性会在潜意识中，借由小家庭规模的预期来达成实际的结果。为了能够达成家庭计划，女性会使用之前提过的各种自然方式，配合任何可用的现代方式。不论如何，现代的避孕方式让女性选择一生所拥有的子女总数与现实上相差无几。有些受孕率较低的国家，例如西班牙、意大利及日本，反而很少使用现代避孕措施。在日本，口服避孕药并非真正用来避孕，只是为了治疗月经周期不准时而已。在非洲也是这样，怀孕率应当归因于不同国家的不同生活水平，而不是现代避孕工具的普及与否。

当然这并不是说避孕工具，尤其是口服性的，对于现代女性要达成计划而言不是一种有力的武器。比起自然的方式来说，这些方式能给予女性更多的主控权，让她决定于何时及与谁受孕。但对于大多数女性而言，其所拥有的子女数目更取决于她们的处境，以及生下的小孩是否真的生存下来，且成年时具有生育的能力。

黑发女孩比她的朋友成功的第四个原因，就是她的小孩比较健康、较有生育能力以及较吸引人，这才是真正让她成功的关键。同时，这也是我们刚刚所有讨论的一种综合性的结果。黑发女人的女儿是她与鞋店老板婚姻关系较早期时生下来的，或许没有完全从父母事业上的成功得到好处。不过她内含很多好的基因，也吸引到一个好的对象，生了两个小孩。相反的，到了经济比较好时才生的第二个小孩，黑发女人能够给他很多的好处。儿子在富足的环境中被扶养成人，从未缺少过营养，正因如此，他能够较好地抵抗意外与疾病。他抵抗力的来源也是从母亲那里遗传的好基因。这样的背景，也会让他在外表上更吸引人，加上家族的财富及地位，作为一个长期伴侣的吸引力也更大。当女性在找寻基因提供对象时，都比较倾向于他——事实也是如此。他最后在婚姻关系中有了两个小孩，另外有一个是来自短期的关系中，甚至让另一个男人——也就是金发女人的儿子戴了绿帽子。在他年轻的时候，其他城镇的情妇也可能生下他母亲或者他自己都无法得知的后代。在这样的状况下，黑发女人的胜利可能大于她所知道的。

既然我们知道，那个小孩是黑发女人的儿子年轻时与鞋店女孩调情生下来的，后来那个男孩被金发女人的教师儿子所扶养，黑发女人的儿子反而能够专心地去扶养自己其他婚生的子女。但是，当男孩长大的时候，亲生父亲可以不被起疑地帮助他，而这个男孩因为得到两个男性的支持，变得成功且吸引人，在3段关系中生了6个小孩。就是这6个小孩让黑发女人超过对手，赢得了极大的胜利。

我们现在能够知道，金发女人在她的家庭计划中所遭遇到的困境了。首先，她的生活水平很明显是低的。如果她只生有1个或2个小孩，同时也投资了许多时间、精力及金钱去扶养他们，她还是不能保证小孩们会远离意外与疾病，到最后可能都没有子孙存活。所以她必须生下5个小孩，才能合理地确认会有2～3个能存活到成人时期并且继续繁衍。如果够幸运，她还可能获得更大的繁衍成果。不过后来只有3个存活下来，并能够生育下一代。在繁衍上她确实不算失败，只是远不及她的敌手。黑发女人可以负担2个小孩，她的生活水平会让她预测小孩很有可能存活。而在2个小孩身上的大量投资，也带来了极佳的效果，尤其是她儿子的地位与吸引人的条件，都足以带给她极大的繁衍奖赏——她也的确得到了。

因此，黑发女人不但从自己的好基因、好的求爱对象及家庭计划中获得好处，也从繁衍较少但是较健康、较有财富、较具生育能力和吸引力的孩子们的策略中获得利益。

场景13 孤注一掷

老人找到了一根拐杖，将他往下沉的身体拉上来，然后微微地颤抖着，找到了另一根拐杖。老人拖着脚穿过房间，他的鞋子发出拖曳过地毯的声音。这是夏末的午后，刚刚割过草的新鲜味道从打开的窗户外飘进来。在割草机声暂停的时候，还可以听到远方收音机传来的无厘头的广播。

他很累。从刚刚到现在一直在椅子上打盹，梦到自己还是小孩的时候，直到亮晃晃的阳光落到脸上把他弄醒为止。阳光还照到房子角落处老抽屉里的一些泛黄照片上，其中三张要比其他的大一些。它们华丽的装饰框上堆积着厚厚的灰尘。老人在老伴死后还持续着他的习惯，每个星期拭一次灰，一直到这样做好像已经没意义了为止。

最大的一张是一个青少年男孩靠着木门，显然是在摆姿势。草长到他的脚边，风把他的头发吹得蓬蓬松松的，清凉的风让玫瑰色的脸颊看起来比17岁更加年轻。老人看着这张照片，还可以想起当年拍照片时的一些细节。他的儿子是一个热情的业余摄影家，一天他们去爬山时，儿子说服老人帮他拍了这张照片。这是老人最喜爱的一张，也是最能帮他回忆起儿子童年的一张。因为今天是个重要的日子，他不时地把它拿出来看。

第二大张的是男人曾经养过的一只牧羊犬。他很爱狗，如果情况允许，他希望现在也能养一只。还有一张是两个男孩肩并着肩——那是男人跟一个朋友10岁时拍的。在年轻的时候，他们可是孟不离焦的好朋友。他们的友谊到了青少年时期都还维持得很好，直到各自娶妻。可惜的是，两人的老婆相处得不是很好，所以这两个男人就越来越少联络，渐渐地他们的接触仅变成在街上相遇时礼貌性地点头致意。他们拥有各自的生活、工作以及家庭。这个老人只有1个儿子，是他和太太三十出头时出生的。老人的朋友是一个很尽心的伴侣，生了2个儿子、3个女儿。

大概两年前，男人的老伴突然过世，他的朋友也来葬礼上追悼。那天他们只短暂地交谈了一下，但是没过多久他们开始聚在一起消磨时间。另一个男人因为关心他的朋友，也会在他寂寞的晚年邀请他去家中做客。老人知道他朋友的好意，但是后来老人发现，他拜访朋友时会神经紧张。他朋友有一个大家庭，他跟他老伴很少单独在家里。5个儿女都住在当地，而且都至少生了一个小孩，这使得房子里总是闹哄哄的。和自己的状况比起来，老人觉得很受打击，也因此开始找借口减少拜访的次数。其实，老人每次去朋友那里时，总是要花好几个小时听他卖弄这个或那个孙辈的成就，觉得很苦恼。终于，他找了一个避免与老朋友聚聚的理由。确实他现在过着很弧寂的生活，不过今天是星期三，每逢星期三他总是有几个访客。

在厨房里，老人为自己泡了一杯茶，然后沉沉地坐在壁炉旁的老皮椅里。他边喝边闭上眼，如果不是叩打窗户的声音打扰了他的白日梦，他可能会再睡上一会儿。老人立刻睁开眼确认那个声音，他站起来叫访客从大门进来，然后那个男孩为自己泡了一杯咖啡。男孩对于老人的厨房并不陌生，他知道每件东西摆放的位置。坐下之前，他先把椅子上的一叠报纸移到旁边。老人很喜欢男孩的陪伴，因为这会让他想起他儿子在差不多年纪的时候。他们的对话比较像是多年好友，而不是两个年龄差了六十几岁的人。谈了几分钟之后，男孩拿出扑克牌，他们开始玩牌。

隔了一会儿，男孩发现老人似乎常常注意力不太集中。“有什么事不对劲吗”，男孩问他。老人显然对这个问题感到惊讶，但还是继续玩牌。不过男孩可不想被敷衍，他坚持让老人告诉他到底是什么事。最后老人拖曳着脚步走到客厅，一会儿回来的时候手里拿着儿子的照片。今天是他儿子的生日——或者说应该是。

因为不知道要怎么回应，男孩就问老人发生了什么事。老人叹了口气，说了他的故事。老人常常因为儿子朋友的转述，就好像当天自己也在场，有着同样的经历一般。

那是一个除夕夜，老人的儿子跟一群朋友外出庆祝，其中一个人借了他爸爸的车。这些年轻人情绪高昂，开着车沿着省道去附近的城镇狂欢。当天晚上他们要实践当初约好的雄心壮志，他们跳舞、唱歌，顺便约约当地的女孩。当他们启程回家的时候，新的一年才过了三个小时。

空气似乎异常地凝重，潮湿的空气具有威胁性。他们发现浓雾威胁着驾驶，而不久后他们就不知道方向在哪，只好停下车子。车子被白雾像毯子般包围，这些年轻人开始紧张。考虑几分钟后，老人的儿子坚持要开车上路。他伸着脖子尽可能地往外望，但也只能看到一点点前路而已。大约向前走了一公里，车子已经慢慢地移向逆向行驶的车道上了，然而车上的人并未发现。因为能见度太低，司机没有注意到前方突出的树枝，树枝一下子就猛撞到老人儿子的后脑，致使其当场死亡。

老人讲完沉重的故事，摸索着手帕，他和妻子从来没有真正从儿子的死亡中解脱出来。年轻人顿时不知说些什么才好，他好像打扰了什么。“这已经是好久以前的事了”，因为感觉到年轻人的不自在，老人喃喃自语着。之后老人又开始玩起扑克牌。

无论何种原因，场景中这个悲伤孤单的老人是繁衍上的失败者，而他童年时期的朋友却是成功的。后者生了5个小孩，拥有许多孙儿孙女，而他只生了1个小孩，没有孙辈。基因所精心安排的这个男人的长相、化学物质以及行为都注定不会再传给后代。相反，他朋友的长相、化学物质及行为却会传给往后好几代。我们的主人翁和他的妻子追求的策略，在前两个场景中对于黑发女人而言是很成功的。不同的是，这一对夫妇实行生育上较极端的方式——他们只生了1个小孩。

当然，这还是有可能成功的。独子显然会有很多物质上的优势。他能够得到父母所有的关注，享受最多的家庭资源并完全实现自己的基因潜能。然而，他们也可能错失有兄弟姐妹所能得到的好处。整体来说，好处应该比坏处多。当一对伴侣想要实行只生一个小孩的策略，这时如果小孩是男的会有一些好处。我们将在下一章中看到父母的偏爱，有些社会将繁衍上的优势条件，比方说充沛的关爱与财富，集中于男孩而非女孩身上。所以场景中这对伴侣在策略上来说是正确的。

从演化生物学的观点上来说，比起其他的状况而言，生育1个小孩是否能达到最高质量，或是比在前一个场景中黑发女人生了2个高质量的小孩还要好，因为没有很完整的数据，所以很难做出判断。无论如何，有一件事是可以确定的：不论只生1个小孩具有什么优点，同时也伴随着危险，就像本场景中老人所经历的。

为人父母是很难的，充满了陷阱。从做父母的第一天起就需要随时警觉、注重效率，尤其是当父母只有1个小孩的时候。一个错误甚至仅仅是一次比较差的运气，他们终生繁衍的努力就白费了。场景中的这个老人采取不错的繁衍策略——一个高质量的儿子，以常理判断，他也不是一个坏父亲。他没有忽视教养、虐待或杀害他的儿子，事实上，他显然十分关怀他的儿子。不过，自然选择却让他变成失败者。不管在怎样的情况下，他和妻子缩小了他们的家庭规模，只生了1个小孩，这种行为仍然是冒险的，也透露出它的悲惨性。

在现代工业社会中，只生1个小孩的家庭数量逐渐增加。在中国最常见的家庭规模是仅有1个小孩，不过在其他的工业化国家是2个。比方说在英国，1950年时有43%的女性生育2个小孩，是仅生1个小孩的2～3倍。有趣的是，中国实行一胎化政策后，性别比例也有了戏剧性的变化：现在男与女的比例是16：10，而在过去家庭规模较大时，比例是11：10。

越来越多的中国人仅拥有1个小孩的事实，是否表示全球有更多人只生1个？因为全世界有1/4的人口是中国人。其实这并不像表面上所呈现的，世界上每一个国家都有这样的趋势。举个例子来说，在英国，出生于1920年的女性中，每5个中有1个只生1个小孩；而在1950年出生的女性，变成8个中只有1个在生了第一个小孩以后就停止了。这样的结果显示，只要人们是可以生育的，只生1个小孩是不得已的。这也暗示了，大多数人类被默认了某种程序，所以一般情况下，大部分人不会因为生1个孩子具有诸多优势，就选择只生1个孩子。

BABY WARS

06

家庭冲突

场景14 手足之争

年轻女孩突然闯入姐姐的房间，身上只围着一条浴巾。“可以现在借给我吗？别这样，你答应过我的。”她扶着半开的门说道。她的姐姐好像没有听到一样继续写了几秒钟，头抬也没抬地回了她的话：

“我现在可不确定，我想我改变主意了。还有，你下次可不可以先敲门？你知道嘛，你不可以像这样随便闯进来。”她口气坚决，接着，就回去写东西。

妹妹眼睛泛着泪光，然后慢慢地靠近姐姐，抓起她的手臂摇晃起来。

“嘿！住手，很痛耶！”姐姐叫出来，把女孩的手甩开。“只要我想，就可以改变主意，不行吗？”

“你答应过借给我了。”妹妹警告她，“不管怎样，我没有别的衣服可以穿了，而且我已经买好搭配的东西了。不公平！你只是在忌妒，忌妒我穿起来比你好看！”

“我忌妒你？”姐姐笑着，以嘲笑的口吻说，“你一定在开玩笑。”

停了几秒钟，受到刺激的妹妹说：“好，就是这样，我自己去拿。”接着大步走向姐姐的衣柜。

“你敢碰我的衣服。”姐姐大叫，从书桌前跳起来转身跑到楼梯最上层，倚着栏杆对母亲大叫：“妈，妈，她要拿走我的衣服啦，妈！”

她们的母亲在楼下叹气，放下手中的最后一个陶器，缓缓走向楼梯。她听到女儿们的争执大概有5分钟了，知道她们会让自己出面主持公道只是时间早晚的问题罢了。随着两个女孩争着飞奔下楼，喧闹声逐渐大了起来，彼此推挤着想跑在对方前面。忙乱之中，妹妹的浴巾掉了下来，露出刚开始发育的胸部。她镇静地走完最后几阶楼梯，脸也涨成了粉红色。这时母亲先出声了。

“老天！”女人看着女儿们的脸，“现在是怎么啦？”她问道。

“妈，这都是她的错。”妹妹抱怨着，“她改变主意全都是因为她知道‘他’会去，这不公平。”

“什么？别傻了，更何况‘他’是谁啊？”姐姐做了个鬼脸还以颜色。

“就是你为之疯狂的那个啊！”妹妹回答。

“你是说你为他疯狂吧，可不是我。”姐姐愤怒地说。

妹妹再一次跟母亲告状：“她只是担心我穿起来比她好看。她没有被邀请又不是我的错，而且上星期她说可以借给我的。”

“狗屁！”姐姐一边叫骂一边上楼，一分钟后把洋装丢到栏杆上。“拿去，你要你就拿去。看看我在不在乎，你这个笨蛋！”

“嘿！别说粗话，注意你的用词。”母亲大声说，姐姐同时也回到房间去了。这时，妹妹拿起洋装，三步并两步，得意洋洋地回房间了。

半小时之后，妹妹就甩门离开了。姐姐写完作业后，花了接下来整晚的时间泡热水澡。她的母亲这时正为妹妹离开时也没说一声再见而气恼，整个晚上想着她的小孩。的确，孩子的父亲不在——他晚上又要工作到很晚了。女人无法将注意力转移，她觉得要她不烦恼小孩子的事很难。

有的时候两个女孩相处得还不错，可是大部分时间并不和睦，总是有某些事情让她们争吵。最近争吵的主题变成房间的大小。姐姐的房间大了一点，她觉得很合理，因为她年长。不过妹妹就会抱怨不公平，她会说，年纪比较小又不是她的错，只要一有机会就会用房间比较小当借口，抱怨当妹妹所受到的不公平待遇。她会争着想要更大的空间：她的家具都比较大，而且她一定会有比姐姐更多的访客，这样子的安排是不对的。

她们的母亲觉得这个忌妒的问题可能是因为两个人出生的时间太近了，可是她也不想在第一个小孩才18个月大的时候就怀了第二个。女人还记得她生第二个女儿时兴奋的心情。女人一直想要有个姐妹，她想象着她的两个女儿会变成彼此终生最好的朋友，她们会彼此照顾、分享秘密。但是眼前的事实却刚好相反。不管她和她们的父亲如何公平地对待她们，妹妹总是说她某些方面比不上姐姐所得到的，而姐姐对于后到的家庭成员的怨恨好像也没有消失。

从一开始，姐姐好像就把妹妹视为威胁，她似乎知道如果有了一个妹妹，就表示自己得到的关照会少一点。女人还记得大女儿对她给妹妹哺乳时的反应，她对此很伤心。在一开始的时候，姐姐会忽视整个过程，过了一段时间，她就表现出忌妒。只要妹妹开始快乐地吸奶，姐姐就开始要东西。她要水喝，要她拿不到的玩具，或是要穿回袜子——只要是任何可以阻止给妹妹喂奶的事情，即使仅仅一分钟而已，她都要。一旦计谋无效，她就会试着强行挤到两个人之间，想要爬到母亲的膝盖上。

在姐姐大约两岁半的时候，最糟的事情发生了。那是一个炎热的夏天，她们想要午后在花园中坐坐。女人拿了收音机、毯子以及一些玩具到外面，想等会儿来个野餐。妹妹喝完奶在婴儿车里睡觉，女人则回屋清洗乳头。当她站在水槽前往窗户外望去时，她看到姐姐拿起收音机，跌跌撞撞朝婴儿车走去。想到接下来会发生什么事，女人感到毛骨悚然。她从厨房冲出去，抵达时正好目睹姐姐正要将那沉重的物品抛向婴儿车。幸运的是，女人抓到了收音机的一边，除了吵醒妹妹，没有更大的伤害。在这件事之后好几年，她都不敢再把两个女孩单独放在一起。

这件事之后，姐姐进入了她母亲所谓的“孩子气行为”的阶段。只要她在处理妹妹的事，姐姐就会躺在地板上，踢脚、尖叫或滚来滚去，直到母亲又注意到她。当姐姐发现弄脏衣服或地板最有效的时候，女人有时只好让她再穿回尿布。然而，到了4岁大的时候，姐姐更有策略性地企图从妹妹那儿赢得父母亲的注意。她最主要的战术是让刚学走路的妹妹做一些顽皮的事，然后自己跑掉，向母亲告状。当女人真正去了解状况时，姐姐就会坚持一切与自己无关。

这两姐妹从来就不是好玩伴，她们甚至会为了玩具争吵。姐姐通常都会靠较大的体型及力气把妹妹咬着的东西弄掉，她似乎也因为毁了妹妹设计给自己玩的游戏而感到高兴。等到妹妹长大一点，她开始报复姐姐，当姐姐和朋友玩游戏的时候，她会妨碍他们，做个讨厌的家伙。很少的时候，她们会一起下棋，妹妹会不遵守规则而触怒姐姐，而当她玩腻时会威胁着要弄翻整盘棋。

即使现在进入青春期，姐妹俩还是一样，虽然她们争的东西已经不一样了。她们似乎都不赞成对方的观点，口角常常发生。“也许她们永远都会这样吧”，她们的母亲伤心地想着，准备上楼去睡觉。

本章包含了5个场景（场景14～18），分别侧重于家庭生活中各种不同的面向，从下一代的幼儿期、儿童期直到青春期。

大部分人同意家庭生活是好坏交错的混合体的说法。好的时候，每个人的利益都吻合，快乐极多，也不需要什么演化生物学的解释。这种一致性让所有家庭成员都因为是家中的一分子，而无形中提高了繁衍成果。他们会互相学习，彼此支持，在面对外在环境时，以家庭单位作为一个整体能提供合作联盟的“战线”；在资源获取上，会比各自分别行动更有效率。相反，演化生物学能够帮助我们了解家庭生活不和谐的面向，以下就是我们要专注讨论的观点。

我们将描绘亲子关系之间的一些互动：在场景15中，我们将会讨论父母亲的偏爱与暴力；在场景16中，我们会讨论常被视为禁忌的乱伦议题；最后两个场景则描写了亲子关系中特殊的状况——“混合家庭”，也就是有继父继母关系存在的亲子关系。其中，我们也会考虑到儿童虐待的问题（场景17）。这里，我们首先来看看手足之争。

兄弟姐妹间的竞争是婴儿战争中比较明显的现象之一，我们中的大多数人应该都看过或亲身体验过各式各样的兄弟姐妹互相竞争的场面。手足之间会拌嘴、打架，甚至有想要占有对方东西的欲望，就像我们在本场景中看到的一样。有时，他们甚至会杀了对方。不管年龄多大，手足之间总可以找到某些事情作为争夺的焦点，这样的冲突竞争可能开始得很早。大多数小孩还在母亲子宫里的时候，都可以安全地避开兄弟姐妹之间的竞争。对于双胞胎来说，他们占领母亲身体所用的方式是勇猛地争夺营养，或是推挤着占据子宫中较好的位置。

在婴儿时期与学走路的时候，兄弟姐妹会争父母的宠爱，为了多拥有一些食物及玩具，甚至仅仅为了争得比较好的位置，或为其他琐事起口角；在较年幼时或青少年时期，他们会为了空间及父母亲送的礼物而争执；在青少年的晚期会为了交朋友或异性，甚至是更物质性的东西，比方说家里的车子而竞争；最后，在成年时可能会为遗产而争。从出生到死亡，手足之争都是一股很强大的力量。

这不仅仅是人类才有的行为，也不是一个新的现象。每种有家庭生活模式的动物后代，无论是哺乳动物、鸟或昆虫，都会有手足间的竞争。而且它还会在家庭生活的每个层面显示出来。在出生后不久，就可以看到哺乳类动物的后代为了吸吮母亲的乳头而争夺着。当雏鸟嗷嗷待哺，张嘴求父母给它们更多的食物时，也表现出手足竞争。在动物稍微长大后也可看到这种竞争，举例来说，小狮子玩的翻滚抓咬的游戏以及鸟类互啄的争执，就是要互相争夺父母领土的行为。

在浪漫的观点下，手足之间的冲突应该是不存在的：家庭是一个单位，如果每个人能团结一致，比起自己独立奋斗更能在外界获得胜利。而且从某些观点上来说，家庭的确是这么合作着——这也是形成家庭团体的好处。但是，以演化生物学者的观点而言，手足之争是不可避免的。那么，为什么自然选择要在人类及其他以家庭形式生活的动物里默认某种程序，让其以这种方式跟彼此竞争呢？基本的解释是非常简单的：每个人都试着最大化自己的繁衍产量，而且尽其一切所能去达成，即使牺牲其他兄弟姐妹的利益也无妨。

抑制手足之争的力量来自于父母，就像我们在本场景中所看到的。父母之所以会抑制这种行为，是因为他们的利益与后代的并不相同。演化已经默认了某种程序在父母身上，让他们担任小孩的仲裁者，父母会照着自己总体的繁衍产量的原则去评判，而不是着眼于某个小孩的繁衍利益。自然选择会偏袒那些能够观察、仲裁及协调的父母，让他们所获得孙辈的总数得以最大化。从一种较宽广的角度来看，这可能仅代表了父母亲会借由确认小孩们不至于在手足冲突中受到太大的伤害，就能够获利。虽然如此，不可避免的是这样的情况并非如此单纯，我们将在下一个场景中讨论到父母亲的偏爱问题。现在让我们假定，对于父母而言，最好的策略就是扮演让小孩平分家庭资源的仲裁者。

另一方面来说，每个小孩的所作所为都是为了获得最好或最多的一部分。在某种程度上，这意味着孩子应试着不要因为破坏父母的整体策略而与他们太疏远。如果这么做使父母开始不喜欢那个小孩，就会造成反效果。从某种观点上来说，小孩也必须小心，不要太过于破坏手足关系。兄弟姐妹也可以很有用——如果只是借借衣服而已。通常来说，在团体竞争中，手足之间能彼此合作的话，那么和单独行动比起来，他们可以获得更好的表现。如果共同行动，手足也会对父母产生较大的压力。手足关系因此就像一条在合作与冲突之间拉紧的绳索，最成功的小孩就是最会用心拉紧绳子的人。

*

冲突的代价是巨大的，它必须投注时间、精力及风险去离间其他的家庭成员。除非没有什么值得去争取的，那么可能就不值得投入代价。比方说，父母亲有多少食物、空间、金钱、支持及关注在自己身上，这是手足之争最中心的议题。我们可以臆测，手足之争在社会地位低的家庭中最剧烈。因为蛋糕本身很小，要尽可能拿到最大的一块，压力是很大的。而这种冲突在社会地位较高的家庭中会较轻微，不过同样还是会出现。不论小孩想要赢得的资源共享有多大，如果拥有更多，当然获利会更好。在大家族分遗产的时候，发生竞争激烈的手足之争，更是生命中常常上演的戏码。

其他还有三种原因会影响手足之间冲突的程度：年龄的差距、同性或异性以及他们在基因上的关联性。前两者是很直接的，年龄越相近的手足，他们的需求越相似，因此也就有更大的压力甚至是更多的机会要竞争。同样，同性手足之间也会有更多的东西需要从竞争中获得。况且，如果是兄弟或姐妹的话，他们的需求就会有更多的重叠。第三个因素则没那么单纯，有必要更进一步地探讨：手足的冲突程度会依照他们的关系而有所不同。在继父继母的家庭关系中，手足之争的情况最严重，接下来是同父异母或异父同母的家庭关系，然后才是亲生手足，而冲突最不明显的是同卵双胞胎。

没有家庭能真正避免手足之争，除非只有一个小孩。小孩们往往会发现，在很多种情况下，如果能将提高自我利益建立在手足的牺牲上，他们就能获利。在家庭生活当中，手足之争的范围会依照冲突或合作的代价，与利益之间所产生的复杂互动而有所不同。换句话说，就是被小孩在家庭的地位、成员、年龄、性别及基因所影响。即使是没有什么好争夺的，总有些来自于父母亲提供的关注可争。有时，所有兄弟姐妹会发现，为了获得更多此类重要的资源，就必须竞争。

冲突的本质与范围，也会依照父母亲如何协调小孩间的互动关系而有所不同。在本场景的讨论中，我们已经假定父母双方会以公正平等的方式仲裁。但一般的状况是，不公平的分配才是父母亲利益之所在。此外，母亲或父亲偏爱或不偏爱某个小孩所得的利益，可能永远都不相符。

场景15 父母亲的偏爱

年轻女孩小心翼翼地摊开一堆照片，她知道自己要找什么，一定可以在那里找到的。

这个星期天下午，她发现只有自己一个人在家，感觉很轻松。家里其他人，哥哥、弟弟、爸爸和妈妈都外出了。他们最近常常出去，她的哥哥从大学回家度假，而每件事都变得必须很特别，只因为哥哥回家了。和以往正常的家庭生活不同，这段期间内没有争执、没有无聊的星期天，也没有剩菜煮成的大杂烩。每件事一定要很特别。

在哥哥回家前几天，爸妈交谈的内容没有别的。母亲已经收拾、准备好哥哥的房间，冰箱里还放满了一大堆她亲手做的面包、蛋糕和水果派——只是以防万一他想吃点什么甜的。她还打电话给亲戚说儿子回家了，有机会她会带着儿子去拜访他们。

女孩放下照片后站了起来，离开自己那小小的房间，穿过走廊走进哥哥的房间。床铺已经整理得很干净，地板也吸过尘了。她马上想到自己的房间，床铺没有整理，东西堆得满地都是。哥哥的房间是家里最大的，而自己还跟弟弟睡同一个房间。弟弟还小，不能自己整理东西，她真的很讨厌这样。在哥哥离家念书后，她向父母抗议，争取要搬到哥哥的房间，却未能如愿以偿。而且父母还说，“他放假的时候还是会回家”“谁知道呢？也许他将来会回家找工作呢”。这真的非常不公平，女孩想着。她已经15岁了，需要自己的空间。她的朋友没有一个是和弟弟或妹妹住在同一个房间的。

她的视线停留在放在角落的那台计算机上，这也是真正冲突的源头。起先计算机是买给全家人用的，但是几个星期以后就搬到哥哥的房间里了。从那个时候开始，他几乎整天都占用它，而她只可以在哥哥偶尔外出的时候用一用。她爸爸为这事辩解说，哥哥应该会更加需要这台计算机，因为他需要用计算机做家庭作业，以便拿到A等的成绩。好像每个人都觉得她没有家庭作业，因为没有人觉得她会念大学。

从那个时候开始，她就存起在超级市场柜台打工的每一分钱，想买一台自己的计算机。虽然不像哥哥的那台那么好，但那是她想要的。此外，好像也没有人觉得哥哥应该去找一份工读的工作。哥哥大多数闲暇的时间都用在课外体育活动上，她爸爸对此特别引以为傲。大多数星期六，当哥哥还在学校的时候，爸爸就会开车接他回家，或者送他去参加比赛。晚餐时的话题往往都会围绕着哥哥当天的比赛表现，而在她身上发生的事却鲜少出现在话题之中。女孩知道父母这么做不是出于轻视，但无论如何，她想和父母谈谈。虽然她心里很清楚，这么做也不会让父母对待自己的方式有任何改变。

突然间，她的想法被大门钥匙转动的声音打断了。女孩打开窗户伸出头向外望，他们回来了。有人说话的声音飘进来，尤其她可以听到父亲的声音。“说说看谁是那个幸运的女孩啊？”女孩可以听到父亲在问哥哥，不过没有办法听到回答，因为哥哥已经走进屋子里了。离开窗户的时候，女孩叹了口气，然后向楼下走去，象征性地露个面。哥哥今晚有其他的计划，她胡思乱想着刚才那句“谁是那个幸运的女孩”。他有一大堆的女朋友可以在放假的时候约出去玩，而今晚会是谁呢？她要花多久时间打扮呢？明天她们是否会一直等待着哥哥原本答应回给她们的电话呢？是的，哥哥有好多女朋友，她为她们感到遗憾。

那天的晚餐迟了，因为要给哥哥淋浴时间，并让他在外出约会前准备妥当。迟来的晚餐不在女孩的计划之中，而且她也饿了。她窝在厨房，啃着一个比司吉，此时母亲正在忙来忙去，生怕漏掉了什么细节。通常晚饭煮好后，他们一家人就会在厨房用餐，但自从哥哥回家之后，每晚他们都在餐厅用餐。

当他们开始吃饭的时候，女孩跟别人约好的时间已经有点迟了，所以吃到一半她就准备离开。当她从餐桌站起来时，母亲停止谈话并问她要去哪里，显然已经忘记他们曾经在稍早之前讨论过这个话题。就在女孩打开门要出去时，她听到哥哥正在说什么，而妈妈正在笑。妈妈大声问她“钥匙带了没”，她停了一下想要回答，不过因为妈妈没有再问，所以她关了门就走出去了。

10天后，她发现自己又是一个人在家了。其他人要提早几个小时送哥哥回学校，顺便来个一日游。前天晚上，她有预感自己可能要一起出游，因为第二天是星期天，她功课也都做完了。可是最后一刻因为车子没有空位，就作罢了。其实她并没有很失望。他们离开之后，她就跑到自己那小小的房间，之前摊开的照片都还在地板上原封不动地放着。她跪在地上，一张一张地翻看。然后女孩终于看到那张照片了，那是父亲在哥哥第一天上学时拍的照片。女孩知道她跟弟弟都没有类似的照片，因为某种原因，弟弟跟她从来就没那么重要。

父母亲的行为表现让本场景中的手足冲突跟前一个场景比较起来，相当地不一样：在前一个场景（场景14）中，那位母亲在两姐妹间尽量公平地做仲裁；在本场景中，这对父母则尽可能地对儿子付出，却忽视他们女儿的需求与埋怨。

父母该如何做以便最大化他们的繁衍产量呢？他们应当尽可能地公平吗？他们应当偏心吗？或者他们只要让小孩自由发展自己的地位等级吗？可惜的是，至少在演化理论的观点里，并没有一个简单的答案。每件事都会视家庭的不同状况而有所差异，要视小孩的潜能、数目、年龄、性别以及关系等而定。

在前一个手足之争的讨论中，我们了解到两个原则：第一，每个小孩会努力最大化个人的繁衍产量，即使这需要兄弟姐妹付出代价也无妨；第二，父母必须在仲裁小孩之间冲突的同时最大化自己的繁衍产量。

有些时候，父母会借由公平分配而得到利益，也就是尽可能地将资源平均分配给每一个小孩。然而有些时候，父母会比较积极地支持较弱的一方，而抑制较强的一方。平均发展小孩潜能的优点是，从某个观点来说，小孩就像生命中的乐透奖券，任何一个都有可能中到繁衍后代的大奖，这是随机的。就像意外和疾病，它们可能会在任何时候袭击小孩。在这样的状况下，会有生有死，因此小孩能够长大成人也是一种运气。在公平分配的原则之下，如果某个小孩死亡，其他存活下来的也能够在生命中有好的起点。即使不幸降临其一，父母还是可能获得繁衍成果。反之，如果是最偏爱的那个小孩死亡了，另外那些没有好好准备的存活者，也就是在手足之争中没有被支持的牺牲者，就会使父母在整个后代的繁衍中不那么成功。

假设一个家庭有两个小孩，两个都得到父母同等的支持，而他们也各生下两个小孩，那么这对父母就有四个孙子。假设这对父母偏心，结果可能是被宠的小孩最后生了四个孩子，而较被忽视的没有后代。这样看来，不论父母亲公平还是偏心，最后都不会有什么损失，他们最终都会有四个孙子。然而，父母的偏袒却无法避免意外与疾病的随机选择。如果他们失去了最宠爱的小孩，他们最后可能会没有后代，他们的家族就绝后了。但如果没有偏袒的话，不管他们失去了哪一个小孩，还会有两个孙子。

因此结果就是，如果偏袒不能增加后代总数，不见得比较安全。但是如果偏袒确实能使数目增加，情况就不一样了：值得冒着意外与疾病侵袭的危险。从上述所举的例子来看，如果被偏袒的小孩生了四个或更多的小孩来对抗那个较不受宠的，父母最后会得到五个或更多的孙辈，而不只是保持公平分配下所能产生的四个。

所以，自然选择已经预设好，让父母偏爱他们的孩子中潜能更大的那一个。在这样的情形下，很多父母会发现自己情不自禁地鼓励、帮助某个小孩，不惜付出本应给予其他孩子的投资。当然，父母很少有意识地知道他们的支持会带来更多的后代，不过，这是他们身体所追寻的。父母的头脑会被预设有某种行为表现，好让某个小孩在某些层面上变得比较杰出。一个杰出的人不管专精于何种领域，一般而言，繁衍上都会比不杰出的人成功，尤其当他们的能力可以带来地位与财富时，更是如此。

*

我们在很多其他动物身上可以看到偏袒原则的行为，比较极端的例子是某些掠食性鸟类。有些鸟类，雌鸟在产下的第一个卵中放进了较多的激素，所以这只幼鸟就会比其他幼鸟更激进地要求食物。很多老鹰只产两个卵并孵化出两只幼鹰，但出生后其中一只就会比另一只得宠。老鹰父母会给偏爱的那只较多的食物，另一只很快地就会因为被忽视而死亡。很多时候，老鹰无法找到足够的食物喂饱幼鹰，因此它们会偏袒较强壮的那只，而不会平等地对待两只小鹰，如此反而能提高它们繁衍上的成果。只有在食物很容易获得的时候，它们才会试着两只都养，而且只有在弱小的那只还没死前，疾病或意外夺走了它们偏爱的幼鹰，它们才会给予弱小的那只完全的关照。在这些鸟类中，通常都是第一只孵化出来的幼鸟最受宠爱——而自然选择也带给人类相似的政策。

孩子们在基因潜能上的差异，并不是父母亲表现出偏爱行为的唯一理由，“出生顺序”也是一个重要原因。从整个历史上很普遍的文化现象来看，父母的土地及其他资源通常都由最年长的小孩继承享有。在西方社会里，最受宠爱的孩子通常是长子；在一些农业社会里，通常是长女最受宠；其他社群中，通常是最年长的小孩受偏爱。至今都还有相似的趋势。极端的例子是君主政治的传统，其他普遍可见的例子，就是像我们在本场景中所描写的状况一样。

对于演化生物学家而言，基于出生顺序的偏爱并不令人意外。一个人的繁衍成果不仅依子孙数量来衡量，也基于繁衍率。例如，若某人的繁衍率是其他人的两倍，则他可以在同一段时间拥有两倍数量的孙辈，或是在一半的时间内达到同样的数量。虽然我们讨论的是繁衍成果，但是也必须把这种速率放在考虑之中。当我们说到繁衍成果时，我们真正谈及的是繁衍的速率。父母增加繁衍率的一个方式就是让最年长的小孩得到许多利益，期望他能够得到繁衍上的成功。这是因为如果最大的小孩能够繁衍得最成功，他们就会较快地得到孙辈，繁衍的速率就会提高。

当自然选择让父母偏爱长子、长女，而其他的小孩都平等的时候，手足之争也会产生有趣的结果。有历史学者从一些自传及问卷的研究中发现，出生顺序对于人格发育有重大的影响。第一个小孩因为获得父母较多支持的结果，典型地会模仿父母的行为与态度。后来出生者必须让自己与其他手足有所不同，很自然地会站在与长子女相反的立场，而他们对于事物所持的态度往往也会具有革命性。简单来说，第一个小孩会比较保守，之后出生的则比较创新。

现在已经有可观的文件数据可以证明：对革命性的思想，例如政治上的群众运动，比方说法国大革命；或者对思想意识上的革命，比方说基督教新教改革等的支持或反对，会受到出生顺序的影响。整体来说，姑且不论支持革命者的年龄，赞成者多是家庭中后出生的小孩，而反对者多半是长子、长女。举个例子来说，达尔文在1859年出版的《物种起源》奠定了演化论的地位，在那个时代里相似年龄与背景的人之中，支持者是家庭中后来出生的，比起长子女多出了10倍。几十年之后，当此革命性的理论已经建立起地位时，角色互换了。那些乐于拥抱此理论的人变成了长子女，而反对者则变成家庭中的后出生者。

当此研究在1996年出版的时候，受到了媒体的注意。很多时事评论者讨论这个发现，声称此研究提供了人是被环境所影响，而非基因决定的例子，也就是“后天环境”胜过“先天遗传”的例子。事实并非如此，自然选择所做的是一种“情境反应”。基本上来说，每个人都同样地被预设好会先察觉自己在家中的排行地位，然后表现出适当的反应。所谓适当的反应是：一个长子或长女继承了父母的价值观，那么最小的会质疑父母的价值观，而生在中间的小孩会妥协。后出生者的反应并无法减少父母亲对长子女的偏爱，因为偏袒往往源自父母自身的利益，这点我们之前已经说明过了。不过，后出生者的反应真正达成的是，让自己可以发展出一种独特的对待事物的方式与行为模式。他们所追求的是被父母与长子女所忽略的机会与资源，在此“无人之地”找到自己的机会，以创新、不同的方式闯出一番新天地。

基因潜能与出生顺序不是影响父母亲偏爱的唯一因素，性别也是一种影响因素。通常来说，父母的财富及地位会优先赠与儿子而非女儿。本书前面曾经提过，拥有较多财富与较高地位的男性可能较早获得伴侣，并早一点开始繁衍；他的伴侣比较不可能出轨。因此，在所有方面来说，这样的男性都比较有潜力能够得到繁衍上的成功。在现代社会以及前工业化的社会也是如此。

由于女性大部分的出轨行为是与有财富、有地位的男性发生的，因此，女性在自己的家庭中偏好生男孩的话可以得到好处。以高地位男性具有较高繁衍成果的事实来看，他们不只在长期关系中繁衍后代，同时也可以通过给其他男性戴绿帽子的机会来繁衍。因此，如果女性与地位较高的男性配对，这时若生下男孩，会比生下女孩达成较高的繁衍成果。女性若能生下成功的儿子，在繁衍上所能增加的成果，比生出成功的女孩肯定多得多。之前也提过了，在记录上有过最多小孩数目的是男性生了888个，女性的话是69个（超过27次的怀孕次数）。

因此我们可以臆测，伴侣地位较高的人会比伴侣地位较低的人更容易生男孩，这也是世界上大多数研究结果所显示的。举例来说，列名于《时人杂志》（*Who's Who*）的男性与女性的数据就是如此。虽然这种比例——生男孩与生女孩的比例大约是115：100——仅仅是统计数字，通常情况下表现得不很明显，但是有时候则不然，比方说美国的历代总统总共生了90个男孩及61个女孩，也就是148：100。

所以，为什么女性不多生男孩呢？事实上，在某种程度上她们的确如此。平均来说，生男与生女的比例是106：100。但是男孩比较可能在童年时期死亡，所以到了开始繁衍下一代时，比例就变得差不多了。即使如此，拥有较高地位伴侣的女性比较可能生下男孩，而未婚的女性以及拥有较低地位伴侣的女性，比较可能生下女孩。

*

以上种种调查结果显示出，对儿子的偏袒行为通常会提高父母繁衍的速率。不过，这并不表示其他基因上、社会上及经济上的不同情况，从来不曾让父母从偏袒女儿中得到益处。

最近的一项研究就显示了这种情况。在匈牙利，吉卜赛人的贫穷伴随着疾病与不孕，这使得其繁衍成果比富有、安定的匈牙利人低。吉卜赛人的男性要在匈牙利人中找到伴侣是困难的，但是女孩就没那么困难。平均来说，吉卜赛人比较喜欢女儿生的孙辈，他们也比较喜欢生女孩而不是男孩。一个吉卜赛女孩如果健康、吸引人且受过教育，比较能够为父母产出更多的孙辈，因为她比较有可能与较富有、安定的匈牙利人结婚。因此，在整个吉卜赛的人口中，受偏袒的会是女儿而非儿子，而且女儿会被哺育母乳更久的时间，也会有更多的家庭资源投资在她的教育上。

到目前为止，我们所讨论的父母亲偏爱行为都是假设，母亲与父亲对于要偏袒哪一个小孩会永远意见一致，就像本场景中的情况。然则事实并非如此，通常来说，偏爱行为最关键的影响因素是父性确认。母亲对于小孩身上继承着她的基因一事，绝对信心满满，可是母亲的伴侣却相反。这样的差异性解释了父母亲偏爱行为的一些特征：父亲比母亲更可能表现出偏袒行为。父亲对待小孩的方式可能会随着他对某个小孩父性确认的程度而有明显的差异。即使意识上认为所有伴侣所生的小孩都很有可能是他的，他的身体还是会依照每个小孩的性格，做出不同的评价。由于这种显而易见不合逻辑的移情作用，他会感到某个小孩比起其他小孩更是他身体的产物，也就是父性确认评估后的结果。

如果母亲与父亲偏袒的对象不同，就会造成摩擦。这无疑会在父母亲与孩子间，以及手足之争中火上浇油。大多数时候，家庭生活表面上的平静让人忽略了潜伏冲突的错综复杂。有时就像我们看到的，手足之争若加上了父母亲的偏爱与父方的不确定性，可能引起风波。虽然为了所有成员彼此的利益，大多数时候终会趋于平静，家庭生活也会回到正轨。然而有时某个冲突会引发成为激烈的对抗，让家庭生活从此改观。

忽视、侵犯与暴力是偏袒行为下所产生的结果。父母可以用两种方式表现出他们的喜好——对宠爱的小孩非常积极，或者是忽视那个较不喜爱的。侵犯与谋杀是这种负面行为的极端表现。整体来说，当家庭环境较好的时候，父母比较有可能显示出偏袒行为较积极的一面，而当环境较差的时候则显示出较消极的行为。有时候，当不受宠的小孩的行为表现危及较受偏袒那方的繁衍成果时，父母亲的暴力行为或是谋杀就可能变成解决问题的唯一途径。当家庭资源很匮乏的时候，这样极端的行为最有可能发生。换句话说，父母对于小孩的不当行为最常出现在社会经济地位较低的族群中。

从某种观点来看，这样的暴力行为是之前提过自然选择家庭计划的一种延伸，这对于父母双方的繁衍成果非常重要。最佳繁衍成果的奖章会颁给那些在数目上及时机上都抓得刚刚好的父母。无论如何，有时在小孩出生之后情况恶化了，曾经是合适的家庭规模到后来似乎变得太大，影响到父母。事实上，父母有时候会因为环境逐渐地恶化而缩小家庭规模，以便他们的身体能够管理。虽然这种暴力行为（其他哺乳类动物也会如此）和家庭计划有关，但是选择杀掉哪个后代很清楚地是一种父母偏爱的极端显现。

此外，无论母亲对于暴力与歧视子女的标准是什么，父亲使用的方式有可能完全不同，因为他有额外父性确认的压力。当父性确认较低的小孩危及了父亲所偏爱的那个小孩的生存时，父亲比较可能会对前者使用暴力。

场景16 乱伦

男人没有意识到暴风雨即将来临，在他与伴侣争执不休的梦中，他对于女人不忠的抗议越来越严重与急迫。

暴风雨越来越近，闪电照亮天花板。在他的梦中，越来越响的雷鸣变成女人向他摔盘子，碎片落在厨房地板上的声音。就在他醒过来的前几秒钟，打雷的声音变成她甩门的声音。女人离开了，手里拿着车钥匙。男人的心好像被重击一样，而他醒来的时候，卧室的门是半开的。

“妈咪，我们好害怕。”8岁大的女孩说，“我们想跟你们睡，直到暴风雨停止。”在她身后，还有一个5岁的男孩和一个抱着泰迪熊的2岁女孩，他们都站着等待男人的回答。

“妈咪不在这里，亲爱的，”男人回答，“她必须去找一个朋友，很快就回来。你们可以跟我一起睡，直到她回家。”

暴风雨过后的早晨，男人听到一通留言，女人说她要跟着爱人寻找新天地。一个月后，男人收到一张明信片，女人在上面说她很抱歉，但是她不能控制自己，她的爱人比世界上任何东西都更有意义。她请男人好好爱小孩，给他们好的生活。

这一刻之前，男人一直无法相信女人就这样抛下他和孩子。之后，有好一阵子他还在想母性的本能应该会战胜一切，她终会回头，至少会渴望再见孩子一面。但是这张明信片迫使他重新审视自己的人生，开始认真思考如何独立撑起这个家庭。也许这并不是不可能的事，冬天他可以离家工作，而且他在管理财务上已经很成功了。

男人并没有直系亲属，他是独子，父母亲大约10年前就过世了，留下一笔可观的遗产。女人则是被领养的，当她还是青少年时得知自己的身世，她开始与养父母对立，第一次逮到机会就离家出走了，没有再回去过。他们两人都没有十分亲密的家人。他们很兴奋地发现这个在森林中快倒塌的农舍，离此最近的大路有一条刚好够宽的小径连接着，可以让他们的休旅车通过。男人花了将近一半他所继承的财产，买下并且整修这个农舍。在完成后，他们都不敢相信自己能如此幸运地拥有这个地方。不过有时，尤其在冬天，男人要接送两个较大的孩子上下学，30分钟的车程会让他怀疑这么做对孩子是不是好的，而他们是否要继续住在这与世隔绝的地方。不过在夏天，他就没有丝毫的怀疑了。他会暂停写作，裸身在大大的花园里坐着或闲晃，他的孩子们也赤裸着身体，玩上好几个小时。

男人最大的困扰是睡觉的问题。在伴侣离开后的一段日子里，孩子们睡得都不安稳。他不忍心把孩子们从自己的床上撵走，因为他觉得孩子们这样做是想怀念妈妈，而不是真正要跟他睡。不过，当男人把他们赶回大女儿的房间时，他们又会哀怨地说，如果不回来就睡不着。

伴侣离开两个月后，他最后一次试着说服孩子们回自己的房间去睡。但是，大女儿哭着要求睡在他的床上，他同意之后，床上就又挤满了小孩。反正他也蛮喜欢和他们分享床铺的感觉，他觉得自己很像一只母鸡，晚上的时候有很多小鸡围绕在身旁。很奇怪的是，他甚至觉得这是必须的。住在这里，常常可以听到屋子外面动物徘徊的声音。不过时间一久，他还是希望能自己睡在床上，这样才能舒展四肢。他从来不穿睡裤，有时候3岁的小女儿会不小心用粗糙的指甲抓到他的生殖器，因此他发誓要取回自己在床上的自由。到了最后，孩子们妥协了。他把孩子们的床塞到他的房间，做成上下铺，这样至少孩子们晚上可以睡到各自的床上。

不过，孩子们还是会常常爬到床上跟他一起睡。最常来的是大女儿，现在已经9岁了，她开始做噩梦。有时候男人才把一个孩子摆平，剩下几个又靠过来依偎着他。不过，至少现在他能够伸直身体，在床上想怎么睡就怎么睡了。而且最重要的是，他获得了自由，当他想要自慰的时候，他可以一边想着春色无边的景象，一边玩弄生殖器——这时他可不是跟孩子在床上，而是一个女人，甚至好几个。

一转眼3年过去，孩子们对妈妈的记忆，以及他们相信她有一天会再回来的想法消退了，他们变成自给自足的家庭成员。大女儿对弟妹越来越像一个妈妈对自己的孩子，她帮爸爸分担煮饭或是购物的事情，帮忙挑选他们的衣服。他多少也感到很惊讶，大女儿变得越来越像她妈妈，开始管他，有时还会因为他的邋遢表现出不满。

那年夏天很热，全家人都晒成健康漂亮的棕色。几个星期以来，男人独自睡在自己床上，其他人也一样，大家为了凉快一点都自己睡。渐渐地，孩子们也都和男人一样不穿睡衣睡觉。

就在这个夏天，他注意到12岁的女儿胸部开始发育，阴毛也长出来了，而且有一天早上发现她床单上有血。令他吃惊的是，女孩马上就知道发生了什么事，而且很快就能够自己处理，购买与使用卫生棉条。令他更吃惊的是，有一天女孩发现男人射精在床上的反应。“爹地，那是精子吗？”那是她半睡半醒时的反应。他试着在女孩注意到之前弄干净。这件事让男人意识到，他必须让女儿自己睡了，尤其是她现在几乎每天都裸睡。大女儿抱怨男人还是让弟弟妹妹随时可以去他床上睡，她绷着脸说男人不再让她去他的床上是因为怕血弄脏床单。

无论男人怎么坚持，一个星期之后，噩梦就让她又成功地哭回床上。最后男人放弃了，他觉得如果这是他们都想要的，为什么不可以睡在一起呢？他首先买了一张加大的双人床，然后告诉3个小孩，不能告诉任何人有的时候他们会睡在他床上——尤其是没有穿着衣服。男人说，如果他们告诉别人，别人会让他们停止这么做，小孩们也许就再也不能跟男人一起住了。直至目前为止，他都还蛮成功的，写的文章有时也会成为媒体的焦点。

从那个时候开始，大女儿就和他一起睡，其余两个睡在自己的床上，偶尔会加入爸爸跟姐姐。

再接下来的4年，两个小的变得独立自主。儿子对大自然野外生活很感兴趣，常常在森林里散步很久，为他所看到的一些细节做笔记，小女儿则会花很长的时间在房间里看书。大女儿变成一个模样好看的年轻女人，他也因此活在苦恼之中。他的很多焦虑即使是在一个正常的环境里，也是会产生的。男人怕这种远离人群的生活会影响孩子们的社会发展，于是鼓励他们多认识一些朋友。他告诉孩子们可以去朋友家做客，但是尽量不要让朋友来他们家。他有时候会逼大女儿交男朋友，但是在她提到某个男孩时，他又总是感到忌妒。忧喜参半的是，至少到目前为止，她跟那些男孩都没怎么样，而且似乎也很满意目前的居家生活。

他大多数的痛苦来自性。他惊讶地发现，大女儿长得越来越像她母亲，而且女儿很信任地睡在他的床上。大女儿觉得没有什么比抱着男人睡更安全了。逐渐地，一方面他希望女孩说他们真的不应该再睡在一起，但另一方面他会觉得如果真的分开睡会舍不得。女孩成人般的身体里有着孩子气的天真，而且无论男人如何警告自己，女孩还是变成了他性幻想的主要对象。一想到她有一天不跟他睡了——睡在别人身边，他就觉得难以忍受。但是当女孩躺在那儿，觉得在他怀里很安全的时候，他又如何告诉她，他正幻想着对她做10年前在这个房子里，他对她母亲所做的每件事呢？

很多年过去，他也很惊讶自己能抑制这么久。在大女儿15岁时，他爆发了。女孩可以感到男人似乎很频繁地做春梦。他不敢告诉女孩，都等她睡着之后，才在最靠近她身体的地方轻轻抚弄勃起，直到高潮。

每当男人这么做了以后，他都想更进一步。他越来越大胆，把自己的手放在女孩胸部或阴毛处，或者把勃起的阴茎挤入她的屁股或大腿中间。一开始，他只会很短暂地在女孩睡着的时候做这些事情，但是偶尔在他假装睡着但女孩还醒着的时候，他也会这么做，希望得到更多的快感。大女儿没有任何性回应，但是也没有抱怨，除了有一次当他的阴茎从后面挤到她大腿中间，射精到她的阴毛上的时候，女孩才告诉他小心一点。

其实，他主要的苦恼来自于心理层面。一个想法一直盘踞在他心里，让他几乎无法写作。他有时会回想起女儿母亲可能受孕的那一个晚上，他们对话的每一个细节。

那时男人去参加一个派对，去厕所时听到一个女人在哭。男人安慰她的时候，女人告诉他刚才自己被人强暴了，她不想这样，但是那个男人实在比她强壮太多。男人陪着她，给了她一瓶饮料，并想办法安慰她，商量着接下来她该怎么做。女人不想去警察局——她无法面对他们，而且她觉得在强暴者射精时，自己试图把那人推开，因此她的体内可能没有留下强暴者的精子。他们继续在厕所阴暗的角落喝酒时，男人有了兴奋之意，女人也有响应的意思。在他们还不知道真正发生了什么事的时候，两人开始做爱。女人那个晚上跟他回家，1个月后就搬到他家，8个月后生下了大女儿。

“大女儿”的父亲可能是那个强暴犯，或者是女人之前的情人，这个想法一直藏在男人心里。同时，他现在对女孩性冲动的增加，让这个想法变得很狂热。每晚他睡在女孩的身边时，整个人都渴望跟她性交，而女孩可能不是他亲生小孩的想法让他很着迷。男人想告诉女孩，却又担心当她知道自己不是她的父亲时，可能就会离开，而不会做他的情人。

事情发生在女孩16岁。男人对于喝酒这件事一向很开明，虽然他现在10岁的小女儿讨厌酒，不过他的儿子却很喜欢。大女儿很喜欢喝酒的感觉，却从来没有喝醉过。现在他的儿子自己睡一间屋，小女儿还是坚持睡在男人的房间，不过很少睡到他床上，至少不是因为大女儿不让她这么做才不去的。

有一个晚上，男人在晚餐的时候多开了一瓶酒。女孩喝多了，到最后他必须把大女儿抬上床，然后很困难地帮她把衣服一件件脱掉。当女孩伸展四肢又裸着身子的时候，他为什么会控制不住和她做爱，其实他自己也不清楚。不过当女孩睡熟了的时候，他做了一件之前都没有做过的事。他在女孩身后射精的时候，把手指放到女孩的阴道里。几分钟后，他就睡着了。

他们在凌晨3点因为暴风雨醒来。当闪电越来越频繁、雷鸣声越来越吓人的时候，男人感到大女儿在他臂弯里变得越来越紧张——她总是很怕雷声、闪电。一阵很响的雷声过后，女孩转身面对他，叫男人抱住她。之后，女孩紧紧地抱着他。窗户开着，他们可以听到、闻到大雨打到树上的声音及味道。伴随着外面的狂风暴雨，对男人而言，女孩似乎没有注意到他的阴茎慢慢地、轻轻地往她体内一点一点地深入。他们静静地躺着，手、脚与下体都紧紧地扣在一起。他没有抽出来，女孩也没有移动，不过每一次雷鸣的时候就退缩一点。男人不想射精，因为他想尽可能延长他等待许久的身心交合。他们整整抱了30分钟，他抚摸她的头发并轻轻亲吻她的脸，比较像是一个父亲，而不像是他现在所扮演的情人角色。女孩轻声细语地说了两次，不过男人都因为雨声太大没有听到，一次是他进入之后几分钟，一次是在她体内射精的时候。但是女孩发出的不像是女人在性高潮时的声音，他们的喃喃声比较像是充满了感情与满足。

那个晚上引发之后紧张且频繁的性关系，就像是一个年轻女人跟比自己大25岁的男人之间的关系。在这阵子的热情里，他说服自己，这女孩不是他的女儿，只是一个年轻迷人的女性，与其他女人没有什么不同。但他还是没有告诉女孩。女孩似乎很满意现在的情况，而且很显然地喜欢男人教她有关性的事情，也因此男人担心告诉她他对于血缘关系的怀疑时，可能会让她离开家。除了第一次，他们每次都采用避孕措施。不过最后事实证明，他们这么做似乎没有意义。在第一次的6个星期后，女孩怀孕了。当男人看到那条蓝线的时候，一切都改变了。他知道这种近亲导致怀孕生下的小孩，可能会有基因上的危险。女孩似乎没有认识到——即使她有，也没提过。有一次男人提到堕胎的事，女孩的反应很激烈，后来这个话题就没有再被提起了。女孩说她想要男人的小孩，而且她要扶养这个小孩，这是她母亲没有做的。他们跟弟弟妹妹说，如果有其他人问到，就说那个小孩的父亲是女孩学校里她不愿提起的人。男人尽其所能地阅读了有关乱伦可能导致基因病变的文章，一再地确认这种危险只是有可能，而非必然。

几个月过去，女孩的肚子渐渐大了起来，男人的沮丧日增，不只是担心新生命的健康，也苦恼于要不要让女孩知道她可能不是他女儿。一方面他担心女孩会忧虑小孩的危险，另一方面他也担心女孩知道男人不是亲生父亲后所产生的恐惧——男人最不希望发生的事，就是在她怀孕时有情绪上的起伏。最重要的是，男人担心有人发现他们的关系的话，他就得去坐牢。男人想着，如果自己真的不是女孩的亲生父亲，也许还能够有法律上的防卫。

女孩怀孕7个月的时候，男人在图书馆找鉴定血缘关系的数据时，找到了他要的信息。虽然他无法取得孩子母亲的组织样本，但是如果取得3个小孩以及自己的，就很有可能可以鉴定出来。他把3个小孩的头发跟他自己的一起寄到远方的实验室。6个星期后，因为还没收到结果，所以他打了个电话去实验室，对方却回答说没有收到样本。他再一次收集样本，焦虑地等待结果，同时也焦虑地等待大女儿的生产。最后，女孩在预产期前两个星期生下了小孩，一个非常健康的小男孩。

突然间，鉴定的结果变得不重要了。他正专心致志地当父亲，为女儿从医院回家做好准备。当他们带着宝宝回家时，发现了门口的鉴定结果。男人把信封放到一边，好几个小时内，他都找不到私人空间或是打开它的动机。

最后，他将自己关在浴室，打开了报告。看着一大堆无法保证的句子，解释说缺少母亲的组织样本，使得本次测试的正确性会比平常低，他没能在一开始就找到他想看到的答案。而当他看到了之后，伤心地希望自己还是不要知道的好。他的儿子看起来几乎可以确定是他的，但是小女儿，那个即将12岁且他很宠爱的孩子则不是他的。事实证明，当年男人指控女人不忠的行为，而让她离家出走之前，事情毫无疑问地早就发生了。

男人把纸撕碎用马桶冲掉。当他听到小男孩在远远的房间哭泣时，他的想法及情绪都很混乱。在将近17年的怀疑与不确定之中，他终于知道大女儿身世的真相，这个女孩现在只是他的情人，不是他的女儿。

在人类关系中，能够引起最强烈情绪反应的词汇莫过于“乱伦”了。每个文化中，都有关于那些亲属关系的人不能联姻的研究。事实上，近亲相奸没有严格的生物学定义。此行为并非生物学所禁止的，而是法律上所规定的。在合法婚姻中，血缘关系太近的人若发生性行为是禁止的。由于婚姻法在每个社会都不同，在某些地方称为“乱伦”的行为，在别的地方却不一定是。举例来说，英国法律定义乱伦是发生在当男性知道女性是他的女儿、亲生姐妹、同父异母或异父同母的姐妹、祖母或母亲时所发生的性行为，堂兄弟姐妹或表兄弟姐妹间的性行为或婚姻就不是乱伦，在日本也是一样的。美国对乱伦的定义每个州都不同，不过大多数州都将与堂或表兄弟姐妹间的婚姻称为乱伦（除了在罗得岛，犹太人可以这么做）。直至今日，英国及美国的许多州对于乱伦的定义都存在分歧，在许多前工业化社会也是如此。主要的分歧点都在堂或表兄弟姐妹之间的性行为。举例来说，在中古时期，即使是六等亲以内的堂或表兄弟姐妹都是不能通婚的。不过大多数社会都禁止父女、兄弟姐妹和母子之间的婚姻。

虽然在大多数文化中都有些关于乱伦的禁忌，但还是有例外。比方说在古埃及，兄弟姐妹间的婚姻在王朝统治时代的好几千年以来，都是被允许的。克利欧佩特拉（埃及艳后），或许是托勒密王朝时最有名的例子——她既是丈夫的姐姐，又是他的侄女。近亲通婚的例子，在古代夏威夷以及秘鲁印加帝国王室都曾经有过。印度教支派以及犹他州的摩门教派（直到 1892 年）也有兄弟姐妹间通婚的例子。但是，近亲通婚很少普遍化，除了在古老的埃及与波斯，最后平民阶级的“普通人”也有近亲通婚的例子出现。根据估计，在 1800 年前希腊化时代，在埃及阿尔诺西埃城市中，有 2/3 的人是近亲通婚，主要是兄弟姐妹间的通婚。不过，近亲之间的通婚通常是被避免的。

在现代工业社会中，近亲之间性行为的发生情况是非常难以计算的。一方面，对于乱伦的事件并没有准确的记录。不过根据已有的记录报告估计，约有75%的情况是父女间的乱伦，手足之间的可能会更多。另一方面，很多有记录的案例并没有事实根据，真正更多或更少的数字我们可能永远也无法得知。至少这不是生物学家的问题，社会学家通常不能清楚地将近亲间的性行为，及其他类似的“性互动”定义出来。一般而言，性行为的定义也包含了性虐待，就如我们下一个场景中描述的例子一样。粗略估计，在美国，大约每50名有兄弟的女性中，会有一位与其兄弟发生性行为，而与父亲发生性行为的概率是1/150。尽管我们都熟悉伊底帕斯王的故事，不过女性鲜少与亲生儿子乱伦。

父女之间的性行为案例，大多数可能都是强制性的，也就是说，父亲强迫年幼无知的小女孩发生性行为，这在兄弟姐妹间的乱伦行为中较不常见。非强迫性性行为，就像本场景所描述的，比较不会被报告出来。各种形式的乱伦行为发生的频率如何，而且有多少乱伦行为会产出下一代，我们的确无从得知。较有可能的估计是从父女间的性行为案例中推测出来的，约有1/5的案例最后会有下一代的产生，手足之间也许是一半的概率。

在这一个场景结束时，我们会怀疑，为什么有些人会发生乱伦行为，而有些却不会？从生物学的角度来说，乱伦行为的发生并不奇怪，奇怪的是为什么在男性更主动的情况下，这种行为没有比现在发生的更频繁。有两种情况会产生这种疑问，其中一个是很微妙的，另一个可能会是较阴暗的层面。

第一种情况与基因有关。我们每生下一个小孩，能遗传到他身上的基因数目通常仅有50%，另外50%基因来自于伴侣。很显然，如果我们能与自己配对，小孩就只会有我们全部的基因，我们能遗传给后代的基因就是与别人配对的两倍。与近亲结合也同样有基因上的好处。本场景中的男人如果是女孩的亲生父亲，他们的儿子就会有75%的基因来自于男人，同时也有75%是女孩的——因为父亲与女儿之间有很多相同且重复的基因。这比起50%的比例来说，是一个很大的进步。

男性通常在基因默认程序的驱使之下，寻求与其他的女性繁衍。一个年轻的女孩，无论她是男人的女儿还是妹妹，对男人而言，她都是一个现有的、容易得到而且可以受孕的潜在繁衍对象。对于男性的繁衍企图而言，她应该是一个更容易得到的目标。

先撇开这两个臆测乱伦行为应当会更普遍化的原因不谈，我们要问为什么父女、手足，以及母子之间通常不会试着和对方产下后代呢？答案是，人类的男性与女性以及其他物种的雄性与雌性，都会在基因上默认避免乱伦的程序。这在人类身上的表现是，人不仅对近亲缺少“性”趣，而且也会对非强制性或强制性的乱伦行为很反感。

被家庭成员性虐待的案例将在下一个场景中叙述。在此，我们先集中火力讨论关于乱伦中，比较少被谈及且较鲜为人知的，也就是非强迫性的层面。

和那些使用暴力虐待的男性比起来，本场景中的男人是比较亲切的。他没有使用暴力、强迫或借口。毋庸置疑的是，他强烈的感情也换来女孩同等的响应。不管男人单亲扶养的处境堪怜，也不管他很爱三个孩子以及女孩也被男人所吸引的事实，他的行为会被本书大部分读者所厌恶。这表示，我们天生对于这种行为的反感，是一种基因上已经预设好的负面情绪。

所以，为什么我们会被预设为厌恶乱伦的行为呢？简单的解释是，乱伦并不是一条通往繁衍成果的康庄大道。尤其对于女性而言，这是没有好处的。主要的原因是乱伦会增加小孩染患基因遗传疾病的风险，这样的小孩容易早夭或不孕，甚至无法吸引伴侣。要更多地了解为什么，我们必须先了解潜伏性基因的存在。

*

当人类胚胎开始分裂的时候会收到两组基因的指示，例如父方与母方的关于身高或是眼睛颜色的指示。有时来自于双方的基因指示会妥协，比方说控制身高的指示；而有时其中一组会主控，比方说控制眼睛颜色的指示。举例来说，不管是来自父亲或母亲，棕眼的指示通常都会控制蓝眼的基因（因此后者称为“隐性基因”）。当棕眼与蓝眼基因相遇时，蓝眼基因会隐藏起来。如果成功生下的后代带着隐性的蓝眼基因，当其再遇到棕眼基因的伴侣时，其后代中这种蓝眼的指示有时会变得不易察觉，不过它会存在并一直传下去，这就造成了基因潜伏的现象。它不会被看到或表达出来，直到遇到另一个蓝眼基因，这时小孩就只会有蓝眼的指示。

潜伏现象几代之后就会有负面的影响，尤其是基因产生突变的时候。比方说，眼睛颜色的基因若突变为红色眼睛的基因，而如果突变为一个显性的基因，下一代就会是红色眼睛；如果是隐性的，它也许就潜伏到很多代以后，直到找到具有相同基因的人配对时，才可能会生下红眼的小孩。

红眼睛可能只是不美观，但不是危险的。不幸的是，很多潜伏性的基因是危险的，绝大多数情况下，当两组相同的基因结合时会使小孩死亡或残疾。我们大多数人都带有一个或更多这种基因，但只要我们够幸运，不要与带有相同基因的人繁衍下一代，这种致命的特征就不会显现出来。而即使我们真的与带有相同潜伏基因的人繁衍后代，因为要卵子及精子同时都有此基因，所以小孩会是畸形的概率只有1/4。如果只有其中一个有，下一代就会带着这个基因，但不会立刻显现出来。

乱伦不会增加危险基因结合的概率，但是会大大增加携带潜伏性基因的机会，增加的概率会随着此基因存于人口中的普遍性而有所改变。

假设本场景中的男人带有一个会让小孩畸形的基因，假设这在人口的比例中是1%。如果他也在此人口中择偶，那么遇到一个有相同潜伏性基因女性的概率也是1%。即使真的发生了，就像刚刚提到的，他们生下的小孩会得到两组相同的危险基因的概率只有1/4。因此小孩显现出畸形的概率是1/400。不过在本场景中，男人并没有在广泛的大众中找繁衍对象——他和一个如自己女儿一样扶养长大的女性繁衍。如果女孩真的是他亲生女儿，她可能会有1/2的机会带有畸形的基因。加上小孩可能遗传他们两人基因的概率是1/4，如此一来，小孩畸形的概率会变成1/8。

当然，如果父亲刚好没有带着任何危险的潜伏性基因，那么从基因学的角度来说，与女儿乱伦的行为就跟和其他人发生性行为一样安全。另一方面，如果男人带有一个以上的危险基因，概率就会比我们刚刚计算出来的还要大。许多关于孩童基因疾病的研究显示，在父女及手足乱伦关系中生下来的小孩，约有一半会有基因上的疾病。在日本、巴西、法国、印度及英国的研究显示，堂或表兄弟姐妹乱伦的后代死亡率约为4%，而叔侄乱伦行为的后代死亡率是10%。这些数字暗示了，人类平均来说每人带有1～4个危险的潜伏性基因。真正乱伦的危险虽然因人而异，但是我们推算出父女乱伦行为的风险是1/8（以每个危险潜伏性基因来算）。母子乱伦如果有后代，风险也是一样的；兄弟姐妹间乱伦的话，其风险就是1/16。

在本场景中，当男人和女孩发生性行为并生下小孩时，一开始男人并不知道他们是否在增加基因上的风险：如果女孩真的是他的亲生女儿，风险就高些，但他不知道到底是不是。当小孩似乎正常且健康时，他才得知真相，也有了辩解的理由。不过大多数潜伏性的基因在孩子出生前就显现出来，使其在还是胚胎时就有可能流掉、成为死胎或早在出生前就是畸形。不论如何，如果场景中男人让抽水马桶冲掉的那张纸证明了女孩是亲生女儿，以后可能还会有问题。有些基因性遗传疾病会在小孩出生后几年才显现出来，一个例子是VLINCL（variant late infantile neuronal ceroid lipofuscosis），这种疾病在芬兰比在其他地方更常见。感染的小孩在前几年顶多是手脚笨拙，但随着时间的推移，他们会发病，失明或瘫痪，通常会在青少年时期就死亡。

应该强调的是，乱伦不会导致这些基因问题，仅仅是增加它们发生的几率。任何一对伴侣如果不幸带有相同的危险性潜伏基因，不管他们是不是乱伦，都会遇到这个问题。比方说，芬兰的某些地区人口较少，选择伴侣的机会有限，像VLINCL一样的疾病就会发生得更频繁。在芬兰，家谱研究者追溯VLINCL基因存于13个世代前，开始于17世纪。显然，它潜伏了400年没有显现，而最保守的估计是上一次此疾病的发生在600年以前。比较起来，患上膀胱纤维畸形的人很可能出现在5000年前，即后冰河时代之前。目前在英国和法国，每25个人中就有一人带着潜伏性的基因，而每2500个孩子中就会有一人显现出来。

*

目前为止，我们关于乱伦的讨论有两个完全相反的要素。一方面来说，之前提到如果近亲通婚可以有基因上的获益，因为共享的“好”基因的数量可以传到后代身上，然而，这同时也增加了解除束缚的潜伏性基因的风险。虽然这两个要素综合来说，在父女、母子及手足的结合中实际上没有什么好处，但也不是全然如此（在数学上可能可以计算出它的利弊得失）。不过答案不是唯一的，因为就像我们知道的，这完全取决于一个人带有多少危险的基因。如果她或他都没有携带，父女及手足之间的乱伦其实是最佳的交易；如果有一个这样的基因，最佳交易就会在堂或表兄弟姐妹的关系上；而若危险性基因的数量增加，最佳关系的范围就要扩大到更远的亲属关系了。因此，我们可以理解人类及其他物种为什么会避免与近亲通婚，而且如果可以，他们会偏好找居住在比较远的地方的配偶，因为这样利会更大于弊。

这项研究还带来了其他一些发现。第一，近亲通婚在其他物种中也不常见。研究显示：野生鸟类大山雀发生近亲通婚的概率为1%；一种生活在法国南部卡马格地区的野生马类，发生近亲通婚的概率为10%。第二，对鼠、马及猴子的研究显示，当它们可以自由选择的时候，通常会偏好关系较远的亲属。目前为止，在人类身上还没有关于这方面的研究。不过在法国，一般而言，伴侣约是六等亲的关系；在英国则关系更远一点。这里有一个小故事，查尔斯·达尔文并不知道这种遗传学计算方式会在一个世纪之后，被演化生物学家以他的名字命名，他娶了堂妹爱玛，而且生了很多小孩。

这些研究让我们不禁想问，自然选择是如何设定并执行这样的偏好的。它借由三种方式：第一种是家庭成员在繁衍下一代前的分散；第二种是让人类对在小时候认识的人产生配对上的反感；第三种是具有判断相似性及差异性的能力，也可说是亲属关系分辨的能力。

第一，因为自然选择已经在人的孩童时期就默认好家庭分散的程序，所以当孩子到了青少年时期时，就会变得想要旅行及探索。这样的渴望终究会让青少年离家自立。这种现象不只发生在人类身上，也发生在所有脊椎动物里。在很多物种身上，这样的不可抗力会发生在其中一个性别上（通常是哺乳动物的雄性及鸟类的雌性），它们会变得越来越想要离家外出。在少数物种中，例如某些灵长类——猴子和长臂猿，它们在青少年时期，两性都会有同样探索的渴望。人类介于两者中间：男性可能有更多探索的动机，或是在很多社会中，他们也许有较多的自由；但是女性不一定缺少这样的渴望，而且在工业化社会中，女性会有较多的自由可以付诸行动。不论在这些物种身上表现出哪一种模式，家庭会在第二代开始繁衍之前分散。有关青少年时期的探索会在场景20中讨论。分散有好几种功能，其中一种就是借由家庭成员的分散，择偶的时候会降低乱伦的机会。

第二，自然选择已经默认好择偶的程序，所以两性当中，特别是女性，会有对于与家庭单位中其他成员成为配偶的反感。自然选择的基本原则很简单：不要跟任何童年时期非常熟悉的人配对，因为他或她可能会是近亲。因此，动物对于其他陌生的动物会有较大兴趣。这样的偏好在哺乳动物中很普遍，虽然在马类、松鼠跟红猴子中各有程度上的不同。人类似乎也被预先设定好要遵循相同的规则。举例来说，一项20世纪60年代在以色列奇布宁地区的研究显示，小孩在小区里一起扶养长大的话，比较不会跟年轻时熟悉的人结婚，即使他们在心里都很清楚彼此不太可能有亲属关系，但身体却能感觉到跟这些人繁衍所可能产生的危机。

第三，随着更多限制的成功，自然选择还让人对可能是亲属关系的人产生反感，以此试着去美化与童年时期熟悉的人结为伴侣的厌恶感。对蜜蜂、黄蜂、青蛙、蟾蜍、爬虫类及哺乳动物野狗等的实验显示，即使是分开来扶养，它们也有一些能力去分辨亲属或非亲属的关系。不论如何，就像我们曾经提到的父性确认问题，没有哪种方式是能够绝对地分辨出来的。错误会发生，亲属或非亲属的关系只有程度上的差异，并不是定律。基本上，动物评判亲属关系的标准似乎是，任何两个个体如果在外表、气味以及行为上越相似，越有可能是近亲。因此，动物应该会偏好与比较不可能成为堂或表的兄弟姐妹配对。我们不能够确定这个标准是否也是人类在选择配偶时所采用的，但是演化生物学预测他们应当是如此。

这三种机制可能会影响乱伦的程度，让我们看看对法国卡马格地区野生马类的研究。在此种马类中，最成功的种马有一群“后宫”雌马，它们大多数都与彼此有亲属关系——母亲、女儿、姐妹、阿姨与侄女。不过有时，这群近亲的雌性马群会允许一只新的、没有关系的母马加入。种马会保护这一群雌马，然后在它们发情的时候让它们跟其他雄马交配，有时是堂表兄弟，但很少是种马自己或是雌马的父亲、兄弟或儿子。

母马在“后宫”中扶养下一代，直到它们进入青少年时期。这时小雄马会变得烦躁不安，接着就离开马群，在卡马格地区内走动，找机会建立自己的“后宫”。下一代中的小母马就不一定了：如果种马已经不当家，小母马会跟母亲留下来，再繁衍另一只种马；如果种马还是领导者，它们就会离开母亲，加入一个新的母马群。这时，它们也会倾向于迁移到跟种马并非近亲，但其中几只母马跟它们可能是亲属关系的群体中。这些马活在一个紧密亲属家庭单位的生活模式中，似乎是因为被这个地区的环境所限制。如果自然选择没有制造避免乱伦的行为，再多数的马都会发生近亲交配。事实证明，现在只有大约10%是这样的。

很显然，其他物种似乎不像人类这样对乱伦如此反感。但是如果人类像其他动物一样，有很多机制反对这种行为，那么为什么还会让乱伦产生呢？为什么有些人，比如本场景中的两位，他们没有感觉到这种抑制，而发生了一般人可能根本不会考虑的性行为呢？主要有两个理由：第一，男性与女性会付出不同的代价；第二，人类对于他们是否真的与伴侣有亲属关系的自信程度有不同的反应。

整体来说，男性比女性有更充分的准备冒这个风险，父亲比女儿更有可能冒这个风险，而兄弟也会比姐妹更有可能冒这个风险。原因是：如果乱伦行为没有出什么差错，男性和女性可以获得差不多的利益；如果出了差错，也就是若生下了有基因遗传疾病的小孩，双方并不会付出相同的代价。多半的情况是，女性会承受为人父母较多的冲击，至少她们需要承受怀孕和分娩的风险。而且，此时男性很可能会让他们的伴侣单独扶养小孩，女性则较不可能。不考虑本场景的例子，通常女性比较可能遭遇被遗弃，成为单亲扶养的状况。这会付出代价，我们等一下就会看到，尤其是小孩得了严重的基因遗传疾病时。

一个有这种遗传疾病的小孩，比较有可能降低母亲而不是父亲的繁衍产量。结果就是，比起父亲与兄弟，女儿与姐妹会对乱伦产生更强烈的排斥感。这当中最排斥乱伦的是母亲，不只是因为她们承担了和姐妹及女儿一样的风险，就像我们刚刚形容的，她们还要面对一个额外的因素——对于乱伦对象的亲属确定性。

如果母亲和儿子繁衍，遗传疾病的风险是最高的——大约1/8，这要看母亲可能带有的任何危险的潜伏性基因。父女之间与手足之间，比较不能确认这种关联性，这会造成差异。就像本场景中的男人，如果年轻女孩不是他的女儿，就不会有基因上的危险；如果她是他的女儿，风险就是1/8。同样的原则适用于手足之间。虽然手足关系可以完全地被确认，除了领养的例子，他们虽然不确定是否有相同的父亲，但却能确定有同样的母亲。完全的手足乱伦行为会让后代患上遗传疾病的概率是1/16，同母异父手足之间乱伦可以使后代患有遗传疾病的概率更小。如果母亲携带着一个危险的潜伏性基因，同母异父手足乱伦行为产生后代的遗传率最高仍然是1/16，即使他们的父亲之一携带有危险基因，但比起一般人的配对，他们的关系不会带来更大的危险。自然选择已经尽力设定程序，以上述的方法让他们的身体判断彼此的关系，但是不可避免地，错误仍然常常发生。

最后一个关于乱伦行为的讽刺是，先不管人类是否真的被预设成避免乱伦的关系，一个人的身体会逼着他进入一段很显然是乱伦的关系中，是因为他们可能判断目标不是近亲。当然，如果判断正确，此行为就不是乱伦，但是当身体面临如此微妙的判断时，也不可能绝对没有错误。也就是说，真正讽刺的是，乱伦行为很可能发生在当事人觉得这最不可能是乱伦行为的时候。在本场景中，男人感觉到“女儿”的性吸引力，而女孩对他也有相当的感受，至少在潜意识中，他们都怀疑彼此不是真正的亲生父女。

仅仅从人类对于亲属关系确认的反感程度来解释，为什么有些人会置身于乱伦的关系，而大多数的人则不会，可能要花很长的时间。不过，环境和机会可能也是其中的部分原因。本场景或许是比较极端的家庭状况，再加上男人对女儿开放自由的态度，这可能也都有关，不过他们对彼此的吸引力却是发自内心的。

潜伏性基因的风险只是一个风险，不是绝对的，也有动物因为演化或是人类介入的缘故，变成近亲繁衍利多于弊的例子。有趣的是，无论这些状况的本质如何，当乱伦在某个族群中十分普遍时，基因上的问题反而会消失。换一种方式来说，是基因的问题让乱伦行为变得无益处。大多数动物会避免这种情形发生，但奇怪的是，基因的问题是由于大多数动物会避免才存在的。因为两组危险的基因鲜少相遇，它们能够潜伏隐藏好几个世代。需要说明的是，这些基因并没有消失，它们只是隐藏起来而已。只要两组基因真的相遇了，生出的这个个体也会死亡，不会再繁衍，而这两组基因也就消失了。在近亲繁衍行为很普遍的物种中，有少数几个例子显示，危险的基因因为经常相遇，也就很快地在此物种中消失了。

*

最有趣的一个例子是一种寄生在老鼠身上的小虱。在这个物种里，母虱会生下后代，就像人类一样。但是性别比例非常奇怪——它只怀1个儿子，却有20个女儿。在虱群中近亲交配的事情很普遍，甚至在下一代出生前就会发生。“儿子”还在“母亲”身体内，就会到处游动，播种给它的“姐妹”们。当小虱生下来时，就已经怀孕了，不过这个“儿子”在“母亲”身体里时就死亡了。

虽然不那么普遍，不过黄金鼠确实是近亲繁衍而获得成功的例子。世界上所有的，不论在实验室、宠物店或家中的黄金鼠，都是1930年从叙利亚捕获的一窝鼠繁衍而来的。这一窝中只有三只保留了下来，在1938年进口到美国的就是这几只的后代。这种沿于首代的近亲繁衍，使原先出现在广大鼠群中原始的潜伏性危险基因被排除了，让它们成功地居住在世界各地。新的潜伏性基因会从突变中出现，但即使如此，黄金鼠仍然是因近亲繁衍而繁荣兴盛的证明。

因为人类属于的族群种类更多，所以才会厌恶近亲繁衍的行为，而本场景中男人与女孩的行为是不常出现的，大多数读者也会认为这样的行为令人厌恶。但是，如果他们的关系最终并不是乱伦，又会如何呢？

本场景中的男人最终还是知道了真相，实验室的报告也能够让他计算出这段性关系的风险有多少。但是从另外的观点来看，那张纸上面写了什么真的重要吗？不管上面说什么，他们都是原来那两个人，历史、环境和感受都没有改变过。如果不是他们的脑袋而是他们的身体决定这段潜在的近亲繁衍关系，这可能是两个人通往最佳繁衍成果的大道。至少目前他们可以从婴儿的健康和活力中看出来，他们的行为并没有造成不好的基因反应，但如果他们再生小孩会是什么样的结果，可能又是另一回事了。

上一个场景（场景15）的讨论中曾指出，当男性有父性确认的疑问时，他们通常会偏爱可能是亲生的女儿，胜过可能是亲生的儿子。我们现在可以知道为什么了。如果男孩不是男人的儿子，他几乎无法从少年那里进一步增进他的繁衍成果，因此男孩不会对家族做出贡献。然而，如果女孩是男人的女儿，不管她将来跟谁繁衍，她都是他获得繁衍成果的方式。再者，如果她不是他的女儿，那么她就是一个潜在的配偶。

直到目前为止，我们仅仅看到这个原则的一些皮毛，接下来我们将要看到的是另一个原则。下一个场景描写的是年轻女孩被“家庭”成员性虐待的故事。

场景17 儿童虐待

“妈咪，晚上不要出去，”年轻女孩抗议着，“我讨厌你出去的时候。”女人叹了一口气，她的女儿13岁了，正在发育成为一个女人。

“我一定要去，”女人回答，“今晚对你爸爸很重要，我必须跟他一起去。更何况哥哥会照顾你——没有什么好担心的。”

“他不是我哥哥，我不希望他在这里。我讨厌他！”

“不要再这么说了，”女人猛然回答，“他很好，对你也很好，我都还没有时间听听你们的故事呢。”

女人有点勉强地站起来，准备离开女儿的房间。这是女人在这3年中第二次怀孕，她不太想绷着脸对着大女儿。女人在门廊那儿停了一下，第三次提醒女儿，她最小的妹妹已经睡着，弟弟等着听睡前故事，还有她不到半夜不会回来。

“不要整晚待在房间，”女人又添了一句，“跟哥哥说说话，他喜欢有人跟他聊天。”

在女人小心地走下楼梯时，她心里期待着女儿能够表现得好一点。年轻女孩不喜欢她现在的伴侣，伴侣的儿子也是一个问题。女人不敢相信自己的生活在过去5年内改善了这么多，当时前夫离开她，而她必须独自一人照顾两个孩子。那时候，女儿才8岁，儿子还不到1岁。在遇到现任伴侣之前，女人辛苦地独自扶养他们。现在这个男人的前妻死了，留下一个12岁的儿子。男人在经济上相当不错，工作前景也很好。他们相遇两个月后，女人就怀孕了，现在她又怀孕了。

一开始，女人的新伴侣还算能够照顾她和她的孩子们，不过接下来的3年情况却大不相同，她也曾自问跟这个男人同居是不是正确的抉择。最糟的是在女人怀了他们第一个女儿的后期，正赶上女人与前夫生的小男孩处于“糟糕的2岁”期，大多数时间都在哭和发脾气。新生的小女儿哭得很厉害，也为她和新伴侣间带来紧张的气氛。她的新伴侣那时候工作非常努力，有时也会在紧张的压力之下爆发出来。即使女人在场，男人有时也会因为女人的小儿子不肯合作而打他。而且她相信，如果她不在场的话，男人会打得更凶，因为女人曾看到自己儿子身上的淤青。

不过现在女人对于未来感到很乐观，她觉得比他们相遇的时候好得太多了。再过几个星期，她的继子就要离家上大学了，她的女儿、儿子也都在学校表现得很好，最小的3岁女儿很贴心，而且女人又怀孕了。如果不是大女儿强烈地憎恶她的继父及继兄，女人的世界是很美好的。

不过，这时候女人心里唯一担心的就是今天晚上的宴会。这是一个特别的宴会，她已经期待很久了。女人几乎没有注意到大女儿没有走出房间看他们离开——女人和她的伴侣衣着光鲜，跨进特地前来接他们的豪华礼车里。这就是她期待在不久的将来能够拥有的生活品位。

女孩尽可能地留在她的房间里，写写功课什么的，一直到拗不过弟弟要求她说故事为止。弟弟希望姐姐念点别的给他听，但女孩坚持念《巫婆的糖果屋》——这已经是她第五个晚上给弟弟讲这个故事了。当她关灯说晚安的时候，看了一眼“妹妹”，她可以清楚地听到电视里播放体育节目的嘈杂声，以及继兄在楼梯间走来走去的声音。

女孩确认了他可能会在那里待一会儿后就走进浴室冲澡，至少这是唯一一间她可以上锁的房间。自从“那件事”之后，她就要求在她房间的门上加一把锁，已经说了快一年，可是母亲及继父都不答应。他们说这样太危险，如果发生什么意外的时候别人进不去怎么办。女孩不敢告诉他们要加锁的真正原因，她心不甘情不愿地，懒得再说服他们改变主意。

冲澡完毕，女孩披上浴袍，跑到房间拿了张椅子挡在门口，虽然根据过去的经验，如果他真的要进来，这么做并没有什么用。在母亲跟继父出门的时候，他不一定会进来，但是一年前第一次发生后，已经有10次了。女孩试着写完家庭作业，可是恐惧让她无法专心。她躺在床上大约一个小时，带着耳机听音乐，视线一直不敢离开房门。她的注意力开始不集中，有两次她已经睡着了又猛然醒过来。虽然不愿意，可是她知道自己不可能忍到母亲回来，她必须出去上厕所。她尽可能忍着，可是越来越不舒服，只好冒险一试。女孩移开椅子，慢慢地打开房门，听了一下。电视机的声音从楼上飘下来。她把浴袍拉紧，冲到浴室，快速上完厕所赶快回房。但还是不够快，在她还来不及转身关门时，身后的门静静地关上了。没等她转身，继兄已经捂住她的嘴巴，制止了她的叫喊。

“我们不会做愚蠢的事，对吧？”他说，“我们知道一个小女孩喊叫或是告诉别人的话会怎样，对不对？”

她尽力地点头，感到每块肌肉都紧绷着。第一次这么做的时候，他还拿着一把亮晃晃的刀。之后他就没有带了，可是警告她如果告诉别人，他可能就会用它了。在他第二次这么做的时候，那是唯一一次女孩想要反抗，但是男孩朝她的胃部狠狠地打了一下，使她好久都挣扎着呼吸不过来。前几次男孩只是羞辱她，并没有真正性侵犯，但后来的5次，他会进入女孩体内。今晚，男孩站在她身后并脱下了她的浴衣，让她站在镜子前。看到镜子里正在发育的身体，他看出来女孩已经出落得像个女人了。

他要女孩脱光，把挡门的那张椅子拿过来。男孩让她趴在椅子上，在镜子前曲身，好从后面进去——他总是从后面，因为这样他才可以在镜子里看到自己的表现。结束后他说“谢谢你”，并告诉女孩有一天她会享受的，然后留下她自己清理爬回床铺。

男孩回学校之前又发生了两次。他回去的那天，女孩感觉到头上一大片乌云已经离开，只要自己不要再见到他。她的母亲也注意到女孩情绪上的变化，但没有想到这是继子离开的缘故。事实上，女人在怀孕的最后几个月，焦虑不适已经占据了她的心思，觉得女儿情绪的波动不过是正值青春期罢了。最后两个星期因为妊娠高血压，女人被带到医院观察，5天后分娩以避免情况继续恶化。

女孩最初看到同母异父的弟弟时有点兴奋，母亲和小宝宝必须在医院里观察几天，但是很快就会回家。如果抛开继兄即将回家的事情，女孩还是很期待能够有一个小孩，而她可以帮忙照顾。当女孩跟继父与弟弟、妹妹从医院回家，她一直都处于情绪高昂的状态。她和继父帮忙把两个小的抱到床上睡，然后第一次感到和这个男人有点关系，两人坐在客厅没有立刻回房间。就像是为自己庆祝一样，继父给她倒了一杯伏特加加柳橙汁。女孩接受了，很高兴自己像大人一样被对待，并很快地喝光。她拿了第二杯，很满意男人递给她的分量。女孩的头稍微有点晕，他们的谈话好像都变得很好笑。女孩喝了很多，直到第四杯伏特加时，房间开始转动。几分钟之后，她知道自己醉了。女孩站起来时因为起得太快，两脚发软跌在地板上，然后开始呕吐。

当女孩第二天醒来，为着她生平第一次宿醉所苦的时候，她发现自己跟继父睡在同一张床上。他们俩都没穿衣服，因为两腿中间黏黏的感觉，女孩猜到了一点。继父已经醒来，看着她。

“如果你妈妈知道你做了什么后会怎么样？”男人说，在他的微笑之后藏着威胁。

当女孩问到自己做了什么时，男人告诉她难以置信的事情——当女孩醉了之后，她叫男人脱下她的衣服，在引诱男人发生性行为前要他帮她洗澡。而且男人还说，这一切是在她母亲生下弟弟的当天发生的。但是她不用担心，男人保证不会告诉她母亲，这是他们之间的秘密——只要她一直当个好女孩。当女孩问做一个好女孩的意思时，男人表现给她看，用男人知道可是女孩不知道的方式进入她身体，这是那个晚上第四次。

女孩第二天早上洗澡洗得前所未有的久，当她试着把身体的污秽除去时，她的思想还有着罪恶感，以及对她母亲的愤怒。但是她的清洁都是短暂的，因为继父第二晚以及第三晚都这么做了。她对于自己的新苦难感到绝望，当继父的儿子放假回家时才几乎解脱，她假定他们不会再到自己房间。

两天后，她母亲跟宝宝回家。虽然产后的疼痛与疲累还在，不过她还是很兴奋能够回到家，以及听到伴侣升迁的消息。此外，还有一个月的时间女人要陪他一起去国外出差，他们可以带着两个最小的一起，所有的费用都不用出。她对于未来生活的兴奋让她回家后的第一晚，经过女儿房间时几乎听不到她在哭泣。

女人发现大女儿躺在床上，非常心烦意乱。女人以为她不过是跟男朋友分手，问她怎么了。年轻女孩抱紧了她，在她肩上哭泣，但是很久都没有说话。女人很温柔地跟她说话，抚摸着她的头发，一直问她什么事这么烦恼。最后，女孩终于没办法再守住这个秘密了。

“请你让他们停止，”女孩哭着说，“求……求……你，这真的不是我的错，真的不是。请你相信我——阻止他们，我再也受不了了。”

女人试着让她冷静下来，想知道更多。在女孩的哭泣中她认出继子的名字，女人的心沉了下去。自从继子去上大学后，女儿就一直言辞激烈，现在又要听她再一次偏执地说着厌恶与恐惧。女人真的没有那个心情。

“不要再说了，”女人说，她温柔的声音不见了，变得高亢，“他才回来一天，你就又开始了。”

“但是他昨天又那样了，已经好几年了。昨天晚上他把我绑起来，你看我的手腕脚踝。太恐怖了……叫他停……我恨他……我真的恨他！”

“小声一点！”女人警告，也好像在测试她。也许在女孩手腕及脚踝上有一些痕迹，可是她不那么确定，有可能是其他东西造成的。虽然女人很为女儿的沮丧难过，但是她发出的这些声音只让女人担心会让伴侣听到。女人最不希望发生的事情就是，让自己的小孩惹男人生气。

“到底为什么他要把你绑起来呢？”女人困惑地问道，“这是一个游戏吗？还是你捏造出来陷害他的故事？”

女儿不敢相信她的母亲不知道自己在说什么。“这不是在玩，我没有捏造。他脱掉我的衣服，绑住我，强暴我。他这么做已经好几年了。他还恐吓我说，如果我告诉你他就会杀了我。”

“别傻了！你说的是什么意思，他强暴你？好几年？他当然没有，你不可以这样说。”

“他真的有，他真的有，真的。你要相信我，妈。请你相信我，我没有在说谎。”

突然间，一个深沉的男声盖过了她女儿激动的哭声，“不要胡言乱语”。女人的伴侣冲出来，他的声音因为害怕和生气而扭曲，他一直在门外听。“你怎么敢捏造关于我儿子的坏事？”

女人与女孩都被他的突然闯入吓到了，她们一个关心着自己的未来，另一个想着自己的命运。女孩躲到母亲身后寻求庇护，躲在她的手臂下。“不要让他伤害我。”女孩啜泣着。

女人把她拉到自己身边，不过她在说话时都看着生气的伴侣，当她试着用耳朵确认女儿所说的话时，同时也在用眼睛确认男人的表情。“不要傻了，亲爱的。他不会伤害你，他是站在你这边的。我们都会站在你这边。没有人会伤害你，但是你必须停止捏造这些故事。这不公平，会惹来麻烦的。”

“但是这不是故事，真的……而且……不管怎样……”女孩很犹豫，知道她将要说的是多么严重的事。“他不是站在我这边的，他也这么做。昨天晚上他们都这么做。”

她的继父挤出一个笑容。“什么？”男人惊呼，假装惊讶地嘲笑，“什么？我们都这么做？怎么做？”然后讽刺挖苦地说：“不要告诉我，我们轮流做。”

“你有，你知道你有做。”女孩瞪着男人哭着说道。她转身向母亲，“真的，妈，他们轮流强暴我。他在事情发生的时候进来房间。我以为他会帮助我，因为他推开他。但是他没有帮忙，也没有为我松绑，只是看着我，然后也强暴了我——他好用力，让我很痛。”

女孩再一次看着他的继父。女孩还在哭，但是现在有满腔的怒火。“他结束了以后，还告诉他儿子可以继续。我真不敢相信。我还被绑在床上，他儿子就继续强暴我，他还站在旁边看。”女孩停了下来，擦掉脸上的泪水，试着在哭泣中喘一口气。突然，女孩再一次害怕了起来。她的继父摇着头。

“她疯了，”他对着女人说，“她脑袋有问题，而且她很危险。这样的故事可能会毁掉我，可能会毁掉我们。”

女人从她女儿的肩膀上抽回双臂，她看了伴侣一眼，然后瞪着站在身后的女儿的眼睛，好像想读出她的心思。不发一语，女人狠狠地甩了女儿一巴掌。

这个场景是每个父母的梦魇，仅次于害怕小孩被绑架、被虐待或是谋杀。对于孩子可能受到身体上的暴力伤害或是性侵犯的恐惧，一直都存在于现代工业社会的父母亲心里。有充足的理由证明，这些现象很常见。在美国及欧洲，大约14岁的时候，4个女孩中有1个曾经被某种程度地虐待、身体伤害或是性侵犯，18岁的时候大概是1/3，而16岁的男孩是1/6。什么是儿童虐待？谁是施虐者？而这样的现象又如何与演化生物学的内涵相吻合呢？

如果用演化生物学的观点预测本场景中两个男人的行为，就一点也不奇怪。继父对于女人的儿子在环境不好的时候以暴力相向，而对于他自己的儿子则是在环境好转的时候明显地偏袒。当他们环境更加改善的时候，他剥削新伴侣的后代，性虐待伴侣的女儿。同样，男人的儿子利用自己和父亲的优势，也性侵犯那个女孩。他们借由这些方式获取自己的利益，提高他们繁衍的产量——在这个例子中，我们所讨论的在虐待中的每个机会，都是一种现象，这种现象被自然选择所塑造，而且预设在人类的行为里。

演化生物学往往让行为借由被认为是令人不愉快、不正常、反社会的或是危险的，让它们不那么普遍，这有着生物学上的基础。就像我们的行为一样，被演化所偏好的行为是因为犯罪者可以从中得到繁衍上的优势。以此观点而言，我们又身处险境。如果演化生物学者的结论是这样的行为被预设在人的灵魂、基因之中，不免让人认为他们是在宽恕或是鼓励这种行为。不过事实并非如此，演化生物学家唯一的兴趣是试着了解这种行为，然后把理解传递给社会大众，让它得到最好的利用。如果这种情况不是最真实的原因，没有理由试着用政治或社会的解释来强加附会这个现象。儿童虐待的问题潜伏于现代工业社会，也是所有父母亲最大的忧虑，而演化生物学家扮演了独一无二的角色，就是要帮助大家了解它。没有理解，问题就没有可能解决。

儿童虐待有两个主要因素——暴力与性，其中一种或两者都有可能发生在例子中。对于很多社会学家而言，任何暴力的互动以及几乎所有不论暴力与否的性互动，只要是在孩童身上发生，就是虐待。对于演化生物学者而言，“虐待”这个词只真正适合某些特殊的行为，也就是此行为是否会让受害者受到繁衍成果的损失。我们等一下会再回到关于虐待的定义，不过这可以为我们提供一个讨论的起点。

如果使用社会学的定义，我们可以说在本书里，表面上已经出现两种虐待。第一个是忽视教养，或者更糟的是暴力，也就是之前所描写的，孩童遭遇到的手足之争（场景14）以及父母亲的偏爱（场景15）；第二个是非暴力的父女乱伦（场景16）。这些都发生在亲生父母所组成的家庭，但前提是，当事的男性对于父性确认比较低。本场景中所讨论的虐待问题，是当男人很确认他不是女孩的父亲，或是并非兄妹时发生的。本场景中所描述的是一种继养的关系，这同样难倒了社会学家以及演化生物学家。

*

本场景的描写以及解释与虐待有关，而不是特别要讨论到有继父、继母关系的家庭以及混合家庭（在下一个场景中将有对非核心家庭的讨论）。为了避免误解，我们在这里必须强调，平均来说，混合家庭有繁衍上的好处，或者说对大多数家庭的成员有益。这就是为什么自然选择偏好此现象的存在与运行。通常，在混合家庭中的孩童不会被继父母或领养他们的父母虐待。即使如此，本场景中女孩的经历描述了一个不幸的事实：生活在混合家庭中的孩童比起亲生父母所组成的家庭中，较容易被继父、继兄或其他继养亲属的男性虐待。

暴力及性虐待会被分开来考虑，我们先从暴力问题开始讨论。据加拿大和英国的研究显示，男性居住在混合家庭时，有可能虐待继养小孩的概率是虐待亲生小孩的7倍，而杀害继养小孩的概率则是杀害亲生小孩的100倍。这种继父的暴力与谋杀的危险期，大都发生在婴儿期到两岁的孩子身上。试问，我们是否经常看到媒体头条及刑事案件侦破结果，事实上谋杀者是继父，或者至少是与母亲有性关系的男人呢?

亲生父亲及继父谋杀小孩的动机与方式各有不同：亲生父亲杀掉他们的小孩，有可能是将其当作自然选择家庭计划的一部分，尤其当环境恶化得很厉害时，父母无法再扶养那些于环境较好时所生下来的后代；而继父杀掉继子女是为了避免扶养别人的小孩。这种动机的差异也会反映在亲生父亲与继父在家庭暴力中所使用的方法上：大多数遭到亲生父亲杀害的小孩是通过没有攻击性的方式，比方说窒息，然而被继父杀害的孩子很可能是被殴打致死。

杀害继子是继父母不偏爱的终极表现。施害者必须除掉这个小孩，因为不论意识上或潜意识中，他会看到这个小孩对于其自身繁衍利益的威胁——小孩会吸干家庭的资源。忽视和暴力可以达成相同的结果，却是不那么极端的方式。忽视是最小化小孩对于资源的需求，而暴力是企图逼迫孩子离开这个家庭的方式。因为暴力虐待是犯罪者避免家庭资源耗尽的反应，所以贫穷与恶劣的环境通常可能是引发暴力虐待孩童的主因，这并不令人惊讶。

这种继父对于继子女的不当行为不只由于现代的压力，还有一些其他的影响因素。此行为有着生物学的基础，因为它是被自然选择所塑造的，而且在非工业化的人类及动物之中都曾发现过。比方说，巴拉圭住在丛林里的阿契人，大约9%被母亲和继父一起扶养的小孩在15岁时被谋杀，而被亲生父母亲扶养的小孩比例是1%。在动物中，最有名的例子就是公狮子对于继子的暴力了。狮群通常由2～3只公狮与8只母狮及小狮组成。在草原上往往也有一些由2～3只公狮组成的单身公狮团，它们试图寻找可以驱逐原公狮的狮群。如果它们成功了，第一件事就是杀掉小狮——它们的继子。母狮因为小狮被杀掉的失落感，提前给新来的雄狮机会繁衍它们的后代。有些猴子如果群居，也会有相同的行为。若猴群的领导者被驱逐出去，新的公猴会杀掉它的后代。即使猴子生活在由很多公猴与母猴所组成的族群中，也会发生类似的行为。通常，雄性对年轻一代会表现出攻击性，这是因为公猴没有和小猴的母亲交配，或者是因为公猴在适当的时间没有跟母猴交配。

在本场景中，我们讨论的是男性暴力虐待孩童——继父或继兄的虐待，但是继母也会。比起对自己的亲生子女来说，继母较倾向于虐待或杀掉她们的继子女。不过没有研究能够统计出真正虐待与暴力的比率，因为继母比继父较不常见有这种行为。这也是小孩，尤其是很小的孩子，当家庭分开或重组的时候多半会跟着母亲的缘故。

孩童会被继父母虐待的观念在很多文化中根深蒂固。“巫婆般的继母”形象曾出现在许多民族故事中，就像在童话《巫婆的糖果屋》中，而且通常把矛头对准小孩。被女性虐待就像被男性虐待一样，有着生物学的基础，且并非受限于现代社会，比方说在某些部落生活中也会发生此种行为。此外这也不只限于人类，理由很明显，雌性哺乳动物不会有雄性心中的父性确认问题，继母无论如何都知道小孩不是她们的。所以，到底什么时间才是扶养别人小孩的付出，开始超过在混合家庭生活中的所得呢？为了找出时间点，忽视、虐待甚至谋杀就可以变成策略性的。

少数几个其他物种有关继母的研究，例如鸵鸟，它们会生下数量很多的蛋。已经有伴侣的母鸵鸟被视为“主流者”，它们不只孵化自己的蛋，也会乐意让那些通常叫作“边缘者”——没有伴侣的母鸵鸟们将蛋产在自己的巢里。有些蛋就留在主流者的巢里孵化，变成继子被扶养长大。不过，其中也有一些是“领养的”——就是那些不是跟自己或配偶有关系的蛋。然而，主流者仍然会将这些蛋收集成一堆，全部孵化。

这并不是利他行为，对于母鸵鸟（继母）而言，它会显示偏爱与导致谋杀。它的策略目标是为了提高自己后代的存活率，利用领养的幼鸟来达到保护幼子的目的。母鸵鸟可以辨认出自己的蛋，然后将别的鸟生的蛋堆到边缘。这些边缘的蛋有时会因为孵化不足而死亡，或被土狼、胡狼吃掉。这样，母鸵鸟自己的蛋才都能存活到孵化，而其他的只有一半左右能够存活。当其他母鸵鸟的幼鸟（继子）孵出后，它们会更进一步地被继母所利用。小鸵鸟在很小的时候就能够自己进食，母鸵鸟需要做的就是带领它们到食物的位置，并在掠食动物来的时候警告它们。这时，其他母鸵鸟的幼鸟就在当掠食者真正侵袭时首先牺牲，而保留住母鸵鸟自己的后代。在混合家庭中，若能有效率地利用其他母鸟的后代，它可以扶养更多自己的后代长大。

继养与领养的关系在鸵鸟中这么常见，是因为只要付出一些却可以拥有很多好处。而人类的继养关系有更多关于得与失的平衡，也因此人类的混合家庭不如鸵鸟的普遍。不论如何，人类有的时候会发现自己对其中一个或更多的继子表现出不喜，此时就很可能是继养关系的损失超了利益。

*

目前为止，我们只讨论到虐待、忽视、暴力及谋杀侵略性的层面。结论是，这样的虐待有着生物学上的起源，而且是被自然选择预先设计好的，虐待这个方法能让施虐者达成繁衍成果——纵使这样做会造成对被虐者的不利。我们现在大概能够了解为什么施虐者会有这种行为，而且也很清楚即使是以生物学的解释而言，这些行为的确可说是虐待。换句话说，不管是从生物学、社会学还是从心理学上来说，受害者都因为虐待的行为而遭受苦难。性虐待则是更加复杂的议题。

演化生物学会讨论儿童性虐待是否源于生物学，某种程度来说，性虐待和暴力的根源是一样的。有些成人有时会产生与孩童性交的欲望，牵涉自然选择预设让成人能达成繁衍成果，因此虽然此行为对受害者不利，可还是会发生。在灵长类以及有些人类的社群之中，这些行为所扮演的角色是一种对年轻后代的教育，而非虐待。不过在现代工业社会里，这些行为对于孩童仍然是没有好处的，所以在生物学、社会学及心理学的看法上，它们会被归类为性虐待。

一篇刊登在1984年《虐待与忽视儿童》（*Child Abuse and Neglect*）期刊上的论文指出，儿童性虐待的严重程度可以分成三个层次：其中最不严重的是无使用强迫方式，强吻与意图抚摸臀部、大腿、脚以及其他身体部分，包括接触以衣物遮蔽的胸部或生殖器，或意图达到任何相同目的的行为；严重性虐待的范围是，从对于未以衣物遮蔽的胸部或假性交的非强迫性企图，到强迫使用指状物穿过阴道；非常严重的性虐待是从阴茎、阴道的穿刺，到无暴力性企图口交、肛门的抚弄或肛交。只要接触是“受害者”想要的，那么不管犯罪者是否为“受害者”的亲戚，只要不大于或小于“受害者”5岁，而且只要是“受害者”所想要的接触，就不被视为虐待。这表示父女的接触，不管女儿是否自愿，都符合虐待的范围。

我们之前提过，从生物学的预测上来说，父女之间的性交应该是其一或两者对于其亲属的关联有着较低的确认性。父性确认低的男性有时可能会将女儿视为一个长期性对象，继父就更可能这么做了。不过发现自己成为继父的男性会被自然选择压抑，不会让他与亲生女儿发生乱伦的行为。

虽然很少有直接证据显示，亲生父亲对于女儿父性确认性低时会性虐待，不过当婚姻不稳定的时候，父亲性虐待女儿的概率的确会增加——婚姻的不稳定往往是男人对于父性确认程度低的暗示。整体来说，数据显示，一个女孩被把她从小养大的继父虐待的概率，是被其亲生父亲虐待的概率的7倍。女孩子在孩童时期的某些时刻可能会有所谓的"短期继父"——也就是短期内协助母亲的男性。她们比较可能在这一阶段中遭到虐待，这还是在不清楚实际上有多少案例的状况之下的统计，就继兄而言，数字会更高，虽然同样地我们还是不清楚实际有多少案例。

在本场景中，女孩被继兄与继父性侵犯。然而，我们仍然没有证据能够证明这种重叠的虐待发生得有多频繁，我们只知道这的确发生过。以记录报告的数字预估，若12个女孩中有1个会被继父性侵犯，6个中就有1个会被继兄侵犯，以此可以预估生活在混合家庭的女孩，有1/70的机会会有像本场景中女孩的遭遇。

对于较年幼的家庭成员的暴力和性虐待，显示了相似的模式以及原因。继父、继母比较容易忽视、虐待或杀害他们的继子女，因为若是儿童在未成年就离开家庭，继父母会得到更多利益。继父对继女较可能发生性行为，而如果女孩怀孕，他也会比生父有更多的利益。在加拿大，对约1000名以上的女性所做的研究中，多多少少显示出相关且惊人的发现。平均来说，成长在有继父家庭的女孩，第一次月经来潮的时间比跟亲生父母住在一起的女孩早了6个月。显然，年轻女孩的身体反映出，有继父存在的状况会加速其性征上的成熟，也许是为了能够尽快成长并逃离家庭。此外，这可以是没有血缘关系的男性较早进入家庭、较早得到利益的一个方法。

如果继父及有着低父性确认的男性已经被默认了某种程序，有时会视"女儿"为繁衍对象，那为什么他们通常在女孩未发育前就侵犯她呢？显然，这样的行为并不是出于繁衍目的。事实上，对于犯罪者来说，这不一定如表面上看起来那样没有繁衍上的利益。曾有5岁女孩怀孕的纪录，她在初经象征能够怀孕的讯号可见之前就能够排卵。也许经由此行为的繁衍本质被描写得比较清楚时，我们就可以知道，虐待变为性虐待，比较可能会发生在发育期。因为在发育期，女孩还处于无伤害性的弱小阶段，却可能已经相当接近可以繁衍后代的阶段了。

在某些前工业化社会中，年轻女性与一位不太可能是父亲的男性的性体验是被接受的。这样的社会形态，是在20世纪的前半叶，当这些族群尚未工业化时所做的研究发现的，而工业化以后，情况也就不同了。举例来说，印度的拉帕卡人，在过去他们相信女孩如果没有经历过儿童时的性行为，就没有办法适当发展，因此在11岁或12岁的时候，女孩就与较年长的男性或同辈有完全的性行为了。男性有时也与8岁的女孩性交，无须受到社会的责难与处罚。在一些动物中，成年与未成年之间的性行为是很普遍的。比方说倭黑猩猩，成年公猩猩会与母猩猩从婴儿时期就开始性交。关于哺乳动物此行为的最佳研究，就属鼬了。

母鼬会延迟胚胎着床，它们会交配，也会让卵子受孕，但是让受精卵在一年后才到子宫着床。一旦有卵子受孕，成年母鼬就迁移到另一个不同的公鼬的领地，准备生产。新公鼬也会容忍母鼬出现在它的领地并生产，一旦生产完，新的公鼬会到洞穴中对母鼬性突袭。母鼬虽然刚生出一窝还没睁眼、毛还没长出来的小鼬，但还是会与公鼬交配，授精的卵将变成明年的一窝小鼬——在另一只公鼬的领土上。不过，公鼬不只与母鼬交配，也会与母幼鼬交配。这看起来可能很怪，但成年公鼬与还看不见的、无毛的、几乎不到它头一半大小的幼鼬交配是很普通的行为。此外，当感觉到公鼬进入巢穴时，幼鼬会拖着自己前进，试着用长而尖的声音吸引它的注意。虽然才刚从母亲子宫生出来，这些母幼鼬已经能够排卵，这些卵也能够与公鼬的精子结合了。同样，它们的受精卵会储存一年，到时每一只独立的成年母鼬才会让卵子着床在子宫，然后生下一窝刚出生时与公鼬交配的后代。

鼬的例子给予了关于什么是或不是虐待行为一个生物学上的暗示。我们能够清楚地看见此行为对公鼬的优点，同时也可以看见，至少在生物学上，这种行为不是虐待，因为对于母幼鼬而言它亦是有益的。最终这都是自然选择塑造它们第一窝受孕的方式，母幼鼬不仅行为上与公鼬配合，也已经准备好与它交配。与人类的情况明显不同的是，虽然年轻女孩有时因为较年长男性强迫性的性行为而受孕，不过很通常的状况是她们的身体会避免怀孕。

年轻孩童性行为的主要原因会在之后加以讨论。即使是发育期后的前几年，也还是仅有少数少女因为性行为怀孕——她们的身体会用不排卵来避免。我们应该知道，通常受孕对于少女是不利的，她们也被自然选择预设了不要受孕。虽然成年男性与公鼬相似，有时会试着将少女当作繁衍的途径，不过却很难发现少女与母幼鼬的相似处。女孩子在身体上很难抵抗较长的男性，不过生理上却会——借由鲜少受孕。这是身体所表现出来的生物学上的明证，通常少女很少与年长男性合作繁衍，因为不利于自己。因此，从生物学和社会学上来说，人类的这种行为是虐待，而不像鼬那样是自愿产生的。

*

现在，要进入性虐待最严重的范围，就像本场景中所描写的，尤其是关于性交以及受孕的风险。当我们集中在较不严重的范围——被同侪及成人亲密地吻、抚摸及宠爱时，这个讨论变得比较复杂。

当生物学家研究灵长类时，他们通常会观察在年轻的及年轻与年长动物之间亲密的没有性交的性接触，这些接触与社会学家所谓的虐待有所区别。不同的是，对于年轻的灵长类而言，这样的行为很明显是性教育的一部分，而且是对繁衍有益的。如果没有这样亲密的性接触，年轻的灵长类动物后来会变得有性障碍。在年轻灵长类之间的性探索是相互的，都会对它们的经验有帮助。与成年灵长类的性接触同样有益，而且通常是父母会扮演教育者的角色。年轻的一代从父母的经验中获利，父母则从后代性能力的加深而有更多的孙辈。

这种行为有可能是具有教育意义的，场景19将会讨论。因此我们会臆测，就生物学的观点而言，在现代工业文化中，父母与孩童之间以及孩童与孩童之间的性互动接触，会扮演一种教育的角色。

如果生物学对于亲密的没有性交的性接触是一种教育的解释是正确的，我们应该能够预期，这样的接触同样能在其他灵长类或前工业社会中所发现。我们应当预测到，第一，父母与儿童会同时体验到一种被预设好的性互动的渴望，但是会避免性交；第二，虽然亲生父母不像继父母那样有如此强烈的动机和小孩性交，但他们仍然有动机；第三，这样的互动到小孩青春期会达高峰，因为在发育之后，儿童需要将性知识放入繁衍行动中；第四，男孩跟女孩同样地被教导，男性与女性同样地被教导；最后，有这样亲密接触经验的儿童，在未来的生活中会具有较佳的繁衍成果。

不幸的是，没有直接的证据能证明这些行为都是教育，这仅是生物学上的预测而已。在任何可靠的结论出现之前，我们需要更多高质量的研究。因此，在接下来的几个段落中，只写出一些可能相关的信息。

在旧金山，针对将近1000名女性所做的研究显示，居住在有生父的家庭中的女性有1/40的概率，而被混合家庭扶养大的女性约有1/6的概率，会遭到她们父亲不同程度的性虐待。其中有3/4遭到生父虐待的是比较轻微的状况，被继父虐待较轻微的情况占1/2。

90%的虐待者是男性，有一半会虐待孩童的女性不与男性合作，不然就会变成“多重乱伦类型”。无论如何，当女性参与其中时，她都扮演了与男性虐待同样积极的角色。女性虐待男孩或女孩，一般而言概率是相等的，不过男性却更倾向于虐待女孩。通常会虐待孩童的女性就像男性一样，是家庭中的成员，有些则是家庭的照顾者，例如保姆。另外一个女性虐待孩童的特征是受害者的年幼。女性比起男性来说，比较可能虐待较年幼的孩童（前者平均年龄是6岁，后者平均年龄是9岁），但是两者都同样比较会在孩童发育期之前虐待。

整体而言，男孩被虐待的概率仅是女孩的一半。即使生活在混合家庭之中，几乎没有男孩（或者不足1/100）在14岁前经历过性虐待（肛交）。女孩被性虐待的风险（阴道的性交或肛交）可能是男孩的几倍。不过，在较不严重的性虐待范围内，男孩和女孩是差不多的，而在暴力行为上两者的比例几乎相同。

被成人虐待的孩童比较可能会有不同程度的负面心理，从低自我评价到忧郁症都有。当然，重要的问题是，对于演化生物学家而言，这样的心理反应是否影响了繁衍成果。美国的一项研究显示，那些在童年时期和同侪或成人有过性接触经验的人，他们在未来一生中所拥有的伴侣人数会比那些没有过性接触经验的人多。在青春期被性虐待过的女孩，其在18岁以前怀孕的几率是其他女孩的两倍。这不是因为她们的性行为发生得较早、较常有性行为或是她们较少使用避孕措施，而是因为她们较有决心试着要在年轻时怀孕。比起没有被虐待的女孩来说，她们也比较倾向于选择较年长的人作为配偶。也许因为伴侣较年长，她们也比较有可能被催促受孕。此外，一旦怀孕，比起那些没有被虐待的女孩，她们比较不会去堕胎。对于生物学者来说，虽然不是社会学或心理学层面的解释，但这种现象也许暗示着一个最大化的繁衍成果。

现有的证据不足以让我们绝对肯定现代社会中的性虐待有生物学上的起源，它是不是在非工业化人类社群以及所有灵长类中的一种教育，也还很难说。虽然这样的假设也不能被驳斥，只能说，这个证据只是生物学上的一种可能性而已。但是有些儿童可能从“教育性”的经验得到繁衍利益的事实，将不会停止这种在现代工业社会中孩童被虐待的行为。

还有一个非常重要的性虐待的后果我们没有提到，就是被性虐待的儿童会有较大感染疾病的危险，这会威胁他们长期的健康或生育能力，甚至是他们的生命。

当一对伴侣性互动时，即使不涉及性行为，年轻一点的伴侣一般而言会面临较大感染疾病的危险。当年轻一点的伴侣是一个小孩时，危险就更一面倒了。在北美洲，两个关于儿童性虐待的研究发现，在14岁的孩子当中，大约10个里有1个会感染至少一种性传染疾病，有时候多于一个。这种概率远远超过那些没有被性虐待的孩童。结论非常清楚，在现代工业社会中，暂且不管这样的行为可能具有的教育因素，一般而言，成人与孩童的性接触对儿童来说是没有好处的。因为孩童具有较高的患上疾病的风险。因此，对于现代工业社会来说，无论是在生物学上、社会学上、生理学上还是在法律上，这种接触都是一种虐待。当我们讨论到儿童的性教育时，关于这个主题还会有更多的讨论。

还有一个在本场景中有所描述，然而至今尚未提到的，关于继父母甚至父母虐待的另外一个特征，那就是：小孩无法从亲生父母那里获得支持。举例来说，在一个混合家庭中，亲生父亲或母亲会遇到很多利益冲突。一方面来说，他或她要保护小孩并成功地扶养他们到独立成人，才能够提高其繁衍产量；另一方面来说，借由将来与新伴侣共同繁衍的子嗣同样可以提高其繁衍产量。但是，这种情况仅仅发生在其前段关系所生的小孩被忽视的时候。通常，父母需要在这些冲突压力中权衡利弊，以达成繁衍成果，结果就是亲生的父母可能会在保护和放弃小孩之间摇摆。本场景中，这位母亲很显然地对于她的新关系有很大的期望，如果强迫其有所取舍，她似乎比较倾向于选择伴侣而非不幸的女儿。令人遗憾的是，这似乎是常见的反应，也往往是导致被虐待的小孩在未成年时就离家的主要原因。我们可以在场景20里看到这方面的讨论。

因为在混合家庭中比较有可能发生儿童虐待的行为，所以本场景首先讨论的就是这样的家庭。但是，这不是标准核心家庭里父母唯一的选择，另一种选择将是下一个场景的主题。

场景18 单亲扶养

女人轻轻放下话筒，这是一分钟内的第三次。她抬起食指一两秒，然后猛地再次拿起话筒。是的，女人一定要打电话给她。

在小镇的另一端，电话在客厅里响了四五声，然后被扎着马尾、瘦而年轻的女人接起来。在她的腿上坐了一个18个月大的小孩，吵闹地吸着她的吸吮训练杯。女人抱着刚学步的小孩，弯身拿起深埋在小茶几上一堆旧杂志中的话筒。“喂？”女人接起电话，声音有点尖。

“喂，亲爱的，是我。我只是想知道她怎么样。你带她去看医生了吗？”

“哦，嗨。我去了，上班前带她去的。我只迟到了半小时，没有妨碍到什么。”

“上班前？”女人的母亲似乎有点困惑。“你是说你去上班？……所以你没送她上学？她不适合去学校。如果你打电话跟我说，我可以过去你那儿，白天陪着她。”她的声音掩不住沮丧。

“妈，等等，”年轻女人打断她，声音听起来很紧张，“我白天把她交给一个朋友。她很好，真的。”

“哦，”她妈妈说，有点气馁，“你知道，我不介意过去一趟。”这个时候，小女孩开始扭动，想要去抓起她注意到的玩具。女人站起来把电话线尽可能地拉长，走到桌子前。她一边喘一边说：“妈，对不起，我要挂电话了，我保证明天再打给你。不要担心我们，我们很好，真的。再见啰！”没等对方回答，她就把电话挂了。

这段对话让两个女人都不平静：年轻的是因为她再一次对母亲撒谎，年长的那位则是因为女儿再一次拒绝她的好意。

年轻女人把小孩放下，看着刚学步的小孩走向她一直要找的玩具。女人坐在地板上，希望自己冷静下来。这些日子以来，一点点小事都会让她焦虑。她环顾早已乱成一团的四周，决心在小孩睡了以后整理一下。突然，她想到一堆在厨房里要烫的衣服，而且她晚上还要洗个头。年轻女人今天稍早外出午餐的时候，看到橱窗镜子里的自己，惊讶地发现头发和衣服使自己看起来如此疲惫不堪。她应该多注意整理一下外表的。

沙发上，衣衫不整又流汗的5岁小孩咳嗽着坐起来。这时厨房里传来一阵声响，接下来又有两声。“等一下下，亲爱的，妈咪只要不到一分钟。”年轻女人敏捷地走向嘈杂声，她的心跳加快，一千个可怕的想象在脑中嗡嗡闪现。电冰箱的门开着，里面的东西散落一地，其中有两个盘子。才刚学步的小孩站在椅子上，还在翻冰箱更深处的东西。女人冲过去，在另一个盘子被摔到地上前，把小孩从椅子上抱下来。小孩尖叫抗议自己的游戏被打断了。女人一边训斥孩子，一边把她抱到客厅里，让她跟沙发上的大女儿坐在一起。女人开始责怪自己——每当小孩有什么事时，她总是责怪自己。每每这时，也只有这个时候，女人才会想要再找一个新的伴侣，如果能多一双手帮忙照顾小孩就好了。

刚开始学走路的那个想要离开沙发，但却失去平衡跌到姐姐身上，然后哭了起来。年轻女人觉得有点惊慌，把小孩抱起来。女人看着她生病的小孩，现在靠在沙发垫上。她想母亲也许是对的，她应该带女儿去看医生的。如果她真的生病了，怎么办呢？女人下决心，如果女儿明天早上还发烧，一定要带她去看医生，即便明天早上请假会影响她的工作。

当女人终于可以坐下来看报纸时，4个小时过去了。她给小孩泡好茶，洗完澡，说了床边故事。然后，她自己也洗了澡，把衣服洗完并且烫好，把明天早上的东西准备好。忙了一整天，她累极了，连报纸也不想看。她把报纸放到一边，同时感到气恼，气恼自己还没有去洗头发。

也许女人应该想办法解决这些问题，试着找一个新伴侣。可是她要怎么遇到另一个人呢？而且，她没有时间约会。两个女儿的父亲离开女人已经两年了——让她松了一口气。男人不是一个很好的父亲，她也发誓不会让自己再陷入这样的状况。女人的感觉并没有改变，但是像今天这样的状况往往会动摇她的信心。母亲总是想要帮忙，但是她很少同意母亲的提议。因为在这之前，两人曾因女人想独自扶养小孩争论过，所以她总觉得如果请母亲来帮忙，有一种挫败感。

在女人开始打瞌睡的时候，卧室的门打开了，大女儿惊慌地站在那里，脸色苍白。

“妈咪，我想我要……”她刚开始说话，年轻女人就发现大女儿病得厉害。

强暴、一夜情、结束短期或长期的关系乃至伴侣死亡，都会导致女性独自扶养小孩。长久以来，通常是死亡或分离等原因导致单亲家庭的出现，且毫无疑问，很多时候死亡是最常见的原因。在现代工业化及许多前工业化的社会中，父母离异一般是导致单亲家庭出现的原因，而这也比较像是演化的结果。在本场景中，单亲扶养者是母亲，而既然大多数的单亲家庭都是这种状况，我们将集中在这个范围内讨论。稍后再简短地讨论单亲父亲的家庭。

在10个有关单亲母亲最新数据的工业化国家中，排在最后的是意大利，其单亲母亲的比例是1/23。排在最前面的是美国，大约是1/5。在美国，1980年后出生，曾在童年的某段时期经历单亲家庭状况的小孩，白种人的概率是1/2，黑人是4/5。

这种单亲独自扶养的现象是最近才有的。即使是现在，在整个南亚，单亲父母还是会在家族中扶养小孩，而不像我们在工业化世界里所理解的这种单亲家庭。即使是在发达国家，单亲家庭的出现也是近些年的事。这种现象大约发生在20世纪60年代，反映出经济生活的改变。在家庭、工作以及与亲属居住在同一个小区的状况下，独自生活在社会及经济上是困难的，而且大家族——多产的家庭也很普遍。随着工业化的普及，都市化及迁移率的增加，越来越多的人迁往都市找工作。对于女性来说，离异和独立的生活比较没有社会与经济上的障碍。现如今，不论男性或女性都可以离开家庭，继续保持其工作与收入。在20世纪90年代的前半期，在英国及美国，大约有1/5的单亲妈妈最后会独自扶养小孩。在英国这种比例略低，在美国则高一些。在这两个国家中，这个数字大约是1970年以来的3倍，从1987年开始比较显著地增加。在美国，7年之内增加了14～23个百分点。

在对完全不同文化的研究中，比如20世纪80年代对居住在巴拉圭丛林的居民阿契人，以及18世纪对德国东弗里斯兰地区居民的研究中显示，失去父亲对于孩童的生存会造成很大影响。一旦下一代的年龄超过两岁，父亲的重要性就显著地增加。不过随着孩子年龄的增长，失去父亲比失去母亲所带来的影响越来越小。相反，在20世纪70年代及80年代肯亚的奇斯吉地区，父亲的存在与否对于孩童的生存问题几乎没有什么影响。即使如此，若母亲有伴侣，仍然会影响她的长期繁衍成果。因为如果父亲还在，儿女们可能会有更多的后代。

男性帮忙扶养小孩最直接的好处就是多了一个人帮忙，或是有人能够提供或帮忙提供小孩健康长大所需的金钱、食物或空间。如果有男性的帮助，小孩比较有可能避免意外或疾病，成长为健康且能够生育的成人，也因此女性可以扶养更多的小孩，将来有更多的孙辈。但是，即使有伴侣能够为女性的繁衍成果带来很大的不同，我们也不该忘记讨论男性对于照顾孩童真正贡献的程度。以扮演父亲的角色来说，男性不会比其他灵长类动物高明，他们也许和猩猩与黑猩猩差不多，但比起绒猴以及北非巴巴利地区的猿猴就差远了。

如果范围继续扩大到更多的灵长类动物，人类只能说是“差强人意”，而不能算是“无微不至”，男性与幼儿互动的比例一般而言算低的。在一份关于父母亲的全球报告中，80个人类的社会里有20%的比例显示，父亲鲜少或从未接近他们的幼儿，只有4%是很亲密的父子关系。即使在其他社会，比方说西南非的昆申族人，父亲也只花了他们时间的14%跟孩子互动。在工业社会中，最积极的父亲，在记录上也差不多是一天3个小时而已。有些现代社会中的父亲，每星期跟孩子互动的时间少丁45分钟。

人类的父亲很少对孩童照料肩负极其重要的责任，也很少付出真正的行动。对昆申族的调查报告显示，会照料幼儿的父亲不超过6%，即使他们至少有一半的时间没有在为家庭做些什么。在工业化与非工业化的社会里，大多数亲子互动的形式是游戏。男性只有在供应食物的时候才是灵长类中最积极的父亲，即使如此，父亲还是会把食物交给母亲，然后再由母亲喂食给后代。

*

从一个更广的生物学观点上来说，在表现双亲照料方面——也就是由父母双方共同照顾小孩的行为，人类虽然绝不是独一无二的，但也是不寻常的。大多数哺乳类动物并非由双亲照料，年轻后代从一出生起就自生自灭的例子也是有的。多数物种，尤其是大部分脊椎动物，都没有双亲照料，而且单亲照料是一种规则，不是例外。对于鱼类、青蛙和蟾蜍来说，单亲扶养的人通常是父亲，母亲会离开，鸟类与哺乳动物则刚好相反。只有在很少的物种中我们发现：双亲照料最常出现的是鸟类，有时也出现在少数的鱼类和哺乳类动物中。

人类的父母亲模式会造成一种误解：双亲照料是最极致的系统运作，而演化会让所有动物这么做，只是大多数物种都失败了。事实上，双亲照料不是演化成功的巅峰，而多数动物也并非因为身体或心理的缺陷以致无法达成。相反，双亲照料会提高双方繁衍成果的情况是很少见的，人类的情况就是其中之一。对于大多数动物而言，实际上如果双亲都留下来照料会产生不良后果。以下鸭子与黑熊的例子可以说明。

在禽类中，鸭子可以说是个例外，公鸭不会帮忙照料小鸭。一旦最后一颗蛋受精，公鸭就会消失，留下母鸭独自照顾小鸭。看起来单亲扶养好像很困难，但事实上没有公鸭的话母鸭会做得更好。小鸭们一出生就能够自己觅食，只需要将头伸入水中或潜水捕食就好。母鸭所能做的是让后代们聚在一起避免遗失，并教导它们如何不被掠食者吃掉。母鸭不仅不需要公鸭的帮助，公鸭还可能会带来不利的影响。大多数公鸭都是浅颜色的，这可能会吸引掠食者到它们活动的范围内，所以公鸭离开对大家都好。

黑熊也是一样的。母熊在秋天受孕，在冬眠的时候生产并哺育两只小熊。这样一来，母熊在春天会消瘦，到了夏天就必须外出觅食补充体力。母熊与小熊在冬天能否存活，完全仰赖母熊在前一个秋天吃了多少食物，脂肪已经储存了多少而定。如果笨重的公熊在母熊怀孕后还留在领地上，母熊的食物就会更少，两只小熊的生存概率也降低了。所以对母熊来说，单亲扶养同样能最大化繁衍成果。

有时对于女性来说也可能是这样的，我们后面会讨论到，不过一般而言并非如此。不幸的是，社会学对于单亲家庭的研究，大部分并不是从繁衍成果的角度评价的。他们会专注在一些社会学的评量上，比方说高中辍学率、青少年怀孕率及未来的工作潜能等。只有刚刚提出的例子——阿契人、奇斯吉和18世纪的德国东弗里斯兰人的研究才直接显示，即便母亲在大家庭中，没有父亲存在且单亲扶养的家庭仍然有繁衍上的缺点。其他研究仅仅显示，单亲家庭中的孩童在社会适应上的缺点，而这些评量都是间接的。由此可知，单亲妈妈扶养的小孩死亡率可能会比一般的高，并有可能比核心家庭的小孩不健康。这两种现象暗示单亲家庭中母亲长期繁衍成果的确有减少，其实这应从更直接的研究获知结论。

即使有很多证据显示女性单亲扶养是有缺点的，但这并不表示我们很清楚其影响因素。大多数研究显示，经济因素是第一位的，为人父母的天性如何只是第二个因素。后者在很多的案例中，甚至还不构成一个因素。

比起核心或混合家庭而言，单亲家庭对于环境的恶化会较敏感。如果环境变得困难，造成低收入与不健康的结果，单亲家庭的孩童会特别容易受到意外、疾病与虐待的伤害。而且在单亲家庭中，境况也比较有可能不好。据所有工业国家1990年的信息显示，单亲家庭的孩童较多处于贫穷的风险中。在澳洲、加拿大及美国，超过50%单亲家庭的孩童生活在比贫穷的状态更差的环境中。在澳洲、挪威与美国，这样的孩童约有一半是在贫穷状态之中的。在其他国家，政府的政策会减轻不利影响。比方说在丹麦、芬兰及瑞典，虽然也有很高比例的单亲家庭儿童，可是仅有不到10%的孩童活在低于贫穷线标准之下。

对于许多单亲妈妈而言，主要是恶劣的经济能力影响了她们的繁衍成果，而非她们的照料质量。除了儿童生存、健康及生育能力，还有其他的不良后果，如对社会的适应问题。举例来说，单亲母亲家庭的孩童比较容易表现出社经族群地位较低者的行为，这表示单亲家庭的小孩一般而言在学校表现较差，并有较高比例的少年犯罪行为。另外，与此有关的是母亲与小孩心理健康的衰退。而且在这类家庭中，女儿比较有可能在青少年时期怀孕，她们也往往会在单亲家庭的状态下制造出下一代。（我们将于下一个场景的讨论中，继续对青少年怀孕的现象做更进一步的讨论。）

单亲家庭较差的经济状况和单亲本身是相互作用的：较差的经济条件可能是造成单亲扶养家庭的原因之一。在美国关于离婚的研究显示，失业及低收入是夫妻彼此敌视的最主要因素。在1970年到1982年中间的三个经济萧条期中，关于离婚的分析显示，在1968年及1988年经济不景气的时期内，大约增加了1/2的离婚、分居且只有母亲的单亲家庭。在美国，即使父母离异前并没有生活在贫穷标准之下的家庭，在父母分开之后收入也减少了50%。虽然单亲扶养的家庭比较有可能处于贫困的情况，但他们并不一定被分于较低社经地位的族群中。举例来说，1992年12月的第二个星期，英格兰皇后的6个孙辈都是生活在单亲母亲的家庭之中。

单亲家庭的收入是核心家庭收入的一半，甚至减少80%，这会降低其社会与心理层面的表现。有些研究显示，社会表现通常会随着离异之后收入的降低程度而有所改变。这就解释了为什么经济较好的女性单亲扶养家庭中，通常小孩的表现会跟核心家庭的同伴一样好。平均来说，体验过双亲离异而单亲扶养的孩童会在社会及心理上的表现较差。这些与一般核心家庭之间的差异，很多都是在父母离异之前就产生了，并非在之后才变得更差。这是家庭关系的质的问题，父母离异只是其中一部分，也似乎是最有影响的。当然，这并不代表单亲扶养没有相应的问题，有些孩童（预估有20%）社会能力降低的表现是因为单亲照料的质量降低。但这不是能力的问题——一个单亲扶养女性不会比其他母亲不称职，比较有关的是，单亲妈妈的处境问题，毕竟这是只有一方扶养、照料所不可避免的后果，就像我们在本场景中看到的。

除了意外，就像本场景中所描述的“冰箱意外”、疾病以及收入降低的后果，没有任何迹象显示小孩只有单亲扶养有什么不妥。除了与传统方式有些不同，家庭中缺乏男性角色似乎对小孩在未来的表现中没有什么特别的影响。在现代社会中，被双亲扶养的孩童比起那些被寡妇母亲（相对于离婚的母亲）、单亲妈妈或祖母所养大的小孩来说，无论在社会上或心理上都不见得表现得更好。其他研究显示，小孩无论生活在无父亲状态有多久，都不会造成差异。从生物学上来说，这或许是我们所预期的。在大多数灵长类中，被一群雌性养大的后代，以后也会相互地合作扶养后代。通常这些雌性动物是有亲属关系的——姐妹、姑侄或祖孙。在很多人类的社会中也是如此。在人类及其他灵长类中，雄性有时会出现在这些雌性团体中，提供不定时的双亲照料，但通常仅仅是忙着给予食物或与雌性交配。因此，在工业社会中的孩童，没有理由突然地需要一个有父亲共同生活的家庭。孩童可以从更大环境中的男性身上学到需要学习的。

表面来看，女性独自扶养小孩貌似一种很不利的选择，但如果把小孩带到混合家庭中扶养，情况同样很危险。哪一种选择会最大化或损害繁衍成果，很大程度取决于她所处的环境以及将来再找到伴侣的可能性。

*

因为场景17讨论的主题是儿童虐待的问题，所以好像呈现出来的都是混合家庭的负面影响。不过，正如我们之前所说，无论如何，合并家庭对双方都有潜在的益处。两者或许能从中得到资源总数增加的好处——不只是很明显的资源增加，譬如收入和空间；也有比较不明显的好处，譬如双亲能力增强、时间增多、照料增加等。此外，两者都有机会借由与新伴侣产生后代来增进繁衍成果。同时，男性可以通过与新伴侣在上段关系所生的女儿的性接触而得到繁衍利益。最后，两者能够试着从混合家庭中的偏袒行为，让他或她的孩子得到较多的家庭资源而达成自身的繁衍成果。为了达成这点，男性或女性可能仅需要表现出对某个小孩的偏袒，但是在更多极端的情况下，他或她可能会虐待继子女。

没有相关的数据能够证明，女性在单亲扶养的状况下采取哪一种行为，才会有最佳的结果。但是我们能够预测，女性和孩子在单亲环境中承受的压力越大，越有可能提高繁衍成果，因此也就越有可能采取在混合家庭中获益的手段。在美国，半数的白种人女性以及1/3的黑人女性会再婚，其他的会在不同的阶段与人同居。场景17中的女人就是这样一个例子，姑且不论她女儿所须付出的代价，结果是她将会得到繁衍上的益处。无论如何，在正确的情况下，女性如果能够独力扶养，而不是冒着与一个会给予不利条件的伴侣一起生活的危险，从繁衍上来说会比较有帮助。举例来说，在赞比亚北部省份关于营养研究的数据显示，5岁以下由单亲母亲照料的孩童，比起父母都在的孩童比较不可能有营养不良的现象，因为纵然前者规模比较小，但当父亲不在时，较多的家庭资源会集中给予小孩。此外，在工业化社会中，越来越多人倾向于保护支持儿童的立法，且越来越多女性能够独立自主，我们可以预测越来越多的女性会独自支撑单亲扶养家庭，而且最终由此获利。

如之前所提到的，人类不同于鱼类或青蛙，有90%以上负责单亲扶养的是女性。男性较可能抛弃他们的孩子，也比较容易在儿童年轻时死亡，而且男性能免于在一夜情关系或强暴中得到小孩的危险。当男性发现他们自己扮演了单亲扶养的角色——就像在场景16中，我们之前所提到的女性的考虑及选择，同样会发生在男性身上。

一般而言，单亲父亲扶养的小孩会比单亲母亲扶养的小孩表现得更好。这不是照料质量好坏的问题，而是因为较高收入与提供照料能力的不同。评量显示，与单亲父亲同住的孩童比与单亲母亲同住者健康，但是在社会发展上是相同的。从比较负面的情况来看，女儿较可能在青少年时期怀孕，单亲父亲也有比较高的死亡率。然而当总收入提高时，男性比起女性而言，就不是更称职的单亲扶养者。在加纳，据20世纪80年代至90年代的研究显示，女性控制资源的话，较有可能将资源提供给小孩。在巴西的状况也类似，如果女性掌握经济大权，其小孩的健康状况比男性控制经济大权者好20倍。这同样适用于其他层面。男性单亲照料的质量与其父性确认程度有关，若加上男性天生想要发现新对象繁衍后代的渴望，可以预测的是，男性扶养会给后代的健康和安全带来更大的危险。

BABY WARS

07

迈向祖父母之路

场景19 打好基础

女人从小憩中醒来，她转身面向花园避免阳光直射眼睛。7岁大的女儿蹲在角落，对树荫下的某个东西很感兴趣。

“怎么啦？”女人高声问道。

“是只大蜜蜂，”女儿回答，“我想它快死了。”她用手里的棍子捅蜜蜂。看见妈妈醒了，女儿跑到妈妈的日光浴床前。女孩感到很无聊，不高兴她妈妈一直在太阳下睡觉——很热。女孩说：“我必须穿着衣服吗，妈咪？我觉得全身都好痒。”

母亲对女儿感到抱歉，通常在这个与世隔绝的花园中，像这样的天气她们都不会穿衣服。与以往不同的是，8岁儿子的朋友今天下午来玩，女人发现儿子的朋友喜欢四下张望，如果让他看到她们裸着身体可不太好。

“我很抱歉，亲爱的，”女人一边说，一边坐起来，“你不可以脱掉衣服，尤其是你哥哥有朋友在这里的时候……对了，他们两个到底跑到哪里去了？”

女孩生气地说他们上楼去玩哥哥的火车了。女人看着楼上的窗户，关上收音机，想听听有没有东西被破坏的声音，不过一切都很安静。她再次扭开收音机，放在前方，然后松开比基尼上衣。在闭起眼睛前，女人叫女儿上楼去看看男孩子们在做什么。在她必须去泡茶前还有十多分钟的时间，可以享受今天的太阳。如果此时她可以听到楼上的对话，那么她会被逗乐的。

来访的朋友9岁，还很小。他对自己听到的事情感到很怀疑。

“你说你和妹妹脱光光一起洗澡？你是说她看到你的……那里……而且你可以看到她的？”

女人的儿子继续玩着火车组，一边推上山丘，一边发出蒸气的声音。火车组是电动的，但是现在不能动了，只是到目前为止他还没有说服父亲修理它。

“你不会觉得很尴尬吗？”9岁男孩说，“难道你不会变硬举起来吗？我的就会，如果有女孩看着它。这样不会让你觉得很滑稽吗？”

“可是，她只是我妹妹。她才7岁。”另一个男孩说，此时火车正开上山顶。他放开手，火车就能从另一边滑下去。“反正那根有时会举起来，尤其是在她碰它的时候。我爸爸说这没关系，他的有时也会举起来。有时就是会硬起来啊。”

在两个男孩想着接下来要说什么之间停了一下。然后8岁男孩继续说：“我妹妹觉得我爸爸的很滑稽，她喜欢拍它，然后让它摇来摇去。”

9岁男孩显然更不相信了，他想要知道更多。“你是说你见过你爸的那里？你的妹妹也见过它——还摸它？它看起来像什么？跟我们的像吗？”

“也不都是这样啦。”男孩回答，被他朋友的兴趣弄晕了。“爸爸的很大，在根部有滑稽的球状突出物，还有静脉突出的东西。他的毛到处都是，而且蛋蛋很大，有点恐怖，真的。”男孩停了一会，这是对话中第二次抬头看了一下他的朋友。“为什么问？你没有看过你爸爸的吗？”

9岁男孩摇摇头。他的父母告诉他，只有顽皮的小孩及龌龊的大人会让其他人看到他们的私处。他从没看过父母裸着身体，因此他更加好奇。“你爸爸让你妹妹摸它？他不会介意吗？”

“我不知道。”8岁男孩说，有一点尴尬。然后他笑了。“有时候会伤到他吧。妹妹拍得太用力，或是拉的时候，爸爸会痛。他会告诉她对男人的那里要轻一点。”男孩迟疑了一秒，不知道要不要继续说。“反正我也摸过，我摸过我妈妈的。”他用手捂住嘴，好像怕接下来要讲的话会被听到一样。“你知道有的时候我做什么吗？”

8岁男孩忍不住笑了起来。“有时候妈妈会让我摸肚子上的毛，好软，我最喜欢她洗完澡以后摸，闻起来真的很香。”男孩因为要拿火车而中断了一下，没有注意到朋友脸上的表情。

“你是说——你妈妈在肚子上有毛？”这件事让9岁男孩很惊恐，他很确定自己妈妈肚子上没有毛。

“你什么都不知道吗？”8岁男孩叹气。他父母在房子里经常都是裸身的，他从出生开始就已经习惯看别人的身体。他不敢相信比他大一岁的人会不知道这些事情。“就在这里啊，很多，很黑又浓。”边说边指着自己的身体。

“你妹妹也有吗？”他的朋友问道，几乎害怕听到答案。

8岁男孩很难相信他朋友的无知。这时，妹妹刚好进房间来。“他觉得你的肚子上有毛，像妈妈一样。”男孩笑着，指着他的朋友说。

“总有一天我会有的。”女孩愤愤不平地说。她觉得有点尴尬，又有点生气，但是有一点点兴奋两个男孩谈论到她。女孩有一点喜欢这个大她两岁的男孩子。

女孩拿起哥哥床上的枕头丢向他。“你们说我什么？”她很激动地问。

“没事啦。”男孩说，一边笑着挡住枕头，一边在房间里追跑。9岁男孩看起来很忌妒。他是独生子，也希望能够有兄弟姐妹可以一起玩。

女孩把哥哥压在角落，想用枕头压他，在另一个男孩面前表现一下。她的哥哥一边笑着，一边搔她痒，这两个就跌到地上。他们虽然年纪差了20个月，不过女孩并不比男孩体型小多少，他们翻滚打闹的实力总是相差不多。他们常常在地板上玩翻来翻去的游戏，有时会模拟飞机轰炸，有时在洗完澡后光着身子玩耍。

9岁男孩看着这对兄妹在地上打闹，他瞪着女孩的短洋装松松地拉高到腰部，于是笨拙地跳到他们中间想加入。这是9岁男孩第一次与女孩有肢体上的接触，这让他很兴奋。他想利用这次机会，但是不知道什么可以做、什么不可以。男孩以为，如果女孩不在意在哥哥面前什么都不穿，在他面前应该也会一样。他宣布要脱掉女孩的内裤，并叫她哥哥来帮忙。8岁男孩很兴奋，也想向男孩示好，于是他跨坐到女孩胸上，另一个花了很久时间把她的内裤脱下来。女孩一边叫一边踢9岁男孩的脸，可是他不在意。他把女孩的脚按住，感到很兴奋。只要再过几分钟，他就可以平生第一次看到女生的屁股了。

他慢慢地脱。但是当他要脱到膝盖时，就在快看到的前一刻，似乎是那么突然地，9岁男孩感到一阵自责。女孩的哥哥也是，他从妹妹的身上离开，叫朋友停止，让妹妹离开。9岁男孩也照做了，不过有好几秒钟一直盯着女孩发育前的私处，在女孩穿回衣服的时候，男孩对他所看到的又困惑又兴奋。

小女孩用令9岁男孩吃惊的话骂他，但是哥哥已经很习惯了，因为他有时也会说同样的粗话。女孩坐起来几分钟，当男孩们感到不安紧张的时候，她怒视着他们。接着她又拿起枕头，一瘸一拐地朝9岁男孩扔过去，威胁着要告诉妈妈他们两个刚刚做的“好”事。她生气地说9岁男孩不需要这么做，如果他好好问，她会给他看的——只要男孩的也让她看。但是因为男孩刚刚所做的事，她不会再给他看了。

为了弥补女孩，她的哥哥建议把朋友的内裤也扯下来。女孩事实上对刚刚发生的事也是兴奋多于生气，因为她想再多玩一会儿翻滚游戏。在9岁男孩还来不及意识到发生了什么事情时，就换他被按倒在地上了。但是在这对兄妹动手前，游戏被中断了。女人很好奇为什么女儿说话说得那么大声，于是进屋来瞧瞧。她对着楼上大叫什么事，不过在有人回答之前，女人就叫他们通通下来喝茶了。

这几乎是9岁男孩最后一次来他们家。女孩很快对于他想要掀起裙子、抓内裤的游戏感到无趣。当女孩在附近的时候，这件事好像就变成男孩唯一想要做的事情了。一开始女孩用取笑男孩自娱自乐，她起初假装要让他看，到了最后一刻又改变主意。有一次，无预警地在一次机会中，男孩匆匆脱掉自己的裤子，露出一个小小、硬硬又粉红色的东西——女孩觉得它比较像小红萝卜，但是并不惊讶。男孩希望女孩也给他看，不过女孩从来都没有这么做。之后男孩借由女孩的哥哥帮忙才得以看到，短暂的女性生殖器印象就一直陪着他成长。

女孩的哥哥也开始对他朋友的陪伴失去兴趣，他希望有人能够分享他对足球及火车的兴趣，而不是匆匆看女孩子的裙下风光——对他来说，每天都可以看到。兄妹俩到了男孩12岁、女孩11岁时才停止这么做。然后逐渐地，他们变得对身体越来越私密，改变也来临了。他们还是很亲近，不过一起洗澡、裸身嬉闹的事情变成历史。当他们到了青春期，有时还是会看见彼此的裸体，也都会看到彼此的变化。他们的父母对于小孩年龄增长所造成的影响感到有点失望，也开始减少在小孩面前裸体的时间。

这对父母对于他们给小孩早期的性教育感到很满意，至少他们都觉得小孩对于自己及其他人的身体都有健康的观念与尊重。他们希望为小孩未来几年可能经历到的新奇与失望，都已经做好准备了。同时他们会尽力指点并建议小孩，让他们度过青春期。不过跟大多数父母一样，他们也只能够分享孩子们经验中的一小部分而已。

在女孩刚满11岁的一个月内，发生了两件事。她的初经来了，这使得她和母亲长长地交谈讨论了一番。男孩也有了第一次射精的经验——只不过没有任何讨论，因为并没有人知道。男孩当时裸身站在一个连身镜前，无意识地玩弄着它，就像之前好几次做的一样，忽然就射了出来。第一次，他把大部分喷到镜子上，其他的落在地板上。男孩花了半小时，有点生气沮丧地清干净。后来他发现自己可以再来一次，不过这一次就喷在面纸上了。自从发现了自慰这件事，男孩有时一整个星期每天都会做，有时还会来两次。有一次男孩想知道自己最多可以成功自慰几次，在花了两个小时才来三次之后，他就对这种挑战失去了兴趣。

接下来的一年内，男孩花了很长时间单独待在房里，试着用枕头或卫生纸卷幻想，唤出更多色情的想象并假装一些性交姿势。后来，因为游戏场上一些同伴的小道消息，让他担心这么做也许会伤到自己，长瘤或者是瞎掉等，所以就试着停止自慰。但是没有持续很久，因为如果他禁欲就会做春梦。最终，他决定把这些事告诉母亲，同时征求她的意见——这样做总好过瞎掉或长瘤。

女人想到自己曾经为他讲故事的小男孩，现在已经长大了的时候，心情很复杂。她的小男孩已经长大变成男人，每件事都理所当然地进展着。从男孩开始消失到房间去然后锁起房门，一次就是一小时来看，女人推想男孩应该已经开始自慰了，不过她不太相信他会射精，直到看到证据的那一刻为止。夫妇俩只要有很自然的机会，就会跟小孩开放地谈论自慰这个话题，通常是从电视上突然跳出的几个场景开始谈起。即使如此，女人还是催促丈夫跟儿子谈一谈，确认一下男孩没有从朋友那里听到什么小道消息。

姑且不论他们相互的坦白，至少当父亲要找到适当的开场白时，他们两人都还蛮尴尬的。谈话断断续续，而且很简短。男孩有接收到信息，他的父母已经知道了他的事，不过父母们不在意，而且这是安全的。但有一件事男孩不太能相信，就是他父亲说他自己到现在都还会自慰。男孩花了一点时间想象父亲自慰的样子，却做不到，他也很快把这个想法抛到脑后。另外，男孩不太相信父亲说自慰是一件无害的事情。父亲认为用什么来自慰都还好，可是他并没有完全被说服。

不论男孩与父亲的对话如何，事实上他们并没有真正地谈出什么结果，只不过男孩从那时候开始有了积极的性生活。他越来越渴望能够有“实战经验”，但是有很长一段时间，他没有成功地跟学校任何一个女孩外出约会。跟其他要求一样，男孩需要证明。从浴室中自己的身影可以看出，他可能不是最好的。男孩需要知道女孩子们觉得他怎么样，想要确认她们会为他的阴茎以及它做的事印象深刻。

因为无法得到认识女孩的进一步发展，男孩将他的注意力转向妹妹。并不是因为男孩被她吸引，相反，他们之间的一点点身体接触都会让男孩觉得奇怪。但妹妹是女的，所以应该可以给自己需要的反应。有好几个月，男孩试着制造一些情境让妹妹可能会看到他勃起。当父母外出时，他会让卧室的门半开着，等待变化或准备洗澡。然后有一天，在男孩14岁过后不久，妹妹走进来，而他刚好硬起来。可是妹妹仅仅瞧了一眼他的男性特征，要求男孩帮忙解开洋装的拉链，然后就离开了。男孩对于妹妹完全无动于衷的态度感到气馁，很显然，这将会成为将来他生命中最重要的一件事。男孩跟自己说，妹妹也许太年轻了，所以不能判断什么，她也不过才13岁而已。

男孩不知道妹妹以前曾经看过他勃起，就像他希望的那样，从打开的门中看到的。女孩知道现在男孩的身体在他生命中是一件大事，就像她的身体对自己来说也是一样，但是女孩从没想过要对此发表意见。她从可以记忆开始，就已经看过男性的生殖器了。当她11岁的时候，就看过父亲裸体，哥哥的身体也开始差不多相同了。女孩自从9岁以后就没有再看过父亲勃起，她最后一次摸也是在两年前，但隐隐约约的记忆与触感都还在。男性的身体对女孩而言没有威胁，也不神秘。

在女孩经过哥哥卧室的匆匆一眼后，她最近对男性的反应开始有一点惊慌。女人如何能够将这样一个东西容纳在身体里面呢？女孩从学校里那个坚称自己已经不是处女的朋友口中得到了确认。

当父母看到小孩们已经长大，他们感到越来越多的成就感，小孩似乎很容易地就与异性建立友谊。两个人好像都很受欢迎——不只如此，他们想着，显然孩子们很能够吸引异性。他们会很乐意知道他们对于小孩的性教育是如何发展的，但是孩子们却巧妙地避开询问，从没有说出他们最想要知道的答案。

事实上，这对兄妹学习得很快。在男孩14岁过后的几个月内，妹妹的一个朋友允许男孩伸手进入她的上衣里，而他的指甲划过她的乳尖。几个星期后，妹妹让哥哥的一个朋友做了同样的事情。之后很快，男孩用手指进入一个女孩的阴道，妹妹也有了同样的经历——有一晚女孩外出时站在后门，她张开双腿刚好可以让一个热切渴望的男孩感受她的底裤里面。女孩引导同学的手到正确的位置，让他享受几秒钟成功的滋味，然后警告地让他拿开。

这些事情他们都没让父母知道，父母还停留在告诫阶段。他们知道两个小孩常常单独和异性朋友相处，两人常常会讨论约会进行得如何。尤其是父亲，他开始怀疑儿子是否还是处男，他发现自己希望儿子已经不是了，但是他从未对女儿是否还是处女感到质疑。

在男孩16岁而女孩15岁的那个夏天，两人都在他们的性教育上前进了一大步。男孩约妹妹的朋友出去——他从来没有忘记以前妹妹告诉他的，那个13岁就失去童贞的女孩。男孩下午提早到达，发现那个女孩独自在花园享受日光浴。一会儿后，他们就进入女孩的房间听音乐。就像传出窗户外的音乐一样，男孩发现自己处于高度兴奋状态，所以女孩就请他帮她脱掉比基尼，而男孩在还穿着衣服时就射精在女孩的阴毛附近。女孩有点惊讶，带着一点尴尬地看着男孩清理自己。后来，女孩邀男孩抚摸她脱光光的身体。15分钟内，男孩再次有了力量，女孩慢慢地教他女性身体的所有细节，那些当然是他从来没有从妹妹或妈妈那里得到的信息。然后终于，他失去了童贞。这是那个夏天男孩到女孩家探索旅行的第一次，直到后来她与学校摇滚社鼓手在一起才结束，那个鼓手有一辆车。

另外有一辆车带着男孩的妹妹，在追求性体验的过程中迈进了一大步。女孩受到开车到乡下观景的诱惑，答应一个男孩的邀请。这个男孩正是好几年前在哥哥房间拉下她内裤的那个，他9岁之后就没有任何性方面的进展，在他17岁生日时父母送给他车子当礼物，不过这也没有让他在女性朋友圈中有什么进展。男孩开车载女孩到他知道的一处河边，途中必须经过一处险峻的山坡地。就在他们小心地穿越牛群时，男孩要求女孩吻他。

天气很热，女孩正享受着外出到乡间的感觉。她觉得男孩带她来这里的确值一个吻，但男孩实在不该在他们的嘴唇碰到一起几秒钟内，就用手把她的洋装拉下来，她也不觉得这个吻会引起男孩勃起。当女孩推开他时，男孩埋怨着，但没有阻止女孩向山丘下跑去。

男孩在女孩到达河边之前抓到她，请求另一个吻。她告诉男孩，一个就已经够了，但是如果男孩行为良好，回到车上之后可以有另一个吻。边说，她边跑到不远处，凝视着河水。河里有东西引起了女孩的注意，“你看，”她叫，“河里好像有鱼在游。”

“不，你看，”女孩听到有人在她身后说，“看着我。”

男孩发出很奇怪的声音，好像话哽在喉咙，让她立刻转身回头去看。在女孩可以控制自己之前，她笑了。男孩站着，除了鞋子和袜子之外全裸着，站在几步之外的山坡上。他的勃起比当时她在哥哥房间看到的还要大，但对于女孩来说这时和那时没有什么差别。

“别傻了。”女孩尖声地说，再次转身过去，“快穿上衣服，这样看起来很荒谬。有人可能会看到，你下来看鱼啦。”

一秒后，女孩倒在地上，就像打橄榄球一样被人从后面扑倒在地。男孩用全身的力量压住她，他的膝盖抵在女孩背后，几乎在她来不及思考发生了什么之前，快速地将她的裙子拉起，内裤褪下。但是当男孩挣扎着要将内裤拉到鞋外时，女孩开始还击。突然之间，她又变回7岁时跟哥哥做翻滚游戏的小女孩，过去的技巧又回到身上，不久女孩就感觉到攻击者松手了。男孩在失望之余知道无法抱住她，也放弃了脱内裤的举动，转而将女孩按在地上，再一次用全身的重量压住她，他试着将身体置于女孩的大腿间，但是因为女孩的内裤还停在脚踝上，男孩无法张开她的双腿。他开始了解自己没有办法做什么，最后，在等不及的状况下射精在女孩的屁股上。

女孩一边诅咒着，一边推开男孩，把自己整理一下，抓了一把草丢到男孩身上，然后穿上内裤。不听男孩的抱歉及请她留下来的要求，女孩生气地走上山丘，牛群聚集在她的面前。女孩对男孩大叫，如果他穿好衣服就送她回家，如果敢再对她这么做，她就要把男孩给阉了。

女孩从没告诉父母，也没跟哥哥说过有关那个男孩试图强暴她的事情。

本书中曾经提到过好几次，一个人的繁衍成果不会在生了小孩之后就结束。对于自然选择来说，后代繁衍的速率才是最重要的。人类鲜少对于曾孙辈的受孕或扶养有重大的影响，而且在几代以后能这么做的机会也很小，不过人类对于孙辈的繁衍却有一定的影响。我们在前一章也曾经讨论过，在很多情况下，孙辈的繁衍比下一代的繁衍更为重要。这一点也不夸张，对于自然选择来说，人类扶养小孩是为了通往孙辈繁衍的康庄大道。

本章的三个场景（场景19～22），描述了人类迈向祖父母之路的演化学观点，这都牵涉相同的特征，只是在阶段上的不同。这些场景描述父母可以影响他们的下一代，让他们在自己的能力范围内变成更成功的父母。接下来，我们将会讨论下一代从儿童期、青少年期到成人之后与父母的种种互动。

一个人得到数量越多、质量越高的孙辈，就越会被自然选择所喜爱。我们已经看过了关于父母亲的偏爱、家庭计划及适宜家庭规模的讨论，并且知道这都是与如何最大化繁衍成果有关的精密规划。整体而言，一旦父母已经繁衍了适合他们处境的子女数，这时挑战就变成尽可能地扶养小孩成为健康、可生育以及吸引人的成人，然后父母才有可能获得最佳条件与数量的孙辈。

一般来说，父母对于如何培养小孩成功的潜能都不会有什么疑问，而且他们意识上的决定也会跟被自然选择所塑造的潜意识相差无几。通常，父母努力地创造孩童的生活环境及最佳机会。但是还有一项关于扶养孩童的观点尚未弄清楚，这个观点在本场景中曾被描述过：什么是儿童最佳的性教育？父母应该尽可能开明，没有特别的管理，就像场景中夫妇一样吗？或是让小孩越晚开窍越好，就像本场景中另一个男孩父母所做的那样呢？或是能够有一个较佳的折中方式？

每一种极端的方式在人类学的范畴内都曾经被发现过，就像我们之后会看到的，在有些文化中，年轻孩童与成人和孩童之间的性探索与接触是很平常且被鼓励的；在其他文化中，则有完全的法律禁止任何与年轻孩童有关的性接触；当然也有一些是在中间地带，有着不同程度的规范，有些行为会被接受，有些则不。不过，西方工业国家过去往往被保守的中间地带占领，他们渐渐倾向禁止与孩童任何形式的性接触，即使与其他孩童也禁止。为什么呢？为什么在各种文化中有这么多差异性？什么方式对父母和他们的小孩才是最好的？又为什么自然选择似乎让这个问题无解，而不是先预设好最佳答案在人类的行为之中，如同其他为人父母之道一样呢？

虽然也许并不明显，不过这些问题的答案是，自然选择的确已经在我们的行为中预设好了最佳答案，只不过这不像我们所讨论过的其他问题的答案一样明显。因为就像我们发现的，当我们谈到出生顺序时，最佳答案是一种“情境反应”：我们会依据不同的情况做出最适当的反应。我们所看到的文化间的差异性以及在这些文化中人类行为的差异性，大部分都源自因为不同的人会发现自己处于不同的情境之中。

自然选择所面临的问题是，孩童的性行为里同时有成本与收益——孩童与父母同时都有得有失。一方面，孩童在早期的性体验中会受益——等一下马上就会讨论到；另一方面，孩童越早开始性探索，他们就越可能面对更多的性传染疾病，就像我们在儿童虐待（场景17）中所讨论的一样。正如情境反应，自然选择预设了人类会受对于自身处境以及潜意识判断的影响，表现出不同的行为。问题是，儿童对于自身所处世界的经验还很少，尚不能判断行为的利弊得失，所以演化似乎给他们的解决方案就是，在孩童身上预设好尽可能地寻求性体验的程序，在其父母身上默认好就他们对于环境感知的判断后，鼓励或抑制下一代需求。因此，如果父母判断早期性探索的益处很多但风险很低，他们对于小孩的性教育也会持认可的心态；相反，如果父母判断收益低而风险高，他们会比较压抑。

*

本场景清楚地描绘出，无论孩童是处于父母或社会的许可或压抑的管教之下，都已经被预设好从年幼时就开始寻求性体验的事实。本场景中，被父母以开放方式扶养的小孩，得到了探索自己与父母身体的许可，并从中获益。而被压抑管教方式扶养的小孩，一旦有机会时就会违背父母的期望，顺从自身的渴望探索与学习。本场景中所叙述的行为能反映出更多社会的现象。

20世纪初期，在允许小孩不仅能够自由地进行性游戏、有机会观察成人性行为且能够参与性行为讨论的社会中，孩童能通过早期的学习得到完全的益处。举例来说，根据一份1952年出版的调查显示，大洋洲阿洛群岛上的居民，孩童在5岁的时候就知道有关繁衍行为的细节信息。特洛布瑞安群岛上的居民，是孩童开始性生活最早的族群，女孩子开始于6～8岁，男孩子则在10～12岁的时候。两性都会从年长的同伴那得到性生活中需要的教学。无论何时，一对同伴都可以在父母完全允许的状况下，找寻合适地点，尽量地从事性的游戏，包括自慰、同性或异性口交以及双性恋的性交。

在20世纪之前压抑的社会里，年轻的孩童无视惩罚的威胁，还是会抓住任何可以私下从事性活动的机会。北太平洋楚克岛的孩童们，虽然被父母亲抓到会挨揍，却还是常常性交玩耍。北美洲亚平那的原住民，即便这样的游戏一旦被发现就会受惩罚，但不论男孩或女孩还是会经常性地自慰。此外，尽管在孩童半成年时会举行仪式，他们的生殖器还是会被测试，如果显示出任何有自慰的迹象，他们就会受鞭打。今日美国，就像所有现代工业化社会一样，对这些行为有所限制，而手足乱伦常常发生在比较保守的家庭，这可能是因为孩童无法在别处有性探索，兄弟姐妹就倾向于彼此探索。

从以上例子中我们可以发现，自然选择已经预设好让孩童的身体急切地做早期性探索，他们成功的频率会随着父母对于孩童早期性体验中潜在得失利弊的估计后，所呈现出来的压力程度而定。

早期性探索的代价（我们很快就会讨论到）是很明显的，比较不明显的是它的益处。当然我们会臆测，像繁衍这么重要的事情，自然选择应当已经成功地在繁衍过程中，将每一个细节都设计得趋向于完美，且没有可以改变的空间。其实它没有，而且有充分的理由不这么做。当然，有一些基本的反应是已经被预设到我们身体中的——比方说追求利益、吸引力的化学物质等。不过其他像是求爱、射精、性交以及建立关系等，自然选择会留下来让人类学习，就像它对其他灵长类那样。因为这些物种在演化上，已经预设好的渴望以及不断的学习，反而能够因地制宜地调整人类的行为至最佳的状况。

举例来说，雄性灵长类必须学习如何交配。勃起时想要射精是一种渴望，但是要把阴茎放到哪里却需要学习。像成年的公黑猩猩这样聪明的动物，如果它在儿童期或青少年期，尤其当性学习正在发生的时候避免性体验，是很不适当的。对被关起来的一对黑猩猩所做的观察研究显示，它们在相当于人类7岁大的时候开始性体验，此时年轻的公猩猩会在母猩猩的面前勃起，而母猩猩会抓住它的阴茎玩，一次会持续几分钟以上。有时公猩猩会躺在母猩猩身上，用阴茎摩擦母猩猩的身体。当它们再大一点，会靠着彼此的协助开始试着体验成年猩猩的交配姿势，通常是后方进入的方式。在进入青春期前，它们就已经完全学会了。

对于一只早期没有性体验的成年公黑猩猩来说，虽然它在母猩猩陪伴下也会勃起，但是却不知道接下来要做什么，甚至不知道要把阴茎插入母猩猩那里，很少在它第一次或接下来的几次就能够交配成功。

在本场景中，开车载女孩出去的男孩所做的也同样不适当。女孩童年时期所受的性教育是比较开放的，若男孩对于女性的心理及身体有过体验，他在河边所做的事情可能会完全不同。也就是说，如果他和那个女孩的哥哥有一样的经历，则可能比较能够让女孩愿意与他发生关系，而不是让女孩觉得他在强迫。男孩因此也就会知道，对女孩显示他的勃起并不会让女孩印象深刻。也许在最后时刻，女孩会让他进入，而不只会让他射精到臀部。

当然，比起雄性来说，年轻雌性可能不需要学习如何性交。不过女孩会学习如何自我表现、诱惑并在行动中获益。她们也必须学习如何测试男性的地位、力量、经验以及潜在的生育能力，换句话说，她们必须尽可能学习一切有关寻找伴侣的信息，知道如何尽力寻找到可以一起扶养小孩的伴侣——而且也许会是最佳的基因提供者。此外，她们也需要学习如何避免因为被迫而与不喜欢的对象繁衍后代。

年轻的女孩被基因默认程序所驱使，在年幼的时候就开始测试男性。当本场景中的女孩仅仅7岁时，她就已经熟练地知道如何测试以及如何避免刺激，也学习到何时对于刺激的反应是安全的。在女孩与哥哥及他朋友的翻滚游戏中，女孩发现她没有办法避免身体上的屈从，但是她学习到必要的技巧与移动去避免在拉扯时轻易地被征服。这种潜藏在记忆中的经验会在她需要的时候浮现出来，而且9年后在河边帮助她避免一次不想要的性交。

这就是为什么自然选择已经在男女孩童中默认好某种程序去追求性的体验，而且他们可以用直觉测试并使用策略。他们会用很多种方式表现出来，首先是对彼此的身体着迷，然后都有测试追求者的能力。男孩倾向于使用力量与气势，女孩则是使用嘲弄与敏捷等能力。此外，两性也都必须学习如何判断及比较未来的对象、如何求爱及引诱自己偏好的对象或避免不想要的性吸引。逐渐地，两者都必须学习对于短期或长期伴侣的策略，包括生育及预防生育的能力。

男孩和女孩越早学习这些事情，他们越不会犯错，而当他们处于青春期或成年时就越不会错过机会。尤其对女孩来说，当她们还太年轻不至于怀孕时，学习是更明显地有利。因此不令人意外的是，我们会发现演化已经默认了某种程序，即使是年幼的孩童也会探索自己或他人的性特征，因为这种探索对于每个个体就繁衍成果的追求，是一个必要的步骤。对于大多数人而言，如此获得的最佳对象将是最安全的，就像我们之后会讨论到的一些例子一样。

在很多前工业文化中，人们是裸体的，孩童无须学习就会知道，身体随着年龄的变化看起来是怎么样，因为这些从出生后，对他们而言就非常稀松平常。举例来说，在南太平洋普卡普卡族的家庭中，大多数家庭成员都习惯在一个房间内的同一个蚊帐中睡觉。很多孩童睡在父母亲中间，或者与其他家庭同住，看着他们的父母以及其他成人间的性交。当孩童想要模仿父母时，探索的中心是身体如何去抚摸与射入，以及学习了解求爱与诱惑时潜在伴侣及敌人的反应。他们有很多机会让年幼者观察成人的性活动，也经常讨论性方面的问题。

在较开放的前工业社会中，孩子们到了发育期和青少年时期，性活动会逐渐增加。其中有些关于乱伦的法律只限制青少年时期的性活动。他们的性游戏包括同性或异性的自慰或肛门的自慰，但是当孩子渐渐长大时，就会变得更像是一种双性恋交配行为。在这些社会中，发育期性的表现或多或少与成人有关，直到最后变成成人间的真正性交行为。

其中，有些社会可能意识到开放性教育的本质。举例来说，在东非的契瓦，人们相信若孩童不早点开始性活动，他们就永远不会有后代。大一点的小孩会在村庄之外建造小屋，经过父母的同意，扮演丈夫与妻子的角色。很多玩伴到成年都一直发展得很好，直到结婚。唯一会产生混乱的时候都是孩童自己造成的，没有父母的介入。不论如何，大多数工业社会，现在都不鼓励孩童的性探索。即使如此，本场景中男孩所处的保守环境，让他从来没有看过父母的裸体，跟那对兄妹所处的开放的环境一样，都是极端的例子。大多数现代家庭介于两者之间。

*

若拿裸体的社会与现代社会做比较，并得出工业文化迷失了某些人类自然情况的结论，就如同认为演化制造了一个裸体、开放的社会，而这样的文化是被压抑的一样奇怪。因为这样的结论认为性压抑是现代家庭的产物，而不是演化的胜利。但是，人类的行为不是这么简单地可以分出自然的或文化的。还有另一个可能的解释——也许真相是在一些社会中，父母借由压抑孩子的性自由来加深他们自己的繁衍成果。自然选择已经允许父母的行为中存在着两个极端，还有中庸者，只是人们自以为是文化影响了人类的行为表现而已。

若文化上的差异实际是演化所决定的这个假设正确，那么必然有一些理由会支持此论点。为什么在有些文化中，借由压抑能达成繁衍成果？我们之前已经大致回答了——最佳情境反应决定在每种状况中利弊得失之间的平衡，但为什么利弊得失在每一个社会中都存在着差异性呢？

如同我们所讨论的，在没有损失的状况之下，孩童和他们的父母越早追求性体验，其从下一代身上得到的好处就越多。但是当必须付出代价时，情况就不同了，而最大的代价就是染患疾病的风险，就像我们在儿童虐待场景中所提到过的。然而有任何证据能够显示，社会变得开放或压抑是由孩童得性传染疾病的风险而定的吗？在回答这个问题之前，我们首先需要讨论为何不同的社会中，疾病的伤害性会有差异。

从事狩猎活动的祖先因为居住在小且隔离外来人口的社群中，人口鲜有流动性。此外，他们有健康、高蛋白质的饮食。传染性病或其他疾病而导致死亡或不能生育的风险降低，有以下两个原因：第一，从过去留存至今的基因都是较佳的，因为疾病已让易受伤害的人死亡，留下的都是较易存活者；第二，由于人口太少，比较不易有经由基因突变的疾病，也因为人口流动率太小，传染性的疾病不容易滋生。

人类很大群地居住一起才容易导致疾病的产生，如果住在一个有很多外来人口的社群中，通常就会因为基因突变产生新的疾病。举例来说，根据世界卫生组织的研究指出，近20年来世界范围内出现了30种新且危险的传染疾病，而人类会一直遭遇新的疾病威胁，这是因为人口具有流动性。以农业为主的祖先，饮食以碳水化合物为主，但是在医学尚不发达的状况下，特别会受到传染疾病的困扰。现如今，人类活在更大的人口规模之中，而且有更多世界性的流动，结果就是现代人会比祖先们有更大的概率染患新的传染病——虽然要感谢现代医学的发展，很少人会因此而死亡。不过，生育能力的大幅度下降，成为我们对现代生活方式所必须付出的代价之一，我们的孩童越早开始性冒险，就越有可能不孕或死亡。

所以，社会形态会影响到疾病对人的伤害性。但是这与性教育上的压抑或开放有关吗？20世纪前半叶的人类学者从前工业文化的社群研究中得出的结论，似乎显示得很清楚。一份1952年出版的报告中指出，在太平洋中有17个很小且几乎是孤立的人类社群，他们显示出几乎是没有疾病的。其中有12个（71%）社群采取完全开放两性关系的模式，只有一个——楚克岛人是压抑的。比较来说，居住在从西北非到印度洋区域的居民，只有一个具有高疾病比例的社群不是开放的，70%以上是高度压抑的。除这两个极端的例子，居于中庸的是在南美洲大陆、北美洲、欧亚大陆及南非的一些小社群，他们分别是20%、17%、29%及45%采取完全开放的模式。

现代工业社会是人类经历过最大、流动性最高的社群，也逐渐显示出这样的趋势。当社会变得开放，孩童就会暴露在高疾病风险中。如同我们已经讨论过的，10个孩童中有1个会因为与成人的性接触而染患传染性的性疾病。在巴西，街头孩童提供了一个现代社会中，孩童较自由开放也较易受伤害的例子。这些孩童特别容易被成人所伤害，男童性经验约始于11岁，女童约是12岁，其中大约1/3会得性传染疾病。因为危险提高，不令人惊讶的是，大部分现代社会快速地变成道德上几乎最严格且压抑的。

在现代社会中，早期性行为也会让孩童付出额外代价——青少年期的怀孕。在1994年的英国，1%以下的女孩在14岁前怀孕（其中61%合法地堕胎），4%的女孩在16岁前怀孕（其中40%会选择堕胎）。在工业化社会中，美国青少年期怀孕的女孩生产率最高，而日本最低，接下来是瑞士及荷兰。虽然青少年期的怀孕在现代环境中是必须付出的代价，但是在演化史上，有时候对于年轻女孩或她们的父母却是有益的，不过早期怀孕总是要付出某些代价，对于女孩或婴儿都是。即使是现在，青少年母亲会面临更多孩童出生时的风险，比方说婴儿的不成熟早产、出生体重低、出生第一年内死亡及将来发展问题等。当青少年母亲建立家庭后，可能会有较少的子女数。无论如何，有时这些潜在的缺点也被补偿所抵消，比方说代代繁衍间隔时间的缩短，或是当女性想要与下一个理想的男性受孕时，可能性也会增加。（这些我们将会在其他章讨论。）

这是自然选择允许女人在一生中不同阶段的繁衍策略，如同我们已经讨论过的方式。在女性发育期后的几年，只有很少的月经周期是可受孕的。即使在最开放的社会中，女孩就算性交很频繁，也很少在发育期的前几年内就怀孕。虽然女孩有时能够从青少年期繁衍的机会中得到益处，不过大多数时候身体都能够判断何时应当怀孕。因此如果怀孕，必然是因为身体判断如此行为对她有益处。

*

无论如何，在现代社会中还有其他的因素，比方说教育、社会观点、财富等，都会影响女孩对于长期繁衍的观念，而她如果太早成为一个母亲可能会受害。自然选择在过去环境中给女孩的保护及机会，在今天的环境看来反而是不完美的，因此青少年女性怀孕在今日可能会减少而非增加她的繁衍成果。所以，虽然自然选择预设少女可以将早期繁衍作为一种策略，但为了更成功，父母也可能会尽力施压，保护他们的青少年女儿。

对于现代孩童来说，另一种新的风险来自于与成人性接触有可能被谋杀。试问在西方文明中，小孩被谋杀与性接触有关的事件有多少？谋杀是因为某些性行为引起的，而犯罪者为了掩饰罪行，将唯一的目击者灭口的情况又有多常发生呢？这样的谋杀比较不可能出现在开放社会，因为在开放社会中，成人与孩童性接触没有刑事上的压力。然而在这样的社会中，接触就会变得比较普遍。

其实，在现代西方社会，这些现象与父母似乎是毫无关联的。虽然越来越多头条新闻显示出疾病（尤其是艾滋病）、谋杀（尤其是恋童癖导致）及青少年期怀孕都在增加，但不管这一情况是否属实，都不是我们有兴趣辩论的范围，也不与我们当前的讨论有密切关联。我们的结论是，自然选择在父母身上预设好，对于任何明显的风险增加，就会反应出施压且对孩子性探索的渴望趋于严厉，而这似乎就是20世纪90年代发生在几乎所有西方社会的现象。

从社会学的角度来说，有些严厉的施压，比如虐待等行为都是危险的。就像我们在场景17所讨论指出的，儿童虐待的定义在某些国家已经很广义，其实现在有些父母的行为模式严格来说都不算虐待。即使很多在过去被视为良好的父母管教方式——哺喂母乳期的延长、在家庭中裸体或同睡等，现在都游走在虐待或教育的边缘。本场景中谈到的家庭，如果这对父母照料的形式被热心的社工发现，很可能会变成一个需要被仔细观察的对象。这样的家庭会永远存在，因为父母已经被预设好要衡量下一代性行为的得失利弊或松绑。不管法律上的非难是什么，在不同社会中，不同的个体也会对下一代性探索的利弊得失有不同的认知。

场景20 反叛、探索与离家自立

“我刚刚在花园发现一个烟蒂，”父亲困惑地说，“他会不会已经开始学抽烟了呢？”

女人此时开始忧虑，但是从没想过会因为花园里的一个烟蒂开始。她知道儿子开始抽烟，除了他房间窗户经常打开外，有一次她还闻到味道，不过女人并不敢告诉她的伴侣。如果说了，一切一定会和现在不一样，父亲和儿子会为了别的理由争吵。家里的气氛已经很紧张了。儿子游手好闲又迷上摇滚音乐，整个房子都震动起来。女人决定不要告诉伴侣，至少时机还没到。

“这有可能是别人丢的，”她撒谎，“他知道你……我们对抽烟的感觉。我不觉得他会抽，起码不会是他在房间里的时候。也许是吹过来的，或者是清窗户工人留下来的。”

男人皱着眉，“这不是我第一次在那里发现了，”他说，“而且就在他的窗户底下。”他暂停了一下，望着声音的来源。“不管怎样，或许是清窗户工人留下来的吧，我也要把它清干净。”

当男人走到后面花园时，女人轻叹了一口气，感到稍稍安心。万一男人知道不只16岁的儿子开始抽烟，连女儿也是，怎么办？男人从不抽烟。当他还是7岁的乡下小孩时，有一次他因为不喜欢香烟的味道而拒绝跟一些年长的男孩抽烟，同伴们把他按在地上，塞了半盆的香烟到他嘴巴里。自此之后，男人就对抽烟感到反感。女人也曾经抽过烟，特别当男人在别的地方时，她喝醉或是在社交场合中就会抽，但是女人自认为是个非吸烟者。女人也不喜欢小孩抽烟，可是家庭关系很紧张，所以她宁愿睁一只眼闭一只眼，好过进一步的冲突。女人知道，她的伴侣一定不会这么想。

女人泡了一杯咖啡，走进客厅，拿起一本杂志坐到椅子上。至少在这漫长的夏天里，父子俩起码有一个会外出——男人会到花园去，或者儿子会外出找朋友。他们两个越少碰头，她的生活就会有越多的和平时光。

现在有三个冲突：第一个是儿子花在听音乐上的时间太多，而她的伴侣完全不能接受那种音乐；第二个是儿子花太少时间在回家写作业上；第三个是儿子交友的选择，以及儿子耗在同伴们身上的时间。夫妇俩怀疑，这一伙人很有可能一起嗑药，他们一定有喝酒。其中有一个人比其他人年长，有自己的公寓，儿子常常会留在那里过周末。有时48个小时都没有收到他的讯息，夫妇俩会想象儿子在那里喝得酩酊大醉，或者吸毒。

最近一次冲突来自于这帮人计划暑假时去欧洲自助旅行，住宿费可以很节省，还可以随时打些零工。儿子希望父母能够赞助他的旅费，当然，他会还他们的……可是夫妇俩拒绝了，冷战由此开始，儿子不想与他们说话或合作。现在他们必须叫三四次才能够让儿子将音乐声关小，在之前只要两次就够了。昨天晚上儿子告诉他们，他一个比较有钱的朋友答应借他钱，所以他还是会去欧洲。儿子说他可以打一些零工，也相信很快就能够还钱给朋友。

每天儿子都会跟男人有三四次小冲突，不到一星期就会有一次大吵。女人承认，她虽然试着远离战场，不过也会担心儿子的行为，所以加入争论中，希望能够说服儿子改变他的行为及计划。

女人同时也担心这样的家庭冲突会影响女儿。女孩支持她的哥哥，只希望她也能够加入这次旅游。女孩才15岁，看起来已经像个大人了，尤其是化妆之后。母亲与女儿关于化妆问题的分歧逐渐增大，女孩衣柜里逐渐增加的衣服也是分歧的根源。女人知道女儿在跟朋友聚会时，会买一些含酒精的饮料助兴；她也知道女儿正被一个大一点的男孩追求。女人非常担心女儿将会受到的影响。她不知道应该怪儿子，还是那个大她女儿3岁的男同伴，是他们让女儿学会抽烟。女人已经意识到问题的严重性了。男人很宠女儿，如果他知道女儿抽烟、喝酒，而且可能被男孩殴打过，他可能会把女儿给赶出家门。夫妇俩曾经很自豪于他们自由的管教方式，但是最近这一年来，他们已经不再采用这种开放政策了。

女人翻了几页杂志，心不在焉。当她听到后门打开，伴侣走进来时，她的心往下沉。男人直接走向楼梯口吼道："把那个鬼音乐关掉，你的邻居在抱怨。”

这个改变很微妙，不过女人确信儿子在被吼着关掉音乐的前几秒，把声音开得更大了。女人叹了口气，如果等一下女儿回家，女人就要准备开饭了。

我们也许会认为青少年的反抗是没有必要的。到了繁衍孙辈的时候，父母亲与后代的矛盾会因为最佳利益而趋于一致，因为小孩若能够活在最佳状况且让人生优化，会是两者共同的利益。在谈到最佳环境之前，要先从繁衍开始讨论。的确，自然选择应当塑造青少年期——也就是传统上界于依赖父母与独立自主之间的阶段——把这当作一个和谐地互助合作、教学相长的时期。然而，为什么青少年期在许多家庭生活中会带来如此剧烈的冲突呢?

青少年期之所以显得很棘手，主要是因为接下来孩童将步入10～15岁的阶段。在这个阶段中，他们在手足之争与父母偏爱等情况中，有时会遵循，然而有时会较不顺从父母的要求。顺从是小孩为了自身利益的表现，因为大部分父母都知道如何在他们生活的环境中，获得最佳的生存及成功方式。孩童对于生长的环境无从选择，只能将父母提供的环境做最好的利用。整体来说，最好的方式就是采取父母行为的模式，儿童期所学的模式是从父母身上且从生存的环境中形成的。这些模式通常都能适于环境，因为其是父母曾经学习且成功繁衍的模型。因此不可避免地，小孩在年幼的时候被预设好去模仿父母的行为，并继承父母的价值观与态度。

所以，当父母的模式与观点已经实行了这么久以后，如同本场景中所描述的，父母也许会发现，下一代进入青少年期令人震撼的行为。突然间，下一代会开始质疑父母的价值观及体验，他们会不同意甚至憎恶父母。逐渐地，父母会感觉得到下一代对房子以及其他任何东西的不赞同日益增加。这样的不满，就像我们场景中所描述的，会逐渐增加家庭冲突的不快，以及下一代不可控制地想到新地方去旅游的渴望。

不可避免地，孩子对于父母亲所有的质疑会引起争吵、冲突及对利害关系的考虑。父母会认为，如果小孩的行为在道德上与他们脱轨而行，父母的生活将会比较不成功。虽然很少有父母能够用这种方式理性地思考他们的感觉，不过演化学家们认为，父母潜意识中视下一代青少年时期的反叛为一种对繁衍成果的威胁。如果孩子不能毫无质疑地遵从父母的期望，父母就无法尽可能得到更多的孙辈。然而，为何下一代不遵照父母的模式呢？

这个原理很简单。人不同，环境也在变。因为对父母好的地点及行为模式，二三十年后对孩子来说并不一定是最好的，也许孩子的性格特质能够使其找到更好的居所，并且发展出较佳的行为模式。但是，孩子们如何观察哪些机会对自己最有利呢？只有一个方法——离家外出去探索与体验。小孩已经知道父母的行为模式，与父母生活或迁徙的过程中，也早已经知道以前看过的地方了。接下来，在下一代发现自己生存的最佳场所及最佳行为之前，就是要先看看他们没有见识过的地方，做没有做过的事。

对于大多数父母而言，这看起来就像反抗。在孩子青春期时，父母决定他们应该住在哪里与如何表现。而且，因为父母的决定对自身来说是成功的，他们倾向于假设这些决定对孩子也有益处。所以，若下一代不在开始繁衍之前尽可能以各种方式进行探索，很有可能会失去最大化繁衍成果的机会。只有在体验之后，他们才能决定什么对父母仍是有益的，而什么是对自己最好的。当然，在反抗与探索的阶段之后，实际上他们有可能再一次采取父母的模式，但也许不会。

不同世代体验的是不同的环境，因此父母与孩童迈向繁衍成果的指标也会各有不同，这是可以被理解的。在一个稳定、变化较慢的环境下，事实上比较有可能的是，当小孩过了反叛期，会住到父母附近且采取传统价值观。不过，在快速变化的环境中，正如现在青少年所面对的，就比较不会是这样了。另外，同一个家庭中的小孩也不一定都一样，很多都会因为手足间的冲突、父母的偏袒以及出生顺序而有所不同，就像我们之前所讨论过的。总而言之，较晚出生者比较有可能反抗并恒久性地反对父母的价值观。

为何自然选择预设反叛与探索的渴望在青少年期达到高峰，而不是更早或更晚呢？有两个最主要的因素：第一，通常一个人已经对环境有了足够的探索，也发现一个好的——现实中最佳的居住地时，安定下来繁衍是很重要的。此外，在开始繁衍及为人父母之前，他需要将已发现、学习的东西，练习并完整地形成道德上或行为上的模式，好让他在自己所选择的家庭或是环境中能够得到成功。第二，离家变得独立会让人跃入未知的境地，也有可能会是一个人生命中危险的阶段。因此，不能在他身心都还不能照顾自己之前发生，所以反抗与探索对于孩童来说太危险，但是这么重要的事情也不能留到成年后再发生。青少年期探索的附加好处是，它提供了遇到成功的潜在伴侣的机会。此外，正如我们之前所讨论过的，因为远在父母家之外，可以避免乱伦。

虽然反抗与探索的高峰形成于青少年期，不过在儿童期也早已有迹可循。就像变得独立不可能发生于一夜之间，它需要练习。我们可以追溯到小孩两岁的时候，也就是“麻烦的两岁”。这正是小孩试探反对父母能力的最初时刻，学习威胁、反抗及讨价还价的原则。这样的过程会持续整个儿童期，就像手足冲突及父母偏袒一样，每个小孩都会试着从中将利益更进一步。对父母而言，麻烦的两岁似乎比孩子更小或更大的时候更糟糕，因为父母可以使用语言制止或贿赂大一点的孩子，但对两岁的孩子却不适用。一个两岁大的孩子还不能清楚地表达他所需要的东西，所以就用哭、闹、跑来达成。因此，两岁大孩子的反抗和青少年期的叛逆同样让父母难过，但幸运的是，它不会维持太久。

整个青少年期的反抗、体验、采取行为的方式以及选择居住场所等行为，是以大脑思考的方式进行的，不过旅游及搜集必要信息的渴望则是默认在基因之中，由激素传递的，而且有一些实验已经证明了。

*

人类不是唯一会经历青少年期变化的物种，所有脊椎动物都会。如果在非洲赤道附近发现一只离家几里的猩猩，它肯定正处于青少年期。同样，如果有熊出现在北美洲的花园中，那么它极有可能是一只处于青少年期的熊。这些年轻的动物不是迷失了，而是在探索。研究者将其中一只熊在出生时就装上无线电追踪器，结果显示当个体进入青春期时，它开始进入好奇的阶段。它会离开出生地去别的地方旅游，有时候很远——一只装有无线电追踪器的北美洲公黑熊，曾经一次探险了两百公里。这些探索不是随机的，它们会循着有效率的寻找模式。通常，它们在真正安定下来前会短暂地回到家中，然后在那里或其他地方——在旅途中发现的最佳区域定居。同样的状况也发生在鱼、青蛙、爬虫类、鸟类及许多哺乳动物中。

关于青少年期渴望的研究中，最积极的就是关于鼠类的了。处于青少年期的啮目动物，即使被关在笼子里，它们对于探险的渴望仍可以从大量增加跑转轮时间的行为看出来。这样的行为始于当精子开始制造、卵巢开始排卵的发育期。在发育期之后，很快就会达到高峰，当鼠类大约开始繁衍的时候，就会减少这样的行为。当真正开始繁衍时，行为就会回归到典型的成鼠状态。

探索的渴望在生命时刻表中，严格地借由基因预设到老鼠身体上，如同血液实验所显示出来的。某些血液可以制造出紧张感，让它成为习惯性的探索者，而其他老鼠则没有这种探索的兴趣。其他研究显示，这种“探索基因”是经由激素传达的。若将公鼠的睪丸或母鼠的卵巢割去，这种渴望就会消失。很多宠物的主人都曾经做过这个实验，阉过的狗或猫会停止长距离的旅游而在家中安分守己，就像被阉过的啮目动物一样，而它们只要注射了适当的激素，就可以恢复探索的渴望。这些实验所显示的是，青少年期的种种行为是被预设在哺乳动物（包括人类）身上，在基因中借由激素引发出来的。

在许多人类社群中，男性青少年会经历某一探索与发现的阶段，最为人所熟知的就是澳洲原住民在丛林短期的流浪生活。在发育期时，年轻的男性原住民会离开父母的领地，也就是脱离父母的影响，进行一段探索与发现的旅途，这可以持续好几年。一开始不会走得很远，他们只会走一点点的距离，然后就会折返。一旦他们习惯了周遭环境，能够自力更生，就会走得更远，停留得更久。最后，他们可以旅行到几百公里外的地方。就像我们之前提到的黑熊与猩猩一样，他们不是迷路，任何时候他们都可以找到回来的路，并在父母的领土或是在远行时所发现的最佳居所，建立自己的家。在现代工业社会中，这种对流浪生活的渴望转换成一个无可控制的反应，反应在青少年对于家庭生活的不满，产生想看新地方、认识新的人以及有新的体验的渴望。我们无从得知过去历史上，像太监一样失去男性特征的人是怎样的，不过阉过的狗和猫，虽然会有比较少的探索及反抗渴望，但是我们可以假定还是有。我们所知道的是，一个服用类固醇的人会较烦躁、暴躁且拥有更多的性渴望，注射了类固醇的老鼠也会有一样的反应。人类青少年时期的烦躁与反叛，通常不是大脑的思考，而是基因上被预设了以激素作为媒介。当人类达到发育期、更年期及衰老期时，也会依照生命计划做出各种不同反应。

感谢自然选择塑造基因的精准性并预设了荷尔蒙的反应，大多数青少年会根据自身最大的利益算准产生反抗与探索的时间且逐渐改变，然后进入成年期，很少因为一个不完美的基因预设，让他们留在父母身边太久以至于错失良机。较为不幸的少数人也许会因为太早离开双亲，以致无家可归、遭到伤害甚至有更悲惨的遭遇，有时也会因为在工业社会城市中街头流浪而早夭。这种成熟前就离家的状况，可能因为不完美的基因预设太早，引发孩子在身心发展完成之前产生烦躁及反叛情绪。不过通常，这样的孩童是为了逃离父母或继父继母的虐待、偏袒，或其他任何我们之前讨论过的原因。他们的决定可能是明智的，远方城市的不确定性反而可能会比留在家中对他们更好。

当然，即使青少年的烦躁及反叛情绪与预设好的基因和激素驱使有关，大脑在成功之路上也扮演着极重要的角色。大脑被身体想要试验及评估环境的渴望驱使，肩负起一个重要的工作，那就是搜集并记忆所有探索的信息。此外，监控及记忆在不同时空某种行为所导致的不同后果，也是大脑的责任。大脑还有导航功能，它不仅仅要知道身体何时是处于适当的时机，以及何处为最佳场所，还要知道如何抵达。最后身体会说“够了，是开始想想安定下来的时候了。哪一个是曾经发现过的最佳之处，我如何抵达那里，又如何与父母重新建立联系呢？”，大脑所要做的就是过滤所有搜集来的信息，给出答案。

现在，父母应当了解为什么小孩的行为是受到身体的驱使，而不是大脑的想法。父母会认为下一代在青少年期的反抗是不理性的，也不知道下一代在反叛什么。不过，就像我们提过的，这是孩子追求繁衍成功重要的一部分。青少年有时会染患疾病、吸毒或者因为在探索中发生意外而死亡，但是比起照着父母的话去做，大多数都能为自己的世界做更好的准备。一般而言，孩子能借由此行为加深自己及父母的繁衍成果。也许这会带来困窘、沮丧与争执，不过，孩子在青少年期的行为绝对是父母成功迈向祖父母之路不可或缺的重要因素。

场景21 伴侣的选择

年轻女孩甩上车门，沿着小路走回屋内，一脸无辜。女孩屁股上还有精液，鞋上也沾了牛粪，心情不是很好。她想好好冲一个澡，而且想马上冲。女孩打开大门，迎接她的是哥哥的音乐声及父亲提高的嗓门，震耳欲聋。听到房门关起的声音，女孩的母亲打断火爆的谈话，告诉大家晚餐很快就可以开始了。女孩在楼梯口迟疑了一下，接着吼回去说她想要冲澡，反正她也不饿。

女人望向女儿，看着她跑上楼。女孩的声音让她察觉到有什么不对劲。女人想，也许女儿下午的兜风不是很顺利。女儿才15岁，不过女人脑中闪过一个念头，也许到了教她如何避孕的时候了。

年轻女孩正开始对性感到矛盾：一方面她害怕怀孕；另一方面因为到现在为止还是一个处女，有一点落后其他人而感到苦恼。这让女孩感觉，很快她就会变成唯一一个处女，即使她心里知道，她还只是大多数的其中之一。不过哥哥已经体验过了，女孩是从她最要好的朋友以及哥哥那里知道的，因为他们都在事情发生不久就告诉她了。女孩其他的朋友也差不多有了第一次性体验，常常其中一个同伴在厕所中缩成一团，很急切地问着另一个同伴，咯咯地笑。很少人推荐这种体验，但是不管她们说这件事有多不舒服、有多失望，都不会影响其他人想自己试试看的冲动。女孩就像要做给好朋友看，也好像参加圣战一样。从朋友的哥哥到鼓手，她12个月内男朋友的数目增长了一倍。然后，女孩认识了一个住在外租公寓的20岁青年，他们维持了一年关系，建立在互相对酒、跳舞及性的兴趣上。

在16岁的时候，女孩在交男朋友方面已小有成就。自从她与哥哥儿时玩伴在河边发生的那件事之后，有好几个看起来不错但很无趣的男孩邀她约会，不过女孩仅仅只跟他们出去过一两次。大多数时候，他们会坐在街上转角公园的长凳上，男孩会找一些借口摸她。有时候女孩假装合作，但通常她都会拒绝。女孩拒绝与他们有任何关系，是因为她对于最近新来的生物老师感到很着迷。很快地，老师站到了她幻想的舞台中央。只要女孩一看到他，只要站近一点，她的身体就会颤抖。女孩从来没有这样的感觉，为了引起他注意，她会找借口故意经过他的教室，或者在课堂上问问题。最要紧的是她非常努力地学习生物，希望能借此引起老师的注意。在实验课上，女孩会用某个样本引起老师的注意，迫使他必须弯腰近看，而女孩就会借机靠近他。女孩的朋友注意到并开始取笑她，不过这比沮丧好得多。她很高兴，至少在朋友眼中，女孩与暗恋的对象还有一点关联。她很快说服自己，老师会有所回应。

后来，在学校最后一年的一个下午，女孩得到了她需要的证据。老师开车经过她回家的路时，顺便载了她一程。从老师放下她的地方走了几百米后，女孩的兴奋之情没了，取而代之的是无比的沮丧。乌云一直没有散去，直到一星期后老师又载她回家的时候，这一次女孩终于组织了一些有意义的对话。老师载她回家的次数越来越多，直到一个下雨的午后，他载女孩到家门口。女孩的母亲站在楼上的窗口看着女儿走出车外。

接下来大约有一个月的时间，女人开始对女儿施加压力。女人希望女儿跟一个有钱人家的儿子外出，这个男孩曾经说过觉得女孩很吸引人。母亲很想叫女儿跟镇上地位最高家庭的小孩出去，因此逮到机会就说他的好话，却对女儿真正感兴趣的对象进行批评。当女人看到女儿从一个才刚起步的年轻教师生锈的车子里走出来的时候，无法不对此做出批评。

不管母亲如何反对她和老师接触，某天下午，女孩还是坐他车回家。女孩必须忍受母亲对这件事的长篇大论：主要是一连串关于接受男人接送的危险，即使是老师，他们的大脑也长在生殖器上，母亲如此宣称。然后继续质问女儿，老师是否碰过她、是否有性暗示或者以任何方式骚扰她。如果女孩这么年轻就怀孕，她的生活就毁了。女人警告女儿，让她绝对不要指望她会为她照顾小孩。女人同时残酷地指出——这也是女孩的恐惧，她不希望女儿蠢到相信老师只对她感兴趣。就像其他男人一样，老师只会追求一件事，一旦他跟女孩发生了关系，他很快又会找下一个，不会给她任何考虑的机会。

整个事件中，还是有一件在女孩眼中的好事。女孩的母亲建议——几乎是坚持，带女儿去家庭计划中心拿一些避孕药，以防万一。女孩松了一口气，因为这表示她再也不需要把已经买了的用品藏起来了。女孩在几个月前就决定，如果时机到了，她就会做到底——只有这样才可以不去想自己还是个处女的事情。不管母亲怎么说，女孩认为老师就是最佳的人选。老师比她大10岁，应该会知道性方面的事情。女孩幻想着自己裸身在他臂膀里，亲吻着，他们会沐浴在关心与赞美的气氛中，老师会教她身体的所有潜能。女孩也决定了什么时候要发生——新年一开始，生物课的户外教学过程中，有整整一个星期都是她可以体验的机会。当女孩耐心等候，兴奋于美梦即将成真的同时，课堂上偶尔的接触及一个星期搭便车的时光也变得很刺激，虽然老师再也不会送她到家门口了。

女孩也忍受了两次跟差不多同年龄的男孩在当地戏院的约会：一个很用力地吸着她的胸部，让她几个小时之后都还在痛；另外一个——就是她母亲的选择，用尽电影前半段的时间想要强迫女孩把手放到他的裤子里。女孩想起父亲说过对待男人的那里要轻柔一点的话，所以她用力拉开男孩的包皮，让男孩几乎要在众人面前叫出来。男孩跑到厕所检查，而当他回座时，注意力就转移到爆米花身上了。

第二天早上，她的母亲急着想要知道前一个晚上的约会进行得如何。当女孩告诉她男孩有多想摸她时，女孩很惊讶地发现，母亲只说男孩子都是那样的，女孩很快就会知道怎么处理了，男孩下一次就会表现得比较好。不过没有下一次，男孩没有再约她出去了。对女孩来说是一种解脱，不过母亲却很失望。

在户外教学的第二个晚上，女孩用了一个很烂的借口溜到生物老师的房间。心跳很快而且裤子湿湿的她发现，老师刚好洗完澡出来，身上围着一条毛巾。在短暂的寒暄后，老师说女孩可以在这里洗澡，不用跟其他人排队等。女孩接受了，就在半掩的浴室门后脱衣服。老师无法抗拒他所看到的身体，想跟女孩一起洗。她也同意了，然后熟练地扯掉老师的毛巾。因为肥皂滑了一下，女孩将手臂圈住他的脖子，用双脚圈住他的腰，把阴道迎向他。但是老师很难站稳，浴室的狭窄限制了他，无法真正施展开来。也许他们应该到床上去，不过急促的敲门声让他们惊慌地找东西穿上。

教师后来的两个小时都在医院陪女孩最好的朋友，因为朋友喝醉昏倒了。

第三晚，女孩终于到了他的床上。有三次她觉得梦想就快实现了，不过虽然老师摸着她、用鼻子蹭她，却好像心不在焉。每次当女孩好不容易开始专心面对长久以来梦想的感觉时，老师就爬到她身上，马上进入又射得很用力，让她忍不住叫他停止。在这中间，他还打盹。在第三次性交时，他提议女孩回房休息，避免室友起疑，这样两人也都可以睡一下。第四个晚上，女孩抱着满心的期待走到他的门口，正当她要敲门的时候，她隐隐约约地听到，但绝对是做爱发出的声音。错不了的，这是那个女孩的声音——很明显这是之前昏迷的女孩发出来的。

在那个星期的周末，女孩失望而且感到被惩罚般地回到家。不只因为对于自己的性行为感到不满意，她还很生气。虽然女孩没有告诉母亲，不过母亲说对了。在户外教学之后，女孩就避免跟生物老师课外接触，有好一阵子她也没有跟其他男性有更进一步的发展。

8个月后，她离家念大学，学校离家有几百公里。这可以远离母亲对她关于男人的警告以及自己与老师的经验，女孩感觉到离家的舒坦。于是，她跟一个吸引人的男人外出，这个男人告诉女孩，他俩是天造地设的一对。两人在新生迎新晚会中相遇，女孩允许男人开车载她到暗暗的乡间，在那里多喝了几杯，女孩就让他解决了生理的需求。她不太记得自己是怎么回家的，不过之后也就很久没有再见到那个男人了。

在接下来的几个月里，女孩跟另外两个英俊男人的性交似乎很好，只不过他们都在早晨离开床上后就消失了。除了那些跟她发生关系的人，她在大学生活快一年的时候，遇到了第一个真正的男朋友。男人没有女孩之前那些男友英俊，显然也不富裕，不过倒是很体贴。在第一个暑期时，女孩邀请他一同回家。女孩父母对她的选择感到失望，也没怎么掩饰。女孩不需要问父母男人可不可以睡在她房间，因为她太了解答案会是什么了。的确，女孩的母亲给她男朋友一间单独的客房，在她房间的另外一边。当然，这并没有阻止他们：男人晚上偷偷穿过父母的房间到女孩的卧房，然后早晨再回到自己的房间。虽然这样总好过没有，不过他们也没有真正享受性爱。特别令女孩烦恼的是，虽然哥哥也不准跟女朋友睡同一间，但父母至少让她睡在哥哥隔壁的房间。这件事情让她确认了自己怀疑了好多年的事——就是，自己跟哥哥不一样的是，母亲从来不会允许她做任何事情。

女孩和这个男朋友一起住了好几个月。但是，当越来越多的朋友说不知道女孩看上男人哪一点时，她开始对这段关系感到腻了，也失望了。就在他们住在一起之后，女孩开始出轨。从那时候起，女孩经常找借口不陪男人回家，或者不参加他与朋友的聚会。在接下来她的男朋友外出的三次当中，女孩接受了更有趣的男人的邀请，而且只有第二天早上醒来时才感到一丝丝罪恶。

在大二学期结束的前几个星期，一次偶然的机会，女孩遇到了那个充满自信的年轻人，就是开着跑车在新生舞会后载她出去的人。男人当时也有女朋友，但是出于怀旧之情及淘气的感觉，他们相遇时又一同出去玩。这一次之后，男人又约女孩出去见面。女孩很快开始享受与一个既有钱又有车的人在一起的感觉，也享受能够开几个小时的车到乡下昂贵旅馆中住宿的自由。最后，女孩开始对于两人都还有伴的事实感到愧疚。同时，她感觉自己很脆弱，害怕自己可能只是这个男人的第二选择——他不可能两者兼得。女孩的赌博成功了。在考试后学期结束时，他们都结束了之前的关系。

两人新关系的最佳时刻来临了，对女孩而言，就是男人第一次跟她的父母见面的时候。父母的认同很明确，男人变成父母注意的焦点，而父母会尽力让男友感到他们很欢迎他，这对女孩来说是全新的经验。女孩甚至有点怀疑母亲是否也为他着迷，她的父亲也因为男友解决了他车子长期以来的毛病而对他印象特别深刻。当两人提起暑假期间要到国外旅游时，父母都没有持反对意见。之后，女孩的父母还同意他们在大学的最后一年可以住在一起。

在这一年里，女孩越来越被母亲对于男友的健康、准备考试的状况及观点给逗乐了。有时她觉得，父母对于男友的进步的兴趣更胜于对她的。如果女孩暗示两人的关系正在狂喜之中，母亲就会质疑男友打电话的频率。有两次女孩与男友打算周末回家拜访父母，刚好哥哥也带着女友回家。对女孩来说这又是一个新的体验，他们6个人坐在一起，就像一个大家庭一样谈论着他们对未来的计划。

毕业之后，女孩和男友都在附近找到不错的工作，继续住在一起。大学毕业4年后，女孩怀了第一个小孩。生产过后几个小时，女孩看着母亲抱着孙子时脸上的表情，知道至少自己做了一件绝对正确的事情。

场景19、20分别描写了父母要变成祖父母时冲突竞争的两种状况。本场景描写了第三种冲突：第二代伴侣的选择。为什么自然选择让父母对后代选择男友或女友的事情，有这么大的兴趣呢?

答案是，就像我们之前提过的，一个人孙辈的数目与质量，直接被下一代选择的伴侣所影响。通常，就像本场景所描述的，父母的利益与顾虑会让他们试着去影响下一代择偶的过程，鼓励或强迫小孩选择某一个特定的对象。这种父母之命最极端的表现是——媒妁之言。即使在最开放的社会中，这样的压力仍然存在。

我们也许会认为，择偶是在父母与后代之间冲突最少的，最终儿子或女儿是否能最大化繁衍成果，这会关系到每一个人的利益。不过，伴侣的选择通常意见相左的主要引发点，也是婴儿战争到长大成人后最后冲突竞技场之一。本场景中的女孩也许不同意，不过当她带追求者回家时，父母并没有太多阻止。因为选择伴侣必须到处寻找基因及资源，然后试着找出现存环境中最好、最适合也愿意共组关系的人。在本场景中，女孩找寻对象的行为被描述得非常清楚，但是为什么父母与小孩常常会对择偶的条件有这么多的异议呢？有两个主要的理由：第一，每一个世代都有其不同的择偶体验；第二，父母与孩子各有不同的优先级。

我们先看第一个观点。有些事情从第一代到第二代时还不会改变，因为父母已经体验或看过很多伴侣选择时策略上的错误，相对来说更具判断力。

举例来说，在本场景中，母亲比起天真的女儿更能够猜到学校老师的意图。不过经过世代的交替后，有些事情也会改变。如同我们在青少年期所讨论到的反叛行为，对于某个世代适合的行为，对下一个世代并不一定有用。是下一代而不是父母在面对自己的需求，而且孩子们会由直接经验学习得知，目前环境中哪一个人才是最适合的。不论父母或下一代，这一定会造成摩擦。

第二，我们必须考虑更复杂且更重要的原因，就是在两个世代中，各有不同的优先级。父母的偏好是每个小孩都能够尽可能地独立，父母越不需要支助任何的后代，他们就有越多的自由在自己的利益之下分配整个家庭资源。为了最大化孙辈或曾孙的数目与质量，父母需要下一代避免选择一个会让他们处于不利条件的伴侣。女儿若是在没有伴侣协助的状况下怀孕，或是儿子扶养不是自己的小孩，都可能破坏父母在最佳利益之下分配家庭资源的计划。另一方面来说，就像我们在手足之争场景中讨论的，每个小孩都会追寻自己的繁衍成果，即使牺牲父母与手足的利益也无妨，这种情况一旦发生，往往会打乱父母事先预设好的计划。举例来说，如果本场景中的女孩怀了老师的小孩，虽然她的母亲说得很绝对，但是不会真的放任她不管。只有当家庭资源都耗尽的状况下，女儿才会发现自己在寻求父母协助后，还会两手空空得不到任何的帮助。

父母与后代之间优先级的不同，导致的结果就是，小孩比起遵循父母期望来说，宁愿冒更多的风险。无论儿子或女儿都可能用性交，而不是父母脑中理想的方式，来测试将来潜在的伴侣。当儿子或女儿到处找寻伴侣时，他们在潜意识中还是有相当程度的自信——即使真的生了一个自己无法扶养的小孩，还是有可能从父母那儿得到帮助。这种安全感会让女儿冒险，积极寻找基因的提供者，而较不会像父母一般注意潜在伴侣能够支持她的财富与能力。儿子可能会花更多的注意力在潜在伴侣的基因质量上——也就是女性身体的吸引力，而不是像父母一般比较会在意他与多少女孩有性关系，也不是自己能不能扶养他可能繁衍出来的小孩等问题。

因此，父母对于儿子或女儿择偶行为的争论上会有不同的考虑，有些冲突如果是针对儿子，会比对女儿大得多，反之亦然。比方说，跟女儿比起来，父母亲比较不可能被儿子要求帮忙扶养小孩。由于在择偶的活动中也许会繁衍孙辈，如果真的有后代，儿子的比起女儿的来说较不会是一个不利条件，所以父母对于儿子的追求过程与择偶行为比起对女儿的，一般都比较不予限制。此外，整体而言，父母通常会对女儿的择偶情况更感兴趣，因为他们可以确定女儿的孩子绝对是她的，儿子的话就不尽然了。正因如此，父母会对儿子所选择伴侣的忠诚度表现出更大的兴趣。如果对方有不忠的行为，父母可能需要承担扶养别人孙子的风险。而对于女儿伴侣所显示出来的考虑就不同了，因为不管对方是不是孩子的亲生父亲，只要是女儿的小孩都会是孙辈。因此父母需要考虑的是女儿伴侣提供照顾的能力，如果对方出轨，表示他将来可能会抛弃女儿及孙辈。这时父母可能就要提供帮助，而这就在父母的最佳计划之外了。

儿子或女儿对于伴侣的选择可能会导致冲突，程度会高过他们自身与父母的冲突。虽然这并没有发生在本场景之中，不过，对于下一代的选择，父亲与母亲的意见通常相左。为什么呢？是什么原因导致父亲与母亲的繁衍成果出现差异，他们又如何经由孙辈分享成功呢？除了我们之前常提到的，男性对于父性确认比较低的话，会对后代伴侣的选择较没有兴趣之外，还有其他的考虑。

举例来说，母亲会因为照顾孙辈受到冲击，对此我们将在下一章中详细阐述。因此，比起父亲而言，母亲对于儿子伴侣的自律性会有更多的顾虑。如果对方的自律程度高，那么母亲所给予孙辈的照顾会变成一种额外报酬，而不是必然的。正因如此，母亲对于儿媳妇是否称职以及她能否合作照顾小孩也会比较在意。

不过，父亲的利益也许会稍有不同。很多报道显示，女孩子跟年轻男人在一起，是由于她们被男人的父亲所吸引。所以对于父亲来说，儿子带回家的女人有成为其潜在伴侣的可能性，很多男人的成年儿子是他能够认识年轻女人的途径之一。因此，父亲对于儿子带回来的女人有利可图，这可是跟母亲的利益毫无关系的。事实上，儿子在父亲前面带来越多的选择，对于母亲的益处就越少，甚至变成一种威胁。有时母亲也可能会对女儿的伴侣有性的吸引，但是远远不及儿子的女伴对父亲所产生的吸引力。

父亲对于女儿择偶的最主要考虑是，对方与女儿的结合是否能补充彼此或增加合作，以增进家庭整体的资源。在本场景中，当女孩最后选择的伴侣修好父亲的车子时，父亲非常满意。分享与补充利益对繁衍成果来说非常重要，虽然这对于母亲来说也许并不那么重要。

在一个理想的世界中，如果下一代伴侣的选择符合每个人的优先级，那么在父母与后代之间以及父母亲本身之间，就只会有很微小的冲突。不过，很少潜在的伴侣能够符合所有的要求。虽然父母在为人祖父母的过程中有许多共同的优先级，但是在他们之间还是有足够的不同点，使得下一代伴侣的选择有时会使父亲满意，然而母亲却会失望，反之亦然。

BABY
WARS

08

为人祖父母

场景22 祖父母的照料

女人站在卧室门口回头看着她的“杰作”，手指自然地放在了电灯开关上。她五十好几，向来不善于整理家务，不过这个周末她真的做了一番努力。女人的两个孙儿要来，这是她第一次可以跟他们独处整整两天。女人看着摆在一起的两张床——他们喜欢睡在一起——一阵做祖母的感觉让她湿了双眼。女人和她的伴侣这个星期才买了孙儿们睡觉需要的东西——枕头、鹅绒的垫子、火车玩具给孙子，泰迪熊跟小兔子玩偶给孙女。她可以想象他们说晚安时发光的脸，以及钻到新床铺里的样子。女人关了灯、关上门，迫不及待地希望明天晚上早些来临。

大约200公里以外，年轻女人正拿着浴巾追着两个小孩，试着擦干他们的头发，但是两个人都不要。他们通常在洗澡以后很兴奋，加上得知明天要留在祖母家过夜的消息，他们就更克制不住了。女人的父母对孩子们很好，小孩爱死了全心的关爱及所得到的照料。不过直到现在，女人还是觉得把小孩留给自己父母照顾有点不忍。女人不能面对小孩不在自己身边，不知道他们在干什么、是否安全等。虽然女人现在还是有点担心，不过夫妇俩说好在周末的时候外出。他们要住在海边高级的旅馆，女人开始期待三温暖与精致的餐点。

女人看着孩子们没穿衣服，在地上翻滚，踢来踢去，想起了当年自己和哥哥跟他们差不多大的时候。她的女儿才5岁，儿子马上7岁了，很明显他越来越喜欢玩翻滚的游戏，就像她哥哥以前一样。

“你们两个别闹了，”女人说，开始失去耐心，“你们给我回床上去，明天要早起，如果想看到外婆就不可以头发湿湿地睡觉。”即使如此，当一切都弄妥可以说晚安时，半个小时又过去了。然后，女人将一大堆衣服及玩具打包，这些是她觉得如果小孩们两天不在家时，可能会需要的东西。

第二天早上要出发时，天还黑黑地下着雨，夫妇俩出门前一个小时还在苦恼。小孩们很兴奋，两个大人则很累也很易怒。虽然她昨天已经把东西收拾好了，但出门的时候还是迟了。女人在上车前打电话给母亲，说他们可能会晚一点到，她的伴侣抱怨这样做只会让他们迟到得更久。两个人彼此抱怨对方没有尽力帮忙，所以上车之后都不再交谈。通常他们的情绪很快就会平复，不过此时此刻的天气，加上男人开车时转弯转得太快，女人的抱怨又引起了冲突。两个人都吼向坐在后座的孩子，可是小朋友们太兴奋了，没有察觉父母的脸色不好。

将近4个小时后，他们终于转到剩下15分钟车程的路上，天还在下着雨。小孩们绑着安全带，歪着头睡着了。空气中紧张的气氛是因为，离他们预定的计划已经迟了一个小时。在过去半个小时内，夫妇俩曾犹豫着要加速前进或是停下来打电话，告知父母他们会比预期的时间更晚一些。现在，看着前方平坦的路况，她的伴侣决定加速前进。

几分钟之后，冬阳从云层中探出头来，照在发光的路上。男人把车上的遮阳镜拉下，后视镜上映出厚厚云墙中的一道彩虹。“看！”女人说。她回头，希望小孩们也醒来看看这美景。

当女人转身看的时候，后方不远处一阵亮光引起了她的注意：阳光照在一辆车的车顶上，“就像山丘旁的珠宝盒”，女人想着。她无聊地看着那辆时而出现、时而消失的车。女人眼角的余光留意到，男人还在从后视镜中看那道彩虹。她吐了一口气，试着要他注意另一辆车，接着她犹豫了。如果她指出男人早就注意到的事情，总是换来冷冷的对待。最后一刻，女人才了解到另一辆车正在加速，她想要警告伴侣，但还是没说。

接下来的一秒钟内，另一辆车已经超到他们面前。女人看到车内有两个男孩正笑着，拳头和着节奏拍打。她的伴侣紧急刹车，但还是将车撞到路灯上，驾驶座前方的车头凹了进去。在女人的头撞到仪表盘上时，她看到她的伴侣在一堆皱皱的金属与碎玻璃中。

夫妇俩才把车开到那条路上5分钟时，女人的母亲开始生气。“他们已经迟到一小时了，”她说了第三次，“他们从来没有准时。我希望他们不会来了就走，我还要跟他们谈谈照顾小孩要注意什么呢。”她再次从椅子上站起来，走到窗户旁。

又一个小时过去，她的气愤转成了不安。一定出事了，她很确定，女儿从来不会不打电话来。她的老伴试着安慰她，也许他们只是迟到，或是车子坏了，也许车子坏掉的地方离电话很远呢。但没有用，她无法再坐着等。她应该问谁呢——警察还是医院？还是医院吧。女人开始打电话给最近的一家医院。如果没有消息，就问远一点的，然后再问警察。但这样下去不是办法。当她打电话到第三家时，了解到医院才刚收治的不知名病患，符合女人的描述。让她苦恼的是，医院没法提供更进一步的信息，但医院希望她可以尽快赶过去。

女人的噩梦成真，女儿及孙子们躺在那里。让她松了一口气的是，小孩们都只有擦伤及淤伤；但是女儿比较严重，还没有恢复意识。女人没有被允许看她女婿，他当场死亡。

意外三天后，女人终于可以带孙子回家了，可是女儿还在昏迷中，情况并不乐观。那个晚上，当她看着孙子们钻到床上，抱着新垫子，还泪眼蒙眬时，不禁回想到意外发生的前一个晚上。如果能让时光倒流就好了，自己那时多么高兴，多么期待她可以跟孙子们单独相处整整两天。现在，恐怕她需要照顾他们好一阵子了。

本场景所描述的情况，在现代工业社会不是那么常发生——小孩被祖父母养大。这种状况与其说是例外，不如说是准则。祖父母不会取代父母扶养小孩，但是他们会与父母一同扶养小孩。整个人类的演化史中，最常见的扶养环境就是大家庭。人类被自然选择默认了一种程序去照顾孙辈，几乎就像他们被预设好要照顾自己的小孩一样。

一个人的繁衍成果不会在生下第二代就结束，纵贯本书的主旨就是繁衍的成功与否，也在孙辈、曾孙辈及未来后代数目的评量。一个人可以借由较少的子女数量，但是因为分别有更多的投资而有更多的孙辈，达成繁衍上的成功。当然，质或量的问题可以延伸到第二代。第二代也有可能制造较少的小孩，以便专注在质量上。但是在这条繁衍的路上，必须有人能够跳出质量的束缚，让数量增加。我们在场景12中曾看到，虽然黑发女人生的小孩数目较少，但却从孙辈数目上得到补偿，使她比幼时的同伴有更多的产量，获得最终的胜利。

本章的三个场景（场景22～24）分别描述了人类行为中，成功地扶养孙辈来达到繁衍成果的例子。场景23、24是在特定的某些家庭中才会出现的。在本场景的讨论中，我们首先关注的是照料孙辈的话题。

我们从为人祖父母在演化中重要性谈起。通常大家族是族长制的，是以女家长为主的家庭。举例来说，在新几内亚高地上，年轻男性会在青少年时期游荡，在邻近族群中或远方部落中择偶，然后将伴侣带回家，一同住在大家族里。而在以女家长为主的家庭中，比如非洲的几个畜牧和农耕的族群中，虽然男性在青少年期还是会游荡，不过新婚的伴侣会在女方的家族中定居下来。在一些极端的情况中，比方说住在泰国雨林的亚布里人，男性与女性大多数时候都是分开住的，小孩会优先被大家族或女性亲戚扶养。

就像父母能够借由照料的质量影响孩子的存活率、健康及成功与否一样，祖父母也能够借由他们的照料质量对第三代产生影响。同样，由于偏袒与冲突的影响，能够将帮助及投资放在最佳用途上的，将会成为最成功的祖父母。不过，有两个因素使得祖父母的照料比父母的照料更为重要。

第一，祖父母有时能够借由帮忙第二代扶养几年小孩，增进繁衍速率。尤其是当孙辈出生时第二代还太年轻，不能自己照顾的时候。借由这种方式，祖父母们可以减少世代之间的差距，增加繁衍速率。第二，祖父母会面临一种挑战，就是同时提供资源给两代，若策略上投入太多资源于自己偏爱的孙儿上，可能会对第二代的付出减少，反而减低了孙辈的总产量。即使如此，若他们宠爱的孙辈能更成功，这样也会带来好处——只是策略上必须非常小心，务求平衡。

祖父母对于孙辈成功的贡献有时候是很直接的，就是多一个人手帮忙喂养或避免意外；也有可能是不直接的，比方说空间的分配、资源的分配及经验的传承等。不论如何，如同我们在上一个场景中讨论过的，经验的传承也是有好有坏的。在变化较慢的环境里，祖父母在好几十年前的体验可能是珍贵的；但是在快速变迁的环境中，可能就是一种妨碍。父母永远会在自己父母的建议中剔除过时的意见，然后选择对自己小孩所处的世代有帮助的模式。那些能够成功协调这种冲突，让彼此形成一个繁衍整体的，就会成为最成功的祖父母及父母。这只是再次强调了，我们曾在场景21中讨论过，当人类迈向祖父母之路时，会试着影响第二代对伴侣的选择。

祖父母加上父母的整体，换句话说就是大家庭，是从以前变化缓慢的环境中发展出来的。小孩与祖父母同住，将来也会发展成终身的大家庭环境。不管是在狩猎族群或是农业社会中，信息、技巧及技术的学习对世代都很有帮助。因为祖父母的照料有很多进一步繁衍上的好处，因此，在人类的文化中，无论狩猎文化或农业文化社群，都会生活在大家庭的形态里。在长寿且有社会化组织的动物群体中，像是狮子、马、羊及灵长类，也会有这种祖父母的照料，不过雄性比较少参与。提供照料的团体通常由雌性组成——母亲、女儿、孙女、姐妹、姨妈及侄女。雄性与团体的关系会建立在与雌性交配或提供保护上，通常与雌性提供的照料无关，就如同我们在上一章中所提到的。结果就是雄性很少与孙辈接触，即使接触，例如有些住在较大家庭的灵长类，雄性也会比雌性显示出比较少的兴趣。

两性的差异再一次反映出，为人父母的确认程度对于行为表现的影响。以这个例子来说，就是为人祖父母的确认程度：女性能够肯定女儿的小孩一定是她的孙子，但是对于儿子的小孩就比较不那么确定。对人类而言，这会视女性对于儿子伴侣的信心而定，这就是为什么女性会在儿子择偶时表现出那么大的兴趣。相反，男性不能完全确认自己是不是“女儿”小孩的祖父，更别提是“儿子”小孩的祖父了。

雌性认定女儿后代是孙辈的绝对信心，可能是让非人类物种倾向于与雌性亲属为主的团体同住的主要原因。我们预期人类的情况也应是如此——新婚夫妻与女方父母同住的情况，会多于与男方父母同住。但事实上，新婚伴侣往往倾向于住在以男方为主的社群中。这种与推论完全不同的生活方式，其形成原因是有固定模式可循的：如果身处对外防御较为重要的环境中，伴侣会倾向于居住在男方的社群里。比方说，20世纪前半叶居住在新几内亚的高地人，还有20世纪80年代住在南美洲雨林的亚诺马莫人。在这些部落中，大家庭的存活主要依赖于男性抵抗邻近区域掠夺者，以及防止性侵犯与谋杀的能力。在这样的情况下，同住的亲属对抗外敌的能力就会大于其他考虑。

*

不管大家庭的结构是什么，在人类及其他物种中，雌性对于帮助孙辈会比雄性显示出较多的兴趣，这是毋庸置疑的。因为雌性对于孙辈的确认性，让她们提供的照料有很大的机会能够真正增进繁衍上的成果。也许正是因为这个理由，在当祖父母身份的准备中，女性会比男性多踏出一步，不只行为上的表现会由母亲变成祖母，身体的化学物质也变化到使女性不再具备生育能力——她们会有更年期。

更年期，也就是月经终止，是女性生命中一个生理上的阶段，此时她身体的化学物质转变了，身体停止了这个繁衍后代重要且复杂的周期。女性用身体化学物质的转换为避免繁衍，而且变成称职的祖母。更年期发生的年龄大约在45岁到55岁，这是演化选择出来，可以最大化女性繁衍成果的最佳时机。这时她已经有最适宜的儿女数目，也差不多是最年长的儿女开始繁衍自己下一代的时候。此时，女性繁衍上的努力最应当专心将精力与时间放在未来可能拥有的孙辈上，也就是帮助第二代的小孩。如果女性此时还能够怀孕，最后可能会有较少的孙辈，这些理由我们之前都已经讨论过了。

有两个主要的理由说明为何男性没有更年期——至少不是生理上的：第一，他们无可避免地会对自己是否为某个孙辈的祖父有较低的信心；第二，事实上，不论男性有多老，再繁衍小孩也不会造成什么损失，因为男性不会面临怀孕及照料的紧张与压力。因此，只要能够吸引较年轻的女性对他们的基因、财富及地位感兴趣，男性可以没有冲突地继续繁衍。男性只要吸引年轻且能生育的女性，尤其是他们若能够有年轻长期伴侣的女人繁衍，那么就能够更进一步地增加繁衍产量，直到死亡的那天为止。

很多其他的物种，从灵长类到牛、马等动物，雌性都比雄性较早停止繁衍。而且其中大多数影响所及，不仅是母亲与儿女之间的，也有祖母与孙辈之间的关系。

在我们以狩猎为主的祖先社群中，更年期后的女性对子女做出了无价的贡献，以增加自身的繁衍成果。然而对于现代妇女来说，更年期的来临却是个梦魇。因为媒体及其他压力的影响，女性通常都会因为更年期的来临而产生较大的心理压力。很多人会被引导性地认为，这是生命中最重要且最珍贵的阶段的结束，而不会认为这是另一个同样重要阶段的开始。近代大家庭的减少也恶化了女性面对更年期的态度。从过去到现在，科技的进步造成了旅游的普及并开阔了视野，增加了人与人及世界不同角落的接触，导致社会及其他环境快速变迁。结果是，人类在很多方面都低估了为人祖父母的知识与对其孙辈成功的贡献的价值，我们将会在最后一章结尾的部分谈到。价值的低估制造了更多跨世代的冲突，像是父母会以为他们所看到的都是一些过时的建议而拒绝接受。避免这些冲突的最佳方式就是分开住，这样反而导致祖母越来越没有机会，依据自然选择预设在身体中的方式运作。

当然，不会有人想要有与本场景中女人一样的遭遇，再多与孙辈的接触也无法弥补失去女儿的痛苦。不过，如果迫于环境的压力必须自行养育孙儿，也许女性会发现更年期后的生活，比其他处于同一阶段的大多数人来说，会得到更多回馈。对于大多数祖母而言，她们的贡献往往被限制在担任保姆而已。其他能够做的贡献，比方说礼物或是财务上的资助等，虽然有价值，但比起能实践自己被预设好的渴望来说，却算不了什么。

在现代工业社会中，有一件讽刺的事。一方面来说，现代社会让每个人有机会比以前活得更久，因此对儿女及孙辈的影响也可能比过去一般人持续得更久；但另一方面来说，因为社会变迁如此快速，祖父母贡献的价值已经大大地被降低。因此，更年期在现代社会可能就变成一件可怜兮兮的事情。也许现代女性要等到三十好几，健康、地位及经验都建立了以后，才开始组成家庭。这是因为，在现代社会中如果更年期越晚出现的话，越有可能得到更高繁衍上的成果。果真如此，在世代交替之后，越来越晚的更年期是有可能的。

场景23 繁衍之后?

“真是老套！”男人一边想着，一边凝视着镜子中的自己。“4点在大钟下见，我会别上一朵康乃馨。真是老套！”

即使如此，男人还是对自己的提议感到高兴，更重要的是，女人似乎也很欣赏。这是一个好预兆，也许他们会继续下去。男人没有想过他会扮演电影《寂寞芳心》里的角色，他正要去赴约，这个女人他不但没有见过，之前也只是在电话中聊过一次。不过男人很兴奋，虽然他知道从这次见面发展的机会有限，但至少有个机会，在这之前他可是连机会都没有呢。

门铃响了，出租车来了。他很快地又看了一眼镜中的自己，把领子调整一下，然后看看鼻子。镜子里的微笑让男人确定没有东西塞在牙缝后，他赶紧走到门口。

在城的另一头，女人正在等公交车，她看起来像是精心打扮过的。女人花了几乎一个早上的时间熨衣服、洗澡和穿衣服。她还想着是否要善待自己，搭个出租车，不过这样似乎就太高估今天下午的这个约会了。当然，它很重要，但是在女人找到真正适合的人之前，她已经经历过很多次这样的场景了——自己当然不能每次都坐出租车吧。当公交车在转角出现时，女人松了一口气，坐上了一个温暖的座位。

男人坐在出租车里，正好赶上塞车，当他开始感觉到自己生理上的反应时，他叫身体不要乱来（荒谬）。男人的理智告诉自己，这次会面跟性无关，可是身体却不听话。自从他三大前安排会面开始，就在幻想中自慰了两次，让自己浸淫在过去的回忆与未来的期望中。

男人很详细地安排了每件事、每个细节，甚至连他们约会的地点都离公交站很近，让女人不必走太远。

女人小心地从公交车上下来，朝着大钟走去，她几乎一眼就认出哪一个是她约会的对象。男人看起来很聪明，不过有点驼背。女人停了一会，看着男人张望每个从身边经过的女人，想确认她是否就是约会的对象。她想跑过去的冲动终于消退了，双脚像是有自由意志一样，带着她往男人的方向走去。当男人的视线停在女人身上时，她半举起手来确认自己就是他在等的人。

几分钟后，两人坐在餐厅里喝着饮料，由于彼此逗趣地说着两人见面的方式，很快地就觉得有对方的陪伴很轻松。他们坐在一个很大的房间里，座位旁是6对在舞池中跳着狐步舞的年长夫妇。他们并不很惊讶两人年纪差不多，都65岁左右，也都在找差不多年龄的伴。

他们彼此交换了一份截至目前的生命履历表，至少是两个人都觉得专为这次机会编辑好的版本。男人大学毕业，经营过小型但获利颇丰的企业。一年多以前，太太在得知小女儿生下了他们第六个孙子后不到一个星期，就去世了。她并没有看过这个家族的新成员，因为他们的两个女儿都住在遥远的国外。不过他们最大的儿子，接管了家族企业而且住在附近，经常带着三个小孩来探望他。但是不像太太还在的时候，现在儿子一家人只会短暂地拜访，不会再停留很久。

女人跟她的丈夫都是学校老师，他们住在一起30年了，直到有一天丈夫爆出丑闻，离家跟他的学生住在一起，那个女学生比她先生年轻40岁。当女人告诉男人她的丈夫在离开不到一年就死于心脏病，而且死前不久他的情人才刚刚怀孕时，女人不能控制地挤出微笑。

这时，一对比其他人都年轻些的亮眼情侣走进舞池里，女人中断自己的故事看着他们。女人跟男人说，这对情侣让她想起了儿子跟媳妇。她只有1个儿子，但是有4个可爱的孙子。他们常常来跟她做伴，但是自从女人自己住以后，她发现孙子们即使只有周末才来，也会带来一些小麻烦。照顾孙子们需要一笔不小的开销，虽然女人能够将退休金处理得很好，但是却无法照她真正想要的方式满足孙儿的欲望。

现在舞池中响起了新的旋律，两人异口同声地说“来跳舞吧”。他们都愿意跳舞这种热情，就像彼此在回答喜欢小孩时一样。

夜幕低垂，他们的舞步变得高雅，跳遍了整个舞池。一开始他们还保持一点距离，渐渐地两人越来越放松，身体还偶尔会有些接触。女人是男人近三年来，自从他太太卧病在床后，第一次近距离接触的女人。男人感到有点不好意思，他又勃起了。他很快就喜欢上这个女人，不希望她觉得自己只想到性。但是女人似乎没有察觉到他的勃起，她的确一度怀疑过男人的动机，但是受宠的感觉胜于被侵犯——对于他的生理反应并没有不高兴。

跳完舞后，两人一同搭出租车，男人送她回家并约了那个星期的第二次约会。很快，他们的跳舞约会变成一个星期两次。在第一次见面的6个月后，两人在床上近乎全裸，发现性事虽然不如记忆中简单，不过也不像他们恐惧的那样困难。

几年之内，女人卖掉小屋，住进男人较大的房子里。一开始，男人的孩子们对于女人的动机很怀疑，并且对于两人明显很短暂的罗曼史感到气馁。不过没多久，两边的孙儿女们都过来跟他们一起，享受前两年所不曾有过的慈爱照料。逐渐地，两个人发现了彼此的影响力，他们安排了一次远游，飞到世界的另一端看男人的女儿及她们的小孩。

他们住在一起将近10年之后，男人突然心脏病发去世，这个新成立的混合大家庭的平静被打破了。虽然女儿们都没有异议，不过男人的儿子抗议父亲留给继母的遗产太多。两年后，男人的儿子再一次抱怨，因为在继母去世后，他父亲的财产绝大多数都落到女人孙儿的手上。

本场景中这对伴侣的情况绝对不是不寻常的，人类被预设成远在生育年龄之后还对异性陪伴保持兴趣——还有对于性。为什么会这样呢？它又是如何被自然选择所塑造的呢？

当然，大多数人会说，年长者追求伴侣应该跟自然选择没有关系。像本场景中的这一对有同样处境的人，追求第二春是因为他们需要有人做伴，并非跟繁衍的成果有关。虽然这是一个对人类动机很好的描述，但却不能解释他们的行为。就像人类吃饭是因为他们饿了的说法——这个论点当然是正确的，但并不是解释。人类吃东西是因为需要能量、营养及维生素，进而最大化繁衍成果，这就是为什么身体被自然选择预设好产生饥饿感，并受驱使去寻找食物。同样的道理，年长者之所以想要与异性同住，是因为这样做对增加繁衍成果有好处，所以他们才会有寻找伴侣的需要。演化生物学家的工作就是，将这种包括性行为的后繁衍关系的好处指出来。

不过，这里有个明显的难题。在很长的一段演化史中，我们祖先的平均寿命可能不会超过50岁。即使是现在，世界上最短的平均寿命——在非洲塞拉利昂共和国——也只有40岁，至少在非洲其他18个国家中也是50岁以下。在现代工业社会中，因为科技发达，越来越多的人能够活到七八十岁，甚至活到在从前不可能超过的年龄。

因此，这可能会引起争议——自然选择不能影响后繁衍期的行为，因为没有人活得够久，能够揭开此种选择的秘密。这样说来，现今后繁衍期的人显示出来的性及伴侣关系的兴趣对我们来说，仅仅是一个猜字游戏。这只是身体误以为自己还年轻且有生育能力，所表现出来的无意义的行为而已。但是，这样的观点不可能是正确的。只要有一些先祖——大约1/100——可以活到超过60岁就足够了，自然选择就可以像它塑造人类一生中其他时期的种种行为一样，去预设那些后繁衍期者的行为。

演化对于老年人来说，有三个关键性的因素，这些在之前都已经提过了：第一，年长者会经由他们对于孙辈数量与质量的影响来加强繁衍成果；第二，一对祖父母比起只是祖父或祖母有较大的影响力，就像一对父母亲会比单亲要好；第三，亲生祖父母比起继祖父母来说，比较可能会有正面性的影响力，就像亲生父母通常会比继父继母要好。

根据以上三个因素，当一对伴侣已经不繁衍后代时，能够与共同繁衍第二代的伴侣同住会好处多多。但是如果其中一个抛弃另一个或是死亡，他们可能就会像本场景中的两人那样，会追求新的伴侣帮助自己扮演好为人祖父母的角色。毋庸置疑的是，整体而言，不论男性或女性都会借由他们的行为加强繁衍成果，大部分是因为新关系能够提供较好的机会，让他们再次与孙辈取得互动。虽然很难评量，但孙辈将会因此成为繁衍上较为成功的人。

因此现在很容易了解，为何人类即使在过了繁衍后代的年龄，还是被驱使持续建立关系，或追求更好的对象，也知道为什么他们会试着在最适当的条件下，尽力在第二代与第三代之间分配共同的时间及资源。就像我们之前提过的，在混合家庭中，如果继祖父母想要偏袒自己的孙儿，手足之争及其他冲突就可能浮上台面。在本场景中，直到男人死前都没有这样的冲突发生，而且其多数财产都留给女人的后代，而非自己的孙儿。虽然不论男人或女人，都从这段关系中加强了繁衍的成果，不过女人可能得到更多，因为她一开始比较贫穷，而后来又活得比男人久。

现在我们要讨论更难以理解的观点，也就是，为何性也是这种关系里的一部分。大多数人没有看到问题的重点：很明显人们会说，因为不需要繁衍了，所以老人不需要性生活，而且每个人都知道妇女过了更年期就不能受孕，所以年老者会有性生活只是因为他们想要这么做而已。再一次地，演化生物学家会说这不是一个解释。后繁衍期的性生活一定有一些回馈，此外，这样的回馈应当就代表了繁衍的成功。然而，回馈是什么呢？

在这里保持历史观是很重要的，一些我们现代世界中习以为常的知识，在我们先祖的生活中并没有出现过。比方说，以前没有正式的文件记录，一个人对于年龄的预测其实是不可靠的。就像我们的祖先不清楚为何会怀孕一样，他们对于女性何时会停止受孕也并不了解。相反，现代人对于排卵和受孕之间的关联，以及停经期和停止排卵的关系则非常清楚。先了解现代与过去知识的不同是很重要的。

*

为了更了解老年人的性生活带来的繁衍的好处，我们必须将男性与女性分开讨论。就像我们提过的，男性的生育能力没有消失。男性与女性生育的平均年龄差不多，这主要是由于男性机会一直在减少，而非生育能力降低。男性的确会因年龄递增而精子量减少，射精的频率不那么高，勃起时间也会缩短，不举也会变得很平常。虽然大多数的男性在性交上有一些困难，但还是有繁衍后代的可能。男性最主要的问题在于越来越难吸引年轻，且能够生育的女性作为伴侣。调查显示，过了50岁，男性就要通过增加财富来吸引年轻女性，因为非常富有的男性即使到了70岁之后，还是一样吃得开。因此不令人意外的是，与财富和地位的追求几乎一样，男性终其一生都会在性方面维持对年轻女性的兴趣。虽然如此，大多数男性还是会找寻和他们年龄相仿的伴侣，而且很多还会与这些上了年纪的伴侣有性生活。为什么呢？对于男性来说，与过了繁衍期女性的性生活有什么繁衍上的回馈呢？

这个解释可以分成三个部分来说：第一，就是我们刚才提过的，即使是年老的男性，仍然有繁衍更多子女的潜能；第二，年长女性要防止伴侣离开自己而投入另一个较年轻、有生育能力的女性的怀抱，因为如果伴侣离开她，她就会丧失伴侣对于祖父母角色扮演的帮助；第三，也许看起来很奇怪，但事实上人类很难知道一个女性何时才算太老而不能生育。

我们先从第三部分开始说起。即使男性知道女性的年龄，他也鲜少能够确定女性是否已经过了繁衍期。有记录显示，有些女性在59岁的时候还能怀孕，如果某些非文字记录的案例可信，女性可怀孕的年龄将上达70岁。我们应当记得，因为没有正式文件的证明，男性祖先不可能真正知道他们遇到的女性的年龄。此外，女人自己或许也不知道。即使她知道，也永远可以撒谎。70岁女性怀孕的纪录会受到质疑是因为，即使在20世纪，也不是每一个人都知道自己到底几岁，而且无论如何，他们还是有可能说谎。

所以，男性能做的就是试着从外表上判断一个女性的生育能力。如果男性知道女性最后一次月经的准确日期，他就可以得出结论。即使如此，有时也会有与现代医学调查完全相反的状况出现，更年期的女性有时会有假性的阴道血液，男性很难得知伴侣最后一次月经到底是什么时候。也有例子显示，女性在明显月经停止后的两年之内，也可能怀孕。因为这些不确定性，男性的身体被预设成认为，女性有持续性交的兴趣是因为还有可能繁衍，因此跟她性交也许不会是繁衍上的失策。这给予后繁衍期女性的身体一种理想的方式——借由性生活隐藏不孕的事实。年长的女性因此也能够防止伴侣跑到被伴侣吸引的年轻女性身边。这不是常常成功的，就像本场景中的女人，后来她发现前夫与学生搞外遇，不过对于年长男性，通常潜意识会驱使他追求任何可能有更多后代的机会。

因此，在50岁到80岁的人类性行为，其实是一种性冲突及合作模式的延续，也是一种为了达成繁衍成果所表现出来的行为。但这并不是一个毫无意义的猜字游戏，也不是和自然选择无关的猜谜。人类的行为也许会因年龄渐增而越来越少受到繁衍的影响，但永远会有一些存在。从祖先成功或失败的经验中，自然选择塑造出我们生命中前40年的各种行为表现，同样也塑造了年老时的种种。

场景24 家庭的协助者

老妇人对于门铃响了起来感到有点慌张，她抓着起居室墙上的把手，费了九牛二虎之力，才让自己得了关节炎的身子从她几乎不曾离开的椅子上抬起。通常女儿会去开门，不过现在她在外面买东西，只剩老妇人单独在家。

在第三次的努力之后，老妇人想把脚抬起来，然后依着她的助步器，开始拖着脚步从起居室往大门走去。她的心跳很快，一部分是因为使劲与疼痛，一部分是因为害怕。报纸、电视上有许多关于像她一样年纪的老妇人，在家被袭击的故事。老妇人到达门边，想从旁边的小窗户看清楚是谁在门外，不过，她减退的视力只让她看到有两个人影在门外，可能是一男一女。

当老妇人僵硬的手费力地开锁时，她用细细的声音尽可能地大声说："来了，来了！"门上有锁链，一开始她只开了一条小缝，后来很兴奋地松开锁链，因为来的是她的哥哥及侄女。

当老妇人终于把门打开时，她不停地为这么久才开门而道歉，不过她的侄女一再表示她不需要道歉。老妇人的哥哥同样虚弱，而且受到相同的家庭病症所苦，他也使用着助步器。他身后站着的女儿，已经六十几岁了。女人说，她是顺道带爸爸过来看老妇人的，接着还要去购物，大概一小时后再回来接老先生回去。之后追问了一句，老妇人的女儿到哪去了。听到表姐外出的消息时，女人有点犹豫，她不太想单独留两个老人在家里，可是要改变计划留下来又同样勉强。女人相信如果表姐在场，还有机会跟她聊一下。当老妇人保证她表姐不会太晚回来，而且他们两个老的在家没有问题时，女人就说她会等到两位老人一切都弄妥坐定之后才走。不过女人自己也老了，没办法真正帮上什么忙，也只能跟在两个老人身后慢慢地穿过狭窄的走廊，陪着他们弯身走着。

终于只剩他们兄妹二人了，他们开始互相表达相见的愉快之情。老妇人的哥哥已经丧偶，子女散居各处，因此他现在住在老人院里。老先生需要在家庭成员的帮助之下才能来探视妹妹，以及他逐渐减少的朋友们。除了探访、打电话之外，其余大多数时间他都在睡觉。对于老妇人还能够生活在自己的家中，他感到很羡慕。老妇人的家人越来越少了，她的女儿是老妇人四十几岁时才生的，一直都陪着她。当老妇人逐渐虚弱时，年轻的女儿负责处理越来越多家事。现在女儿成了老妇人的重要支柱、生命的脐带，没有她，老妇人是无法独自生活的。

老先生问起妹妹女儿的近况，不知道她好不好。老妇人的女儿现在已经快40岁了，老先生知道她也即将面临健康的问题。当老人得知她虽然有点健忘，但仍然很乐观时，他感到很欣慰。他开始跟妹妹回忆从前，在老妇人的女儿刚出生的时候，兄妹俩曾有过联络，非常地惊喜。她小时候就很有活力，讨人喜爱，还帮忙照顾小外甥们。老先生说，让他如此有动力来探视妹妹的原因之一，就是她女儿的拥抱，不仅在见面及告别时，在探视的时间里，常常都可以得到温暖的拥抱。难得她现在把妈妈照顾得很好，也很乐意这么做。老人们都知道，朋友们的儿女在照顾上了年纪的父母时，多多少少会有一些压力，关系也容易恶化。

谈话停顿了一下，老先生看了一下时钟——他的远视视力还像以前一样好——若有所思地想着不知道还要多久，妇人的女儿才会回来。老先生一直都很期待见到她，可是如果再晚一点，他的女儿先回来，他就得离开了。

话还没说完呢，门铃就响了。老先生自告奋勇地去开门，因为他还算是两个人中活动力较好的。按门铃的是老先生的女儿，他感到有点失望，因为这表示他该告辞了，下一次不知道是几个星期以后，也可能好几个月以后了。最近，他都会担心每一次都有可能是最后一次。但是，老先生也不用担心见不到侄女，因为她女儿按门铃后不久，老妇人的女儿跟着也走到门口了。她一看到老先生，脸上浮起愉快的笑容，顾不得手上提着买回来的东西，飞快地向老人走过来。她经过表姐时简单致意后，就满心欢喜地走向老先生，给他一个亲吻及大大的拥抱，她的激动之情让老先生差一点就跟助步器分开了呢。

在本场景的最后，我们看到有一个女人没有为她自己的繁衍担心。她并没有想要成为母亲，扶养自己的小孩，取而代之的是，她照顾自己的母亲，不只丰富了母亲的生活，还在童年时期照顾其他的外甥们——也就是母亲的孙子孙女们。为什么自然选择在一个人身上默认了这样的程序，让她放弃自己繁衍后代的机会，仅仅为了照顾他人？

这个问题的答案非常具有启发性，告诉我们许多有关自然选择运作的细节。不论如何，在任何讨论开始之前，我们必须先知道场景中并没有进一步描写的，有关这个女人更多的细节。她有基因异常的疾病，是唐氏综合征的患者。

大多数人对唐氏症存有偏见，通常认为这个“错误”的产生是因为基因上的失误：如果胚胎经由怀孕期的羊膜穿刺术发现了唐氏症，通常需要堕胎。即使是1992年出版的《剑桥人类演化百科全书》（*The Cambridge Encyclopaedia of Human Evolution*）一书，其对唐氏症的描述也是采用的“一种智能低于常人”的症状的说法，以及“通常会造成心智成熟缓慢”。

演化生物学家对于此种负面的观点感到困惑。第一，唐氏症不像其他症候群病状般有类似的病因，它发生的原因常常是基因上一个单纯的异常。女性在45岁以后怀孕的话，其中大约有2%会生下唐氏症儿童。第二，唐氏症患者常常具有非常乐观的性格，这使得他们在大家庭中扮演无可取代的角色。我们先把焦点放在这种乐观的性格上，并想象唐氏症是由自然选择所形成的可能性。在这个讨论中，我们所强调的不外乎是先发现事实，然后再试着以生物学上的假设理论，找到往往被视为非常负面的现象的正面解释。只不过也许需要评估假设的直接证据并不存在，也可能永找不到。

唐氏症在全世界的案例，不论在何处，其特征都是一样的。他们都比一般人平均身高矮一些，头形、眼睛、眼皮及脸部都大一些。这些状况都跟人类不太一样，反而在大猩猩类的研究报告中有相似症状的描述。姑且不论此现象普遍存在于人类中的事实，直到1866年才有真正科学上的描述出现。大多数唐氏症患者是不孕的，不过，这并不表示他们对于性不感兴趣，偶尔也出现过女性能够受孕繁衍的情况。如果怀孕，后代也会有唐氏症的概率约是

1/2。一般而言，唐氏症者在为他人贡献的时候反而会比繁衍后代更快乐。

但是，如果唐氏症者的繁衍成果不高，而演化又偏好那些能够提高繁衍成果的人，唐氏症的现象怎能说是被自然选择所形成的呢？在这个问题的答案背后，有一个原则是很重要的：演化创造这个不能繁衍的现象并结合了其乐于帮助他人的本性，并不是为了唐氏症者本身，而是为了母亲。

在这个解释中有一个关键的因素——也就是说，如果母亲有一个小孩帮忙照顾其他后代，从总数上来说可能会有更多孙辈，而不一定要自己生更多的孩子。如果这么说有点似是而非，请假设以下两种情况：第一种情况是，女人生了三个小孩；第二种情况是，女人让其中一个小孩将所有的精力放在照顾其他家庭成员上。因为我们所讨论的是关于孙辈数目与繁衍成果的话题，因此在这两种情况中，我们必须想象这些人都生活在大家庭中。在第一种情况里，三个小孩都繁衍后代。假设后来为人父母或祖父母时，资源压力变大了，三个小孩都仅生了一个后代并将其扶养成人。在这样的状况下，这个女人总共会有三个孙辈。在第二种情况里，被选择的后代最重要的事情之一就是，要专心致志照顾他人并放弃繁衍。女人可能因为接受到不繁衍后代的帮助，其他两个孩子各自生了两个后代并将其扶养成人。因此，女人总共有四个孙辈。女人让其中一个小孩帮助自己照顾其他家庭成员，她的繁衍成果反而提高了。

原则上来说，第二个女人的策略有可能增加她的繁衍成果，这时她的需要就很直接：生下一个能够协助家庭的小孩，而生育的时机差不多是女人最早繁衍出来的后代开始再繁衍下一代的时候。不过另一方面来说，扶养一个家庭的协助者可能要付出很多，在这个小孩六七岁之前，女人可能要付出的远比她能够得到的多，直到协助者能够帮忙照顾家庭。在演化生物学者的观点里，从这个母亲获得的好处来看，这些可以说是已经被自然选择预设好的。因为，如果在这段期间家庭的情况变差，协助者可能会比能繁衍的人先死去。当协助者迈向人生旅途的终点时，也就是差不多外甥、侄儿都逐渐长大成人，能够独当一面的时候。因此一般来说，协助者最大的贡献期应该是在其母亲40岁到80岁的时候。

唐氏症者非常吻合这些需求，因此很难不将他们解释为自然选择的产物。第一，他们在母亲一生中最适当的阶段出生；第二，他们的技能与态度正好是家庭协助者最应具有的；第三，他们最脆弱的时候是从出生到5岁，而且寿命也较短（平均为40岁到50岁）。虽然残酷，但毫无疑问，这是自然选择设计好的。这三个特点并不广为人知，因此需要得到更多的注意。

和伴侣的年纪无关，女性越老越有可能生出患唐氏症的孩子，而且通常他们会诞生在已经有小孩的家庭。女性20岁以下，生出唐氏症儿童的概率只有1/2300；当年龄在30～35岁，概率提高到1/880；到了45～50岁，概率为1/290。为何女性到了适当的年龄，生下唐氏症儿童的概率反而增加了呢?

不像我们在本书其他章中曾讨论过的，唐氏症者的基因异常是非常明显的，即使是在显微镜底下亦是如此。在大多数状况下，唐氏症者多了一条染色体（47条，而非46条染色体），这个额外的染色体名为“二十一号染色体”。一般人只会有一对二十一号染色体，一条来自父亲，另一条来自母亲，但唐氏症儿童则有三条。这条额外的染色体往往来自母亲，其通常发生在卵子发育完成之前不寻常的卵细胞分裂。女性体内新形成的卵细胞其中有一个会收到两条二十一号染色体，同时会有另一个卵细胞完全没有该染色体。此现象往往早在女性本身还是个小孩或者还是个胎儿的时候，就已经产生了。也就是说，女性卵巢在制造卵泡时就已经如此了。

当女性还是胎儿的时候，卵巢包含着700万个卵泡。当出生以后，大部分的卵泡都被身体排除，只剩下大约40万个。终其一生，大约只有400个卵泡会更进一步地发展，其中真正变成卵子的大约有60个。所以，大多数女性拥有的卵泡都只有一条二十一号染色体，将来是可以生下正常小孩的，而那些同时有两条染色体的卵子，将会导致新生儿患唐氏症，另外还有大约相同数量的卵子是没有二十一号染色体的，不过这些卵子即使有机会与精子结合，也会自然地被母体流掉。

在每一次月经周期之间，女性体内平均有6～12个卵泡开始成长，通常在排卵期时有一个卵泡会比其余的大，其发育成卵子的机会也较高。其他的卵泡停止生长，最终瓦解消失。在女人可繁衍后代的黄金时期内，从卵泡而来的卵，通常仅带着一条二十一号染色体。不过当她过了40岁，身体就越来越有可能选择那些，将来会形成两个二十一号染色体的卵泡来发展成为卵子了。

怎样的能力与习性让唐氏症者适合扮演家庭协助者的角色呢？一般来说，他们心理上的习性会让他们适应并学习在大家庭中必备的技能，但是很难或无法学习独立生活的技能。通常，他们的社会技能会比智力上的发展要好，尤其他们会是快乐、温柔以及关怀他人的。本场景中老妇人的女儿非常幸运，她被给予机会实践她原先就被预先设定的协助者角色。很多现代社会中的唐氏症者并没有这样的机会。

当时机、环境都很困难的时候，协助者不可避免地会产生一种运作以帮助母亲，这时大约有60%的唐氏症胚胎会自然地流掉，当母亲有压力的时候概率就更大了。大约有20%的唐氏症胚胎还是会生出来，其中大约15%～20%在5岁之前会死亡，通常是死于先天性或无法手术的心脏疾病。然而，这样的死亡，往往发生在母亲及小孩的情况可能带来诸多压力的时候。就像我们之前提过的，那些过了5岁还能存活的个体，预计会活到40～50岁。40岁之后，他们就会开始快速地老化。

如果生出唐氏症孩童对于一个女性长期的繁衍成果来说是有益的，为何不是所有的女性都这么做呢？答案也许是对于女性来说，在40～45岁，在评估了繁衍的支出与获利之后，会有一个相当精良的计算方式。换句话说，她可能不需要再繁衍了，而将所有的努力及精力放在已有的小孩身上才会获利最丰。另一选择是，尽管她要再投资18年，但是只有再生一个小孩才能获利最多。在这两个选择中，非常少的状况之下，女人的最佳选择会是生一个家庭协助者，这个协助者只需要一半的投资就会产生回馈，而不会进一步地索取。

由于生下一位协助者是最佳选择的情况很少，因此通常女性在怀了唐氏症儿童时，身体会流产、不哺育甚至杀了那个小孩。即使当唐氏症孩童出生后能够生存下来，也只有当前5年的环境允许母亲希望能够扶养一个协助者时，未来他们才能够真正实践一个协助者的角色。如果环境不允许的话，母亲不是再怀一个可繁衍后代的小孩，就是避免再生小孩，视当时环境的改变而定。测试唐氏症者是被自然选择所形成的假设需要用更进一步的信息，如唐氏症者出生、存活及死亡的环境等。我们最需要的统计信息——理想上是从生活在大家庭与现代工业化社会中，唐氏症者对于父母的繁衍成果，也就是说最终孙辈数目的影响。

其他物种也有为了提高繁衍成果而产出协助者的例子，然而，并非所有其他物种的协助者都像人类的唐氏症者那样，是不易生育的。关于工蚁、蜜蜂、黄蜂及白蚁族群的例子是最广为人知的。有些鸟类，比方说美国的橡木啄木鸟，以及一些哺乳动物，比方说非洲的钱鼠等，它们的族群中也存在着不能繁衍的协助者。在某些肉食性的哺乳动物中，情况也差不多。比方说狼和猎狗，一群之中只有一对会繁衍后代，其他的则帮助那一对扶养下一代。不过，在这些族群中，协助者通常是繁衍者最先生出的后代，而不像人类是最后才生出来的。这是因为，这些物种要做的是协助父母更多地繁衍第二代，而非更多的第三代，只不过原则是一样的。

有些征兆在人类族群中是相同的，有时人类会让最年长的小孩来协助，以便繁衍更多后代，以及照顾更多未来的小孩，而非为了孙辈。不过在这些状况中，这些协助者并非基因上有所不同，也并非不能生育。他们看起来也不会跟可以繁衍后代的其他小孩有所不同，只不过表现得不同而已——被父母的诱骗所感动而自愿留在家中帮助，才没有离开并繁衍自己的后代。

关于此现象的研究可以追溯到19世纪时，在瑞典有关繁衍与迁徙模式的调查。这项调查显示，那些留在自己出生的村子里跟父母同住的女性，比较有可能不生小孩。然而，留在村子里并且已经生了小孩的女性，平均来说会比移居到外地的生得更多。我们不清楚这两个发现是否有直接的联系，但是有可能一些一直留在家中的女性对其父母及兄弟姐妹来说，是一个“不孕的家庭协助者”的角色，能帮助父母增产并帮忙扶养父母的子女及孙辈。有好几个人类学者（尤其是研究东非地区的），也报告了在前工业化文化中这种协助家庭者行为的可能性。

关于人类家庭协助者角色的解释，有一个伤感的后话。由于人类大家庭瓦解，这样的角色已经逐渐不重要了。在现代社会中，女性产下唐氏症后代对于繁衍成果的贡献，比起自然选择当初所预期的要少得多。

BABY WARS

09

人生的尽头

场景25 最后贡献

“我希望她死掉，真的。我很爱她，她也一直是很好的母亲，但是现在她已毁了我的生活——我们所有人的生活，我真的不认为我能继续承受下去。她如果再继续这样下去，我想我会发疯。”

心烦意乱的女人勉强看了她的朋友一眼，怕吓坏她。女人把情绪藏在心里太久了，一旦开始诉说，就停不下来。她并不是真心希望母亲死，但她说的话也都是真的。朋友帮女人把半杯咖啡再斟满的时候，拍了拍她的手。

“这一定很糟糕，”朋友说，“至少我母亲去世是非常突然的。一分钟前她还是这个家的一分子，非常欢乐地忙碌着，下一刻她就走了，真的很令人震惊，孩子们难过了好几个礼拜。虽然这样的走法可以说是好的，但如果我也经历你的处境，一定很难受。”

“不只是钱的问题。”女人说，同时擦掉眼泪。“虽然把她留在家里需要花一笔钱。妈妈并没有很多存款，如果再活得久一些，就会花光了，我们的积蓄也得赔上。这样的支出就够糟了，但是时间和情绪的崩溃真的让我很难受。每天走进那里，几乎只是为了跟她说话——人家说，她可能听得到我在说什么，我也不能把她丢在那里不管。小孩们都不喜欢进去，看到她躺在那里，流泪抽筋什么也没办法说，只能瞪着双眼，小孩会非常难受。”

女人停了一会儿，胡乱地抽出面纸。

“我忽略了孩子们，我真的没有时间、精力去看望她、担心她，我没有好好地照顾孩子们的三餐，没有陪他们做功课，这对他们来说是不公平的。”

朋友喝下最后一口咖啡，轻巧地将杯子放在桌上，说她该走了。

“嗯，”朋友说，找一些话来安慰女人，“也许不会太久了。真的，我很抱歉，真的要走了，今天该我去学校接小孩放学。”

朋友站起来，整理了一下衣服。

“她中风以前是多么有活力，”女人还继续说着，抬起头看着她的朋友，无法停止地说着，“她以前帮助我照顾孩子们那么多。”

她的朋友没有回应，走向门口，让主人能够正视她要离开的事实。

“我很抱歉失态了，”当看见朋友走向门口时，女人说，“但是我现在想到的就是我的生活被毁了，而且我什么也没办法做。”

来拜访的朋友微笑着安慰她：“没关系。我很抱歉我没办法再留久一点。”

女人关上门。她今天下午把两个小孩从学校直接带去保姆那里——她耳边已经响起他们的抱怨声。她很不情愿想起这个，但是她真的希望母亲可以让他们从困境中解脱。

人类的死亡是一个感性的议题，很难用客观的方式探讨。所以，一开始我们先从其他物种的死亡谈起，再试着将结论与人类的死亡联结起来。最中心的原则是，在动物一生中的某个时刻，当它的长期繁衍成果达到最高的时候，它不是试着活下去，而是会死亡。对于人类而言，通常很难看得出来这个原则是如何运作的，没有一个很清楚的时间能够预测这样的一个决策。但是有些物种——例如太平洋鲑鱼，可以帮助我们非常清楚地勾画出整个情况。

太平洋鲑鱼从河流游到好几千里以外的太平洋，哺育、成长并成熟。一年之后，它们又回到同一条河流。当成年鲑鱼回到河流，它有一个选择：在整个回游的过程中保持健康，并且生存下去，然后两年以后再产卵，或者是它在最累的时刻繁衍，只不过这么做需要放弃它下一次再繁衍的机会。

当然，自然选择已经在太平洋鲑鱼身上预设了让它具有繁衍成果的决定——繁衍，然后死去。现代的太平洋鲑鱼回游到出生地仅是为了繁衍，这样的程序设计是为了尽它们所能，最大化它们的繁衍成果。它们肠胃的退化，也是因为这是它们在游泳或是交配时所不需要的器官。这种退化强化了它们的精力，好让它们在一生一次的繁衍机会中尽力。不过也由于精力已经耗尽，它们再也无法回头。当它们的繁衍结束，没办法再修补或成长时，就会急速衰老，最后死亡。

有两个理由解释，为什么这种被预设好的死亡之旅对于鲑鱼来说，可以达成最佳的繁衍成果。第一，如果母鲑鱼回到河流选择活着，而不是尽力繁衍，它会有较少的精力与卵。与此相似的是，公鲑鱼因为有较少的精力生产精子，而使较少的卵受精。第二，即使它们今年能够存活，来年在消耗体力及危险的回游过程中，也难保能够再繁衍，所以它们此刻可以达成的就是繁衍。

很显然，人类和大多数其他动物不会像太平洋鲑鱼那样，不是繁衍就是死亡。不过，相同的过程也在运作着。在前两章中曾经讨论过的，我们必须想象自然选择在一个大家庭中的运作。关键性的原则是，在某个时刻，如果某个人的存在开始对大家庭中的繁衍成果有负面的影响，为了让成果不至于变糟，他需要做的就是将自己除去。一个方法是离开，另一个就是死亡。看来，离开是一个比死亡更容易让人接受的方式——如果不是衰老，则的确如此，但衰老与虚弱通常都会让离开且独立生活变得不可能。然而，为何人类年纪变大的现象就是衰老与虚弱，虽然这是一个很难察觉的过程——大约开始于50岁到70岁，然后就死亡呢？

有两个理论试图解释老年症候群与死亡：第一，假设这只是身体必然的变化以及源于化学物质的错误；第二，就像人类在繁衍期间的种种变化一样，老年症候群及死亡是被自然选择所设计好，达成繁衍成果的最后一招。从表面上判断，二者是完全不同的理论，但也许事实并非如此。事实上，它们从两个层面述说了同一件事情。

原则上来说，衰老的理论是非常简单的。每次身体细胞分裂的时候，它所包含的基因内一长串的DNA也必须完全复制自己，如此在分裂之后才能够延续到每一个细胞中。构成DNA的元素，比方说线粒体，它是细胞动力的来源，也必须分裂。通常细胞DNA的复制是相当完美的，事实上细胞内有些基因的工作就是修正错误并中断DNA的突变，让其恢复正常的复制。即使如此，错误往往会发生，它们逃脱这样的修正而产生突变。复制出来的细胞内存着退化萎缩，这是因为端粒会逐渐因为突变而退化，结果造成细胞仅可以分裂一定的次数，直到端粒已经筋疲力尽为止，然后就会放弃。只有三种细胞可以逃脱这种衰退，这三种细胞中含有某种酵素可以使端粒恢复活力，这些细胞是卵子、精子以及癌细胞。

这种细胞活动的结果就是，当人类年龄增加，身体也累积越来越多的突变——基因的、线粒体的以及端粒的。逐渐地，增加的细胞——也就是身体本身的，会停止适当的功能，这是不可避免的结果，而人就会衰老凋零。

乍看之下，这似乎与演化理论相反。我们曾经讨论过，自然选择的策略是让男女都能够增加他们的繁衍成果，在提及为人祖父母的阶段时，其主要的贡献就是帮助、建议、给予资源及经验上的支持。不过在人类的演化过程中，即使在现代生活里，年长者还是有一个非常重要的成本支出：祖父母辈占有空间及食物。在祖父母期之初，当孙辈需要较多的看护与照顾时，此时孙辈需要较少的食物，祖父母的贡献是相当卓越的。但孙辈长大以后，也需要更多的空间及食物，而祖父母的照顾功能消失，他们的存在就渐渐成了负担。逐渐地，当平衡点一过，祖父母的存在就会开始降低繁衍成果，因为他们开始争夺子女及孙辈的有利资源。

有一种方式可以让祖父母辈降低他们对于资源的需求，当他们的贡献较少时，他们会减缓所需的空间（让自己比较没有动力），减少所需的食物（在身材上缩小），逐渐地将需求降至最低。当他们要停止自己变成繁衍成果的威胁时，就把自己完全地移走——死亡。如果他们还保留着生存的选择，不简化亦不衰老，就会降低繁衍成果。因此，自然选择预设人类首先会退化，然后死亡。

这个演化理论解释了大多数人类在老年时期所发生的大部分变化，也解释了在自然选择的预设中，男女之间最大的差异——平均来说，女性活得较久，通常比起男性要多好几年。一般而言，现代的女性可以比男性多活4年，女性寿命和男性寿命的比例大约是67.2岁比63岁。女性的优势在欧洲最大，几乎比男性的寿命多了8年；在东南亚最小，几乎只多1年。全球的差异也许更多是因为医学进展上的差异，而非演化性的。所有族群都相同的是，男性与女性的年龄差异，有着演化上的基础。女性能对自己为人母或为人祖母的确认程度较高，且于照顾孙辈上有更多的贡献，所以比起男性有较大的机会在她为人祖母时提高繁衍成果。同时，平均来说，女性比起男性而言体积稍小，对于食物的竞争也较小。当孙辈逐渐成长，她的正面影响是多于负面的。换句话说，在死亡成为女性最后增加繁衍成果的方法之前，她可以活得更久一些。正因如此，当时机一到，身体要杀掉自己的时候，那些因为基因突变缘故发生的疾病，比方说癌症及心脏疾病等，会变成一种工具。这时我们回到突变的假设。

所以，这两个理论——突变和自然选择，哪一个是比较正确的呢？答案是两者都是，它们都不是唯一的答案。所有细胞分裂的后果很清楚地发生，但是它们仅仅描述有机体老化的过程，并不是真正的原因。突变的一连串过程与修复的可能是被自然选择所形成的，好让人类进入老化及死亡的过程，让人类有更高的繁衍成果。

突变的累积是不可避免会发生的，当修补变成必要时，细胞可以修补突变与端粒。男性比女性死得早是因为，前者有更高的突变概率，而后者有更高的修补概率。其实，自然选择也不一定需要如此运作，所以，这种差异性存在的原因有可能是因为，女性活得越久就获得越多，这才是为什么她们会有更低的突变率及较高的修补率。如果人类有必要活200年来提高繁衍成果，自然选择绝对会这么做，就像它让乌龟及树木的寿命很长一样，而且自然选择所需要做的只是调整突变及修补的概率而已。

不管我们接受哪一种理论，或是将两者结合，古代与现代情况的差异仍然很明显。老年症候群若发生在以前农耕渔猎祖先的大家庭中，可以减少空间与食物的获取。因此在这样的关联中，我们可以预测自然选择产生一种年老及死亡的方案，以达成繁衍成果。不过在现代环境中，由于快速的环境变迁及大家庭的消失，不但让祖父母辈的影响消失，也让他们在为人祖父母阶段对繁衍成果的贡献减少。此外，现代医疗的进步使得寿命延长，人类吸取家庭资源的时间更久，以此导致的支出与获利的不平衡，自然选择还没有时间去修正。

因此不令人意外的是，越来越多现代环境中的家庭视年老的父母为负担，而非资产。令人伤感的是，在本场景中，女人的困境在现代社会中越来越常见。祖父母终生建立的经验与资源会传给后代，借此增加后代子孙的生命及前途以提高繁衍成果。然而现在，资源在人类老年时为了维护自己的生存及舒适而消失了，很多人必定已经到达了开始吸取儿女后代资源的时刻，开始降低繁衍成果。

关于死亡是一种增加繁衍最高成果策略的讨论，似乎是一本探讨有关为人父母主题的书，一个很好的结尾。对某些人来说，令人反感的可能是纵贯本书的中心思想：所有人类为人父母的行为，包含死亡，都是被自然选择所设定的，因此人类都被基因、身体的化学物质以及被许多潜意识的动机渴望所驱使。（仅仅有时候，这些策略会浮上理智，但大多数时候，我们并不需要思考自己所做的事情——我们只会去做。）

*

为人父母的行为之所以被自然选择强迫地形成的理由是，它在人类做选择的过程中，有着直接的影响——也就是影响繁衍成果。每一个层面，从受孕到死亡，都深深影响着个人的繁衍成果，这些细节已经在许多场景中描述过。本书中的一些主题，已经将整个关于为人父母的经验与行为表现贯穿起来。

第一个主题是，第二代其实是人类在为人祖父母及之后阶段的跳板。自然选择不会将奖赏仅颁给生了最多小孩的人，它会等着看质量与数量如何。因为这种对于成功评量标准的延迟，伴侣的选择、家庭计划及父母亲的偏爱等都是重要的，还有更多策略是比仅仅让小孩安全更重要的。孩子们如何被哺育、教育、保护以及被控制，都会造成个体间繁衍成果的极大差异，这也就是为什么财富与地位的累积是为人父母行为中自然的现象，与健康、繁衍等同样重要。

第二个主题是冲突——就像我们已经看到的，婴儿代表了战争。冲突会在每一个阶段挑起——受孕、怀孕、分娩、婴儿期、童年期、青少年期、为人父母及为人祖父母阶段，直到我们咽下最后一口气为止。所有家庭成员——父母亲、父母与后代、兄弟姐妹、祖父母与父母等，都会互相竞争。事实上，每个家庭成员的利益是如此广泛与不同，让家庭生活似乎永无安宁之日。在家庭中，安稳的时光也许是有的，不过也是在自然选择的安排之下。一个家庭越能成功地合作，得到的整体资源越多，每个个体就越能获利。然后，由于这些资源的取得，冲突就会以手足之争与父母亲的偏爱等形式浮现。结果就是我们非常熟悉的，弥漫在家庭生活中的紧张气氛，我们大多数人都生活在冲突与合作、爱与仇恨、和平与混乱中。

接着是为人父母确认性的问题，带给家庭冲突的重大影响。这样的观念对于大多数女性也许是非常陌生的，女性通常无法体会男性父性确认的问题，不过也许可以从害怕在医院抱错小孩的恐惧里看出端倪。男性对于小孩可能不是自己亲生的恐惧，却是默认在心理层面的。有些男性永远无法在意识上接受，或不敢说出来，怕侮辱伴侣，但这种关于父性确认的怀疑还是会显露出来。男性父性确认的倾向会表现在他们对待小孩的态度上：男性对于父亲的身份越不确定，给予的照顾与关心就会越少。就像许多研究中显示出来的，对其他物种来说，父性确认会潜意识地控制它所给予的关心。

第四个主题是来自于演化给予人类情境反应的困惑，换句话说，身体内有默认的程序让我们会在行动之前先检查环境。出生顺序所造成的差异，就是这样的一个情境反应下的策略；对于孩子性教育的开放程度则是另外一个。此外，这样的策略看起来要么是出于天性，要么就是由于环境，因为一点也不像基因上预设好的。一旦情境反应是被预设好的假设成立，我们就能够看清楚行为之中的真理。情境反应策略是造成行为差异的主要原因，不只是造成个体之间的不同，在文化之中也有所不同。不同的地理位置、不同的历史阶段提供了不同的环境，有着不同的机会与危险——疾病的危险，因此也引发了不同的行为表现。结果就是，有人认为文化的不同造成社会上为人父母行为规范的差异，事实上，自然选择是一位建筑师，而文化只不过是一个宣称有自己的思想与规范的抄袭者而已。

第五个主题是，很多在祖先环境中形成的行为，到了现代完全不同的社会环境中，还能够完全地传递过来。在为人父母时，不管是照料婴儿、性教育、为人祖父母或是衰老死亡等，要了解并由此演化传承的觉醒是非常重要的。衣服的出现、惩罚性的法律制度以及环境上的，包括社会上快速的变迁，让自然选择面临了前所未有的新情况。自然选择的回应总会产生，但却总是不完美的。从最小的，比方说哺喂母乳与父母无法安睡的夜晚，到破坏力大的，比方说谋杀小孩或是性虐待等，在现代生活方式之下，这些都是我们必须付出的代价。

最后一个主题是关于现代社会发展的——大家庭的消失。医学的发展让人类能够活得更久，却让新的社会环境更加不易让人类实践其渴望与动机。从不能完成的为人祖父母的渴望，到唐氏症者预设好的渴望都是。如果有时间，自然选择会重新对人类做最佳的设定，让我们的行为表现能够符合现代环境。不管怎样，如果环境依照现在的速度一直在变化，父母亲角色的扮演在未来又将是一个与现在非常不同的经验了。

谢辞

本书汇集了人类在亲子关系与家庭生活中经常遇到的各种不同场景，每个场景之后都会有一段关于场景主角行为的讨论。这些探讨和解释的目的是，凸显现今演化生物学中许多新兴论点里有趣、新鲜的观念，也因此，这些说明将以一般读者易于理解的方式陈述。若是没有科学家们开创性的研究，本书绝不可能完成。虽然本书没有记载这些附注和参考书目，我们也能清楚地了解应该感谢的是这些未具名的人士，他们的研究为此书贡献良多。或多或少，他们的想法和故事都为本书增色不少。为了让有兴趣的读者能更进一步地了解，书末附有进阶阅读，我们已将书单简化，仅列出较易阅读的书目与论文，研究报告等更专业的文章则未列在内。

诚挚地感谢出版社在计划初期和写作过程中给予我们最大的支持，尤其是在1996年曾获英国最佳发行人荣誉，现任职于Fourth Estate出版社的克里斯托弗·波特（Christopher Potter）。他从计划一开始时就充分信任我们，并给予我们在漫长研究与写作时所需要的鼓励。同时也要感谢劳拉·苏丝（Laura Susijn），在我们维持动力写作本书的过程中，她扮演着关键性的角色。现在，她更是加入了我们所属的喜尔兰经纪公司（Sheil Land Associates），持续地给予我们帮助、建议与鼓励。

最后我还要感谢曼彻斯特大学生物系于1996年9月底接受了我的退休申请，让我在当年10月1日能够提早退休，专心致力于写作。我希望能够在此感谢所有的人，尤其要感谢的是罗恩·巴特勒博士（Dr. Ron Butler），是他让我的退休计划得以顺利通过。此外，还要特别感谢克里斯·班布里奇（Chris Bainbridge）与查利·尼科尔斯（Charlie Nicholls），两位我的最后一届研究生，谢谢他们除了接受我突然地消失之外，还自愿接任监督大学部学生研究计划的工作，让我能够没有后顾之忧。

我感谢所有的人。若没有大家的帮助，本书将费时更久才得以问世。

书籍

Baker, R. R. (1982). *Migration: Paths through Time and Space*. Hodder & Stoughton, London.

Baker, R. R. (1996). *Sperm Wars: Infidelity, Sexual Conflict and other Bedroom Battles*. Fourth Estate, London.

Baker, R. R. and Bellis, M. A. (1995). *Human Sperm Competition: Copulation, Masturbation and Infidelity*. Chapman & Hall, London.

Bortolaia Silvia, E. (1996). *Good Enough Mothering? Feminist Perspectives on Lone Motherhood*. Routledge, London.

Buss, D. M. (1994). *The Evolution of Desire: Strategies of Human Mating*. Basic Books, New York.

Dawkins, R. (1976). *The Selfish Gene*. Oxford University Press, Oxford.

Ford, C. S. and Beach, F. A. (1952). *Patterns of Sexual Behaviour*. Eyre & Sottiswoode, London.

Gibson, D. (1978). *Down's Syndrome: The Psychology of Mongolism*. Cambridge University Press, Cambridge.

Jones, S. (1996). *In the Blood: God, Genes and Destiny*. Flamingo, London

Jones, S., Martin, R., Pilbeam, D. and Bunney S. (1992). *The Cambridge Encyclopedia of Human Evolution*, p. 506. Cambridge University Press, Cambridge.

Krebs, J. R. and Davies, N. B. (1993). *An Introduction to Behavioural Ecology*. 3rd Edn. Blackwell ScientificPublications, Oxford.

McLanahan, S. and Sandefur, G. (1994). *Growing Up with a Single Parent: What Hurts, What Helps*. Harvard University Press, Cambridge, Mass.

Russell, D. E. (1984). *Sexual Exploitation*. Sage, Beverly Hills, Calif.

Sulloway, F. J. (1996). *Born to Rebel: Birth Order, Family Dynamics and Creative Lives*. Pantheon Books, NewYork.

论文

Adler, N. A. and Schuts, J. (1995). Sibling incest offenders. *Child Abuse and Neglect* 19, 811-19.

Bell, J. A. (1991). The epidemiology of Down's syndrome. *Medical Journal of Australia* 155, 115-17.

Bereczkei, T. and Dunbar, R. I. M. (1997). Female-biased reproductive strategies in a Hungarian Gypsy population. *Proceedings of the Royal Society of London* B 264, 17-22.

Daly, M. and Wilson, M. 1. (1985) Child abuse and other risks of not living with both parents. *Ethology and Sociobiology* 6, 197-210.

Grammer, K., Dittami, J. anci Fischmann, B. (1993). Changes in female sexual advertisement according to menstrual cycle. Paper read at the International Congress of Ethology, Torremolinos, Spain.

Grammer, K. and Thornhill, R. (1994). Human (*Homo sapiens*) facial attractiveness and sexual selection: the role of symmetry and averageness. *Journal of Comparative Psychology* 108, 233-42.

Haig, D. (1996). Altercation of generations: genetic conflicts of pregnancy. *American Journal of Reproductive Immunology* 35, 226-32.

Hartmann, P. E., Rattingan, S., Prosser, C. G., Saint, L. and Arthur, P. G. (1984). Human lactation: back to nature. *Symposium of the Zoological Society of London* 51, 337-68.

Rogers, A. R. (1993). Why menopause? *Evolutionary Ecology* 7, 406-20.

Russel, D. E. H. (1984). The prevalence and seriousness of incestuous abuse: stepfathers vs. biological fathers. *Child Abuse and Neglect* 8, 15-22.

Singh, D. (1993). Body shape and women's attractiveness: the critical role of waist-to-hip ratio. *Human Nature* 4, 297-321.